L'ALGÉRIE DE LA JEUNESSE

PARIS. — TYPOGRAPHIE DONDEY-DUPRÉ, RUE SAINT-LOUIS, 46, AU MARAIS.

De l'argent ? Monsieur, s'écria l'Enfant, non, je n'en veux pas, car je ne l'ai point gagné.

L'ALGÉRIE

DE LA JEUNESSE

PAR P. CHRISTIAN

Illustrations par L. Lassalle.

Paris.

ALPH. DESESSERTS, ÉDITEUR

DE LA LIBRAIRIE A ILLUSTRATIONS POUR LA JEUNESSE,

PASSAGE DES PANORAMAS, 38, ET GALERIE FEYDEAU, 12.

1847

L'ALGÉRIE DE LA JEUNESSE.

CHAPITRE PREMIER.

LE CAPITAINE JOSSELIN.

A l'extrémité du Finistère, cette presqu'île rocheuse, en forme de triangle, que la vieille province de Bretagne étend, vers l'ouest, sur les flots de l'Atlantique, s'élève la ville de Brest, pépinière de tant d'héroïques marins, dont le courage et les triomphes ne cessent d'illustrer l'histoire militaire de notre beau pays de France.

Brest n'était encore, au commencement du seizième siècle, qu'une pauvre bourgade dominée par une lourde forteresse. Son immense rade, qui pourrait abriter la plus nombreuse flotte de guerre de l'Europe, était toujours solitaire, et à la place de son port, aujourd'hui bordé de magnifiques arsenaux, croupissait un vaste marécage. Il fallut le génie créateur de Louis XIV pour tirer parti de cette position maritime, devenue si puissante, et pour faire de Brest le plus riche port des deux mondes. Aussi maintenant nos ancêtres, s'ils revenaient à la vie, ne reconnaîtraient plus dans la splendide cité moderne l'humble hameau des temps anciens, où végétaient quelques pêcheurs aventureux, quittant souvent leurs barques pour le pont d'un corsaire : habitués qu'étaient ces hommes de fer au roulis de la Manche, et à porter chaque année la guerre sur les côtes anglaises, qui nous furent si longtemps inhospitalières. Les premiers habitants de ce rivage breton n'étaient dans l'origine qu'une misérable tribu de serfs, recevant de leurs seigneurs féodaux tout le mal qu'ils rendaient aux ennemis de leur sol natal ; tour à tour pillards et pillés, mais du moins ne pillant que pour vivre ; braves au combat jusqu'à la férocité, et quittant sans regrets leur vie sans bonheur, avec l'espoir d'une prière pour le salut de leur âme, et d'une croix de bois plantée sur la grève par la main d'un frère ou d'un ami, pour marquer jusqu'à la tempête prochaine la place où reposait leur dépouille oubliée.

Mais voyez aujourd'hui la belle ville, avec ses larges rues où la rafale de la mer souffle à l'aise ; avec ses hautes maisons noircies par les brumes de l'Océan, et son peuple amphibie qui s'agite et se croise en tous sens : peuple à la voix forte, au regard fier, aux membres nerveux ; portant la casquette en cuir bouilli, jetée sur l'oreille avec une martiale élégance, l'imperméable paletot et le manteau de toile cirée ; — vraie colonie d'enfants de la mer semée à la fin de la terre, les pieds dans l'écume et le front dans les brouillards, ne s'intéressant qu'au navire qui part ou qui arrive, au vent qui souffle, à la vague qui mugit ou dort.

Brest possède une charmante promenade. Figurez-vous une terrasse longue d'un quart de lieue, plantée d'ormes touffus qui se courbent en berceaux pour former trois galeries de verdure. D'un côté règne une ligne de sveltes maisons, tapissées de lierre et de vignes grimpantes ; de l'autre, c'est la rade qui se déploie, et qui ressemble à une échappée de la pleine mer, car elle est large de quatre lieues, et les rivages qui l'entourent apparaissent à cette distance comme une ligne de vapeurs bleuâtres. Le cours d'Anjou, c'est le nom de cette terrasse, se détache des remparts et va finir au pied du château fort, assis à la côte sur un massif de rochers, comme un vieux géant dont les flots moutonnés viennent baigner les pieds. C'est de là que l'œil se plaît à contempler ce que le temps ni le travail des hommes ne sauraient ni changer ni produire : l'aspect de la mer toujours grande et sublime, la mer tantôt berçant sur ses lames les vaisseaux à l'ancre, tantôt battant comme un orage les écueils du Goulet. Puis on remonte, à pas lents, vers la ville, par cette riante avenue du cours, à travers les groupes de familles errant sous ses ombrages, et les cris d'enfants joyeux qui folâtrent sur les pelouses. On ne peut se défendre d'indéfinissables émotions, entre ces grands contrastes de l'Océan avec sa vie aventureuse, et de la promenade tranquille qui rappelle si doucement l'heureuse existence du foyer.

Dans une habitation champêtre, à deux lieues de la ville, sur les bords de la rade, vivait encore, il y a sept ou huit ans, un vieux capitaine de frégate, retiré de la mer depuis longtemps. Glorieux débris de l'immortel combat de Trafalgar, le brave capitaine Josselin jouissait d'un honnête patrimoine, joint à sa modeste pension de retraite. C'était un homme droit et de bon sens, brusque sans orgueil, et généreux sans prétentions. Les paysans de son voisinage ne passaient jamais devant lui sans le saluer avec respect, car il les appelait ses enfants et leur faisait beaucoup de bien. Quelques gentilshommes campagnards, dont les manoirs touchaient au sien, et qu'il visitait rarement, parce que leur vanité nobiliaire s'accordait mal avec ses habitudes d'indépendance et de simplicité, le traitaient d'original; mais le capitaine ne se souciait guère de ces critiques.

— Ces gros messieurs, disait-il, vivent à leur manière, et je ne perds pas mon temps à rechercher s'ils ont tort ou raison. Je suis pour eux un loup de mer, mais c'est ma mode : chacun a ses goûts, et je me sens trop vieux pour changer les miens au gré de tout venant. Nous arriverons d'ailleurs, tôt ou tard, à ne pas occuper sous la terre plus de place les uns que les autres. Ils auront leurs valets pour suivre leur enterrement; mes paysans, mes anciens matelots viendront, plus d'une fois, essuyer une larme et porter un souvenir auprès de la place où l'on mettra mes os. Riches et pauvres, grands ou petits, Dieu nous tient dans sa main; quand il n'enverra plus de vent pour pousser ma voile, j'espère bien jeter l'ancre au port du ciel. En attendant, vogue la galère!

Le capitaine Josselin, bien qu'il fût assez riche pour aspirer dans sa province aux partis les plus avantageux, s'était donné en se mariant la joie d'une bonne action. Il avait épousé, dans son jeune temps, une orpheline dont le père était mort au service de l'état, et la mère dans une cruelle indigence. L'unique enfant de cette pauvre famille pleurait un jour, sur la lisière d'un champ de genêts, quand le capitaine vint à passer, par hasard, devant le tableau touchant d'un si triste abandon.

— Pourquoi pleurez-vous, ma belle enfant? lui demanda-t-il de sa voix un peu rude, mais bienveillante.

— Hélas! monsieur..... ma mère est morte..... on a vendu notre chaumière pour payer les frais de la maladie... les créanciers m'ont chassée... et voilà que je n'ai plus ni asile ni espérance!... Le bon Dieu est bien dur de me délaisser ainsi!...

— Pas autant que vous le croyez, reprit le capitaine. Il ne faut jamais douter de la Providence, car elle éclate toujours au moment où nous croyons tout perdu. Levez-vous, venez avec moi, et je tâcherai de remplacer les parents que vous n'avez plus.

Et il avait emmené la jeune fille, toute confuse de tant de bonté de la part d'un inconnu, et toute heureuse du secours que le ciel lui envoyait dans sa détresse. Après un séjour de trois ans dans un pensionnat de Brest, où elle avait étonné tout le monde par son intelligence et ses progrès, elle était devenue l'épouse du digne capitaine, au retour d'une de ses campagnes.

— Mais vous êtes fou, mon cher, lui avaient répété cent

fois ses amis ; vous pouviez faire un brillant mariage, qui eût doublé votre fortune ; et l'on n'a jamais vu un capitaine de la marine française aller chercher sa femme dans un champ de genêts.

— Je l'ai choisie pour moi, ou plutôt Dieu me l'a envoyée, répondait le brave Josselin. Permettez-moi de faire mon bonheur à ma guise. Mon bras est à la France, mais mon cœur est à moi. Je trouve, dans la reconnaissance d'une compagne qui me doit tout, une dot plus précieuse que tous les trésors des plus nobles héritières de Bretagne. Mais si j'avais jamais à me repentir de ce que je viens de faire, il me resterait une ressource : je me ferais tuer sous mon pavillon !

De si généreux sentiments méritaient bien une récompense. Le capitaine la recueillit dans les joies de son ménage ; mais à Trafalgar, dans son dernier combat, un boulet lui brisa une jambe.

— Ce maudit coup de canon a sonné trop tôt l'heure de ma retraite ! s'était écrié l'intrépide marin. Allons planter mon pavillon déchiré sur le pignon d'une frégate de pierre, et manger du biscuit en regardant couler l'eau, jusqu'à ce que ma dernière dent suive la jambe que Nelson m'a démontée.

Rentré dans ses foyers, le capitaine Josselin ne pouvait se passer d'une vie active ; il devint le bienfaiteur de tout ce qui l'entourait. Il aidait, de sa fortune, à doter les jeunes ménages pauvres ; il rachetait du service militaire les fils des artisans laborieux qui avaient besoin de leurs bras pour vivre ; il payait les avocats de ceux qui n'avaient pas le moyen de se faire rendre justice. C'était la providence de tous les malheureux.

— Mais pourquoi donc, lui disaient encore ses amis, pourquoi ne pas vous établir à la ville qui vous offrirait tant de distractions? Vous vivez comme un ours, quand vous devriez avoir une maison confortable, attirer chez vous l'élite de la société, vous faire nommer maire de Brest, où tout le monde vous considère, et peut-être même député du département aux chambres législatives, où vous pourriez rendre encore d'utiles services à votre pays.

— J'aime mieux, répondait le capitaine, être le père de mes paysans. La bonne société est, pour moi, partout où je vois un peu de bien à créer. J'ai besoin de mouvement, de grand air et de liberté. Je ne puis plus donner la chasse aux Anglais; eh bien, je veux la faire à la misère qui tourmente autour de moi tant de braves gens. C'est une rude besogne, je le sais; mais, Dieu merci, mon vieux pavillon n'a jamais reculé devant les obstacles !

Cependant, au milieu de ces travaux philanthropiques, son courage devait être mis à une cruelle épreuve. Il perdit, dans la même année, sa femme et deux enfants qu'il adorait. Foudroyé par ces trois malheurs, il s'enferma pendant tout un mois pour pleurer, sans permettre à qui que ce fût de l'approcher. Puis, un beau jour, il reparut, l'œil sec, mais le front voilé d'un triste nuage. Le vénérable curé du village voisin s'empressa de le visiter pour lui offrir quelques consolations : — Merci, monsieur, lui dit le capitaine; les bonnes paroles que vous m'apportez ne peuvent rien ajouter à toutes les réflexions que j'ai faites pendant trente jours de solitude et de désespoir. Je me suis courbé avec résignation devant la volonté de Dieu, qui est notre maître à tous; j'appartiens maintenant à un autre monde. Je sens que ma femme et mes enfants me suivent partout; je ne les vois plus, mais je les entends, je leur parle, et je vis avec eux au fond de mon cœur, en attendant que le ciel nous réunisse! Cette pensée-là m'est plus douce que toute consolation.

Mais malgré sa résignation, l'isolement usait peu à peu les ressorts de son âme; le monde ne tarda guère à lui sembler désert et la vie décolorée. Il entreprit un voyage pour se distraire, et ce soulagement fut aussi faible que passager. Il revint et s'enferma chez lui, comme aux jours de sa première douleur. Souvent, les yeux rouges de pleurs, il restait des heures entières au fond de son cabinet. Quelques paysans venaient de temps à autre, pour le consulter ou implorer sa protection, et ces pauvres gens restaient interdits devant son visage pâle et flétri. Tout le monde partageait son deuil, et personne ne pouvait l'adoucir.

— Vous avez pitié de moi, mes braves gens, disait le capitaine en essuyant ses joues humides, du revers de son vieil uniforme de combat qu'il ne quittait plus; — vous me plaignez; mais, je vous en prie, ne me parlez point du passé. Le chagrin m'est devenu nécessaire; il fait, désormais, partie de ma vie. J'en ai contracté l'habitude; c'est un compagnon plus fidèle que la gloire.

Ses distractions, quand il en cherchait, n'étaient plus que des œuvres de charité presque mystérieuses. Il allait, de grand matin ou le soir, assister l'indigent malade dans sa chaumière, et tendait une main secourable au mendiant agenouillé sur le chemin du voyageur.

Un jour, à l'époque de la fête patronale du bourg de Lambezellec, il était venu s'asseoir sur un tronc d'arbre vermoulu, et regardait de loin, en soupirant, les danses joyeuses des villageois. Mais ses yeux ne voyaient rien ; son esprit était allé rêver sur les tombeaux de sa famille : l'aspect de cette robuste jeunesse le faisait penser à ses enfants. Sa belle figure toute cicatrisée était empreinte d'une sombre mélancolie; des larmes furtives coulaient de ses paupières, et venaient se perdre, en perles brûlantes, dans son épaisse moustache grise.

Tout à coup, des ombres orageuses allongèrent sur le ciel en feu leurs teintes plombées. Un vent furieux souleva la poussière, et tordit les branches des grands arbres qui criaient sous l'effort de la tourmente. De larges éclairs, précurseurs d'une violente tempête, déchiraient les nues. Garçons et jeunes filles, éperdus, cherchèrent partout un abri ; les petits marchands attirés par la fête pliaient bagage au plus vite, et les ménétriers effarés avaient disparu les premiers, avec violons et cornemuses.

Le capitaine Josselin restait seul, immobile, au milieu du fracas de l'orage. Bientôt la pelouse fleurie fut abandonnée ; il ne s'y trouva plus qu'un enfant de treize à quatorze ans, mais frêle et malingre, à demi couvert d'une veste de bure percée de trous, et d'un pantalon soutenu par une corde passée en sautoir. Cette misérable petite créature courait nu-pieds, et ses longs cheveux châtains s'échappaient en boucles naturelles de dessous un bonnet de laine fauve tout crasseux. Le capitaine remarqua cependant que, malgré le piteux état de son équipage, l'enfant avait des mains délicates et blanchettes, des yeux bleus fort doux et rayonnants d'intelligence.

— Mon beau monsieur, lui dit le petit avec un sourire qui fit briller trente-deux perles sur ses lèvres roses, vous ne voyez donc pas venir l'orage? Dans cinq minutes vous serez inondé; mais je connais tout près d'ici un bosquet de tilleuls sous lequel vous pourriez vous mettre à couvert, si vous êtes trop loin de votre maison pour la regagner avant la pluie.

— Bravo, garçon, répondit le capitaine, je crois que tu as un bon cœur; mais tu ne me sembles pas fort heureux; tes parents te négligent un peu trop.

A ce mot de parents, l'enfant baissa la tête et soupira.

— Voyons, petit, je ne te gronde pas; mais tu es déjà assez grand pour ne plus courir les champs, comme un vagabond déguenillé. Est-ce que tu serais fainéant?

— Hélas! monsieur, plût à Dieu que je pusse travailler! mais personne ne veut de moi. Les petits du village qui ont père et mère, de bons habits et de la soupe à discrétion, me donnent des coups quand je m'approche d'eux; ils m'appellent l'enfant trouvé!... mais les femmes des paysans me gardent, de temps en temps, des croûtes dures ou une écuelle de pommes de terre, et en retour je fais leurs commissions.

— Diable! reprit M. Josselin, ce métier-là ne te mènera pas loin. Mais tiens, poursuivit-il en tirant de sa bourse une pièce d'or, voilà de quoi t'acheter un meilleur pantalon, une blouse de toile et des souliers. Quand tu seras mieux vêtu, les enfants du village ne seront plus si méchants, et tu trouveras à gagner ta nourriture en travaillant dans quelque ferme.

— De l'argent? monsieur, s'écria l'enfant, non, je n'en veux point, car je ne l'ai pas gagné. Je suis bien malheureux, c'est vrai, mais le bon Dieu ne me laisse pas tout à fait mourir de faim. Voyez, j'ai encore un gros morceau de pain dans ma poche. Il n'y a que les aveugles et les estropiés qui doivent accepter de l'argent, et il n'en manque pas dans la commune.

Étonné et ravi de ce langage qui annonçait une noblesse de cœur si rare chez les pauvres enfants que l'éducation n'a point cultivés, le brave capitaine se leva et tendit la main à l'orphelin : — Serais-tu sage et laborieux, lui dit-il, si je t'emmenais avec moi ?

— Je ne demande qu'à me rendre utile.

— Fort bien ; nous verrons cela. Si je suis content de toi, je te traiterai comme mon propre fils.

De grosses gouttes de pluie commençaient à tomber. Le capitaine fit signe à son protégé de le suivre, et s'achemina vers son logis, aussi vite que sa jambe de bois lui permettait d'avancer. L'enfant, tout radieux, gambadait autour de lui. A l'angle d'une avenue, ils rencontrèrent un matelot mutilé et aveugle, conduit par un chien barbet qui se dressait sur ses pattes de derrière pour implorer en faveur de son maître la pitié des passants. Le capitaine remit à l'orphelin une pièce de monnaie blanche pour la porter à ce malheureux. Les yeux de l'enfant étincelèrent de joie ; il joignit à l'offrande de son père adoptif, son morceau de pain pour le chien.

— Pourquoi donnes-tu ton pain au chien ? demanda M. Josselin.

— Parce que c'est le seul ami du pauvre invalide. Son vieux maître en achètera de moins dur avec l'argent de votre aumône, et moi, je n'ai plus besoin de rien, puisque vous voulez bien me faire travailler.

Le capitaine attendri l'embrassa avec effusion : — Sois toujours ainsi, lui dit-il, et Dieu te bénira.

L'enfant trouvé n'avait pas de nom. En rentrant chez

lui, M. Josselin décida qu'il s'appellerait Jean, comme le disciple bien-aimé du Sauveur; ce nom devait être, dans le ciel, une protection pour l'orphelin d'ici-bas. Quoique le capitaine ne fût pas très-assidu à l'église, il était néanmoins profondément religieux. Malgré leur vie dure et presque sauvage, les marins pensent à Dieu plus souvent que les autres hommes. Les grandes scènes de la mer élèvent leurs âmes vers le ciel; et au milieu de leurs dangers incessants, quand les abîmes de la mort grondent sous leurs pieds, leur courage, leur énergie, leur patience se retrempent dans la prière; et leur salut, à l'heure du naufrage, est souvent dans cette foi vive en la Providence, devant laquelle tant d'obstacles s'aplanissent, parce que Dieu n'abandonne jamais ceux qui mettent en lui leur espérance, quand toute force humaine est devenue impuissante.

On touchait, à cette époque, aux derniers jours d'avril 1832. Une cruelle épidémie venue d'Orient, le choléra, désolait une partie de la France, et Paris, plus que toutes les autres villes, gémissait sous les atteintes mortelles de ce fléau. Brest en avait déjà bien souffert, car le mal impitoyable n'épargnait ni riches ni pauvres, et frappait dans tous les rangs. Mais l'air pur des campagnes lointaines semblait repousser le souffle contagieux qui fanait la vie en passant sur les plus fortes jeunesses. Les paysans ne voyaient pas ces longues files de convois funèbres dont l'aspect semait l'effroi dans les rues des cités populeuses; accoutumés à la fatigue, aux privations, ils menaient leur vie insouciante à côté du deuil des grandes villes, et contemplaient le spectacle de la mort sans la redouter pour eux-mêmes. Les robustes habitants des landes bretonnes avaient paisiblement dormi sous leurs cabanes de terre glaise, pendant que le choléra visitait les demeures de l'opulence, les ateliers de l'industrie, et l'étroite mansarde où s'entasse la famille de l'ouvrier. Le dimanche, après la prière publique, ils dansaient comme toujours, sous les frais ombrages qui entourent l'église des hameaux ; et dans leur vie simple, uniforme, isolée, ils ne se doutaient pas des larmes qui coulaient sur tant de malheurs.

Le capitaine feuilletait chaque matin ses journaux, en tremblant d'y lire, parmi les noms des victimes, ceux de quelques-uns de ses anciens frères d'armes. Le jour même où il avait ramené de Lambezellec le fils adoptif que la Providence lui confiait, il trouva sur la table de son cabinet un paquet de lettres récemment arrivées de Paris, et qu'il ouvrit avec un frisson d'angoisse. Mais le digne homme avait déjà tant pleuré depuis quelques années, que Dieu voulut lui épargner de nouveaux déchirements. Ces lettres le rassuraient sur le sort des vieux amis qu'il chérissait de loin comme de près. Il respira plus à l'aise et reprit avec ordre sa lecture. Tout à coup, son visage ordinairement triste et sombre s'épanouit ; ses yeux presque éteints se remplirent de flamme, sa poitrine s'agita, et voici ce qu'il lut à haute voix, en serrant avec une ardente émotion la feuille dont les détails l'intéressaient si vivement :

« Le choléra, lassé de sévir, nous abandonne heureusement ; l'intensité du mal diminue de jour en jour, et ses attaques deviennent plus rares. Si la douleur publique est grande, si bien des pertes sont irréparables, Paris trouve du moins une consolation dans le sublime exemple de dévouement que l'épreuve que nous venons de subir a fait éclore. La conduite admirable de notre Prince Royal au milieu de la consternation universelle, doit léguer à l'histoire un impérissable souvenir de la reconnaissance des Parisiens. Il fallait relever l'énergie de ceux que la mort n'avait pas encore atteints; il fallait prouver que le choléra pouvait être défié, qu'il pouvait être vaincu; et voilà pourquoi Ferdinand d'Orléans a voulu se montrer lui-même, chaque jour, dans les quartiers les plus populeux de la capitale, répandant à chaque pas les secours les plus généreux et les plus nobles encouragements. On le voyait de tous côtés visiter les hôpitaux, s'entretenir avec anxiété des ravages du mal, et s'informer avec une sorte de religion des moyens mis en œuvre pour le dompter. Il s'approchait bien près de chaque malade, et lui parlait avec l'accent et les démonstrations d'une pieuse sympathie. A l'un, il venait tâter le pouls; à l'autre, de ses mains royales il ne dédaignait pas de présenter le remède prescrit; au troisième, il demandait sa main pour la serrer chaleureusement, devant les assistants et les médecins qu'épouvantait cette sublime imprudence. Et les malheureux que dévorait la fièvre s'attachaient convulsivement à son bras, comme si, par ce miracle dont les chroniques françaises racontent que nos rois avaient le privilége, l'attouchement de l'héritier du trône eût pu les arrêter au seuil de l'agonie. Il avait pour tous des paroles du cœur, de ces paroles vivifiantes que lui seul savait trouver. Une fois qu'à l'Hôtel-Dieu, il cheminait lentement dans une de ces vastes salles où l'épidémie régnait au milieu de la destruction, il entend une voix étouffée gémir sur son passage. Il se retourne, et sur la veste accrochée au chevet d'un vieillard, voit briller le ruban de la Légion d'honneur : — Qui êtes-vous, mon brave? dit-il au malade. — Un soldat rentré des prisons de Russie, murmure le mourant. — Courage donc, reprend le prince; les boulets vous ont épargné trop de fois pour qu'une fièvre vous emporte. — Le choléra n'épargne personne, monseigneur! — Votre main, mon ami. — C'est la peste que vous demandez, et tout le monde n'est pas aussi heureux que le *petit caporal* à Jaffa. Qu'importe? je veux essayer. — Vive le duc d'Orléans! s'écrièrent à la fois plusieurs voix haletantes. — Vivent ceux qui souffrent! répondit le prince avec un accent très-ému; et il continua sa périlleuse revue.

« C'était beau, savez-vous, de contempler ce fils aîné d'un souverain se livrant à plein cœur au plus ineffable dévouement, au sacrifice d'un brillant avenir, pour affronter un fléau contre lequel la science restait impuissante, et pour offrir aux chances d'une mort presque sans gloire ce jeune front qui devait porter une couronne! C'était beau, cette jeunesse de vingt ans, marchant sans pâlir sur une scène plus terrible que tous les champs de bataille, avec la contagion sur la tête et sous les pieds, au milieu des foudres invisibles qui de presque chaque lit faisaient une tombe!

« Quelques jours après, en inspectant l'hospice militaire du Val-de-Grâce, il apprit que les soldats n'y arrivaient pour la plupart que dans un état désespéré. — A quoi donc en attribuez-vous la cause? demanda-t-il au célèbre docteur Broussais, dont il était accompagné. — A la longueur du trajet, monseigneur; les casernes sont, pour la plupart si loin de nous! — Eh bien! s'écria le duc d'Orléans, je veux qu'on apporte chaque soldat en voiture, et ma cassette particulière acquittera ces dépenses. — Merci pour mes camarades, balbutia une bouche déjà violette; merci, monseigneur; à vous nos prières et nos vœux de toutes les heures ! — A vous du calme, mon ami, répondit le Prince Royal ; je ne fais que mon devoir en prêtant une voiture à qui donne son sang pour ma famille et pour la France !

« Les rayons les plus suaves glissent et s'effacent ; les ferveurs les plus pures vont s'abîmer dans les impénétrables mystères de Dieu; tout périt, excepté la mémoire du bien. Le Prince Royal, qui, l'année précédente, n'avait eu qu'à paraître à Lyon pour arrêter une guerre civile entre des ouvriers sans travail, vient de conquérir la seconde palme d'une gloire pure et sainte en exposant sa vie pour sauver celle des autres... »

En achevant cette lecture, le marin de Trafalgar ne put retenir ses larmes : — Heureuse famille, qui possède de tels enfants ! s'écria-t-il en joignant les mains; heureuse France, qui garde une couronne au prince adolescent que suivent déjà partout les bénédictions de la douleur !

Jean s'était serré près de lui pour écouter, avec un naïf étonnement, ce récit qu'il ne comprenait pas tout entier ; car le pauvre orphelin de Lambezellec ne savait pas qu'il existât tout un monde au delà du village qui l'avait vu naître. — Petit, lui dit le capitaine Josselin, je t'ai donné le nom de Jean, qui est béni dans les cieux ; mais tu porteras aussi celui de Ferdinand, qui est aimé sur la terre de France : ce nom déjà vénéré te portera bonheur. Tu ne connais encore de la vie que les tristesses de l'abandon. Je veux que ton premier enseignement soit celui de ce dévouement dont un enfant royal vient d'offrir au monde l'héroïque exemple. Quand les princes descendent du trône pour faire eux-mêmes le bien parmi la foule, ils sont l'image de Dieu, sa providence visible, et leur vertu glorifie ce divin précepte du Sauveur : « Aimez-vous les uns les autres comme je vous ai aimés ; car tous les hommes ne sont qu'une seule famille dont le père est aux cieux. »

L'orphelin l'écoutait avec recueillement. Sa précoce intelligence devinait ce qu'elle ne comprenait pas tout à fait, et son regard doux et pur avait quelque chose d'angélique, sous les haillons de la misère.

Le jour touchait à sa fin. Le soleil couchant versait à l'horizon sa lave de feu. Le vent du soir, bruissant sous le feuillage des jeunes tilleuls, apportait dans la chambre ses tièdes haleines, imprégnées des parfums de l'aubépine nouvelle.

On entendit sonner l'*Angelus* à l'église du village voisin.

—A genoux ! petit, dit le capitaine ; je vais prier pour toi la consolatrice de ceux qui n'ont plus de famille. Prie-la aussi pour Ferdinand, ton patron de la terre. Qui sait si ce nom ne sera pas pour toi un gage d'heureux avenir, et si Dieu ne permettra pas que ce fils de France te rencontre quelque jour, sur le chemin de ses hautes destinées, et presse de sa royale main celle du pauvre délaissé qui n'avait encore tout à l'heure ni nom, ni patrie, ni souvenirs, ni espérances !

CHAPITRE II.

LE TOUR DE FRANCE.

La nouvelle position de Jean-Ferdinand était fort douce en comparaison du passé; mais le digne capitaine, qui voulait éprouver la nature de son jeune protégé avant de l'adopter définitivement, s'était bien gardé de le faire passer sans transition de la misère, dont il l'avait sauvé, à un bien-être excessif qui n'eût été que le fruit du hasard. L'enfant trouvé devait cultiver ses facultés et son caractère sous une protection intelligente; il devait semer pour recueillir, apprendre à satisfaire à ses besoins en se contentant de peu, et s'élever par degrés à la possession d'une commode aisance, en accomplissant la loi du travail que Dieu impose à tous les hommes. Comme il était déjà familiarisé avec les privations, le régime sévère auquel il fut soumis lui parut encore fort au-dessus de ce qu'il eût osé espérer, ou plutôt il ne s'aperçut pas qu'on pût mener une vie plus douce que celle dont le bienfait lui était accordé. Aussi, grande fut la joie du petit malheureux qui, jusqu'alors, n'avait jamais habité que des étables, ou passé de froides nuits à la belle étoile, quand il reçut de M. Josselin un sac de paille fraîche pour dormir dans un grenier bien clos, et une nourriture grossière, mais abondante et saine. Il se montrait gai, agile, serviable et plein de douceur; rien en lui surtout ne décelait les instincts vicieux du mendiant et du paresseux. C'était un jeune sauvage qui ne demandait pas mieux que de se civiliser; son bon cœur était une qualité native qui le faisait aimer et apprécier chaque jour davantage. Le capitaine, ravi de voir fructifier sa bienfaisance, l'appelait son fils, et l'envoya, au bout de quelques mois, à l'école du village voisin. Ses progrès furent d'abord difficiles; mais loin de se rebuter, il s'arma d'une infatigable application, et surpassa, plus vite et mieux que son protecteur ne s'y attendait, tous ses camarades d'aujourd'hui qui le méprisaient la veille, et l'humiliaient du nom d'enfant trouvé. M. Josselin, qui n'avait pas de plus chère occupation que celle de surveiller tous ses pas, n'éprouvait jamais le besoin de se montrer rigide; un sourire était la meilleure récompense de l'orphelin; un coup d'œil froid sa plus rigoureuse punition, quand la légèreté de son âge lui avait fait commettre quelque faute.

Un an après cette première épreuve, le capitaine suivit une nouvelle marche pour développer son système d'éducation. Il fit asseoir Jean-Ferdinand à sa table, supprima le sac de paille, qui fut remplacé par une couchette de soldat, et lui fit revêtir un costume d'ouvrier, simple mais de bon drap. L'enfant reçut cette marque de satisfaction avec une reconnaissance franche et naïve; il ne devint ni gourmand ni orgueilleux, et plus ses forces croissaient, plus il se montrait actif et ennemi de l'oisiveté. Le capitaine possédait un canot sur lequel il lui fit apprendre, comme mousse, les principes de la manœuvre, l'art de la pêche et celui de fabriquer des filets. Dans d'autres temps, il lui enseigna le jardinage, et joignit à cette occupation quotidienne l'étude des plantes usuelles. Plus tard encore, il initia son élève aux notions élémentaires de la géographie, du dessin, des mathématiques, de l'astronomie et de l'histoire.

Lorsque Jean-Ferdinand atteignit l'âge de seize ans, c'était un beau jeune homme d'une santé florissante, doué d'une merveilleuse adresse à tous les exercices du corps, et d'une intelligence bien supérieure à celle d'une foule de jeunes gens élevés dans les colléges de nos villes. L'œuvre de la nature avait grandi sans entraves; aucune influence étrangère n'en avait arrêté l'essor ou terni la pureté, et les germes de son avenir ne demandaient qu'à éclore.

Un matin, M. Josselin fit appeler Jean-Ferdinand : — Mon ami, lui dit-il, tu as justifié, depuis que nous sommes ensemble, les vœux que je formais pour ton bonheur, et les espérances que j'avais conçues. Tu es homme, aujourd'hui, par les habitudes d'une vie régulière, bien plus que par ton âge; il est donc temps que tu commences à voler de tes propres ailes, pour te tirer d'affaire par ton travail, si Dieu venait à nous séparer. Voilà une somme de six cents francs que je te livre en toute propriété. Il faut que dès aujourd'hui cet argent-là te suffise pour payer ta nourriture, tes vêtements et l'apprentissage d'un métier. Tu habiteras encore dans ma maison, mais tous les mois tu me remettras quinze francs pour le loyer de ta chambre. Cela t'arrange-t-il? Le reste te regarde.

Jean-Ferdinand, tout ébahi de posséder un tel trésor, se hâta d'accepter. Le capitaine, tout en le laissant libre, surveillait secrètement l'emploi que son protégé faisait de son petit pécule. Il le vit avec plaisir essayer ses bras au rude labeur de charpentier, dans les ateliers d'un constructeur de navires. « C'est un solide garçon, se disait-il, il n'y va pas de main morte, et j'aurai toujours le temps d'en faire quelque chose de mieux : voyons s'il se dégoûtera. » Mais Jean-Ferdinand avait du cœur ; la besogne ne l'effrayait point. Au retour du chantier, il faisait lui-même sa soupe, arrosait le jardin de son bienfaiteur, repassait ses leçons d'autrefois, ou étudiait quelque livre relatif à la pratique de son état, puis il s'endormait jusqu'à l'aurore, d'un sommeil paisible et fortifiant. Malgré qu'en apparence, il vécût comme un avare, son bon cœur devenait prodigue chaque fois qu'une occasion s'offrait d'accomplir une bonne œuvre. Au bout de l'année, il lui resta, néanmoins, cent francs d'économie.

— Marche encore, lui dit le capitaine en lui comptant une seconde somme égale à la première ; quand tu sauras fabriquer et ajuster toi-même les pièces d'un canot, nous passerons à d'autres exercices.

Mais à la fin de l'année suivante, il ne restait rien à

Jean-Ferdinand, pas même les cent francs de ses épargnes antérieures. M. Josselin lui lança un coup d'œil sévère, et le pauvre Jean, tout rouge et tout confus, ne répondait rien à ses pressantes questions. Ce silence était presque l'aveu d'un écart, et cependant le capitaine ne se sentait pas la force d'adresser au jeune homme des reproches énergiques. Accoudé sur la cheminée de son cabinet, et le front courbé dans sa main, il se perdait dans ses conjectures, et cherchait vainement à deviner quelle faute si grave son protégé avait pu commettre pour n'oser la confesser à son unique ami. Après tout, pensait-il, je suis peut-être plus coupable que lui ; comment ai-je pu confier à un enfant de dix-sept ans une somme dont la possession devait étourdir sa raison, trop faible encore pour ne pas céder à quelque mauvais penchant qu'une liberté trop hâtive a pu faire naître? Mon système d'éducation péchait par la base ; il a produit ses fruits amers, et je ne dois m'en prendre qu'à ma funeste imprudence. Mais le plus grand mal n'est pas dans la chute, quelle qu'elle soit, dont cette précoce nature n'a pas su éviter le danger ; le mal irréparable est dans sa dissimulation. Il ne sera pas dit, cependant, que ce petit mousse aura mis en défaut la surveillance d'un vieux loup de mer, habitué à tous les faux fuyants d'une goëlette qui prend chasse devant un vaisseau de ligne. Jetons sur cette conscience en dérive un bon grappin d'abordage, et si elle ne capitule pas à discrétion, mille bombes ! je fais sauter la sainte-barbe !

Pendant ce monologue muet, Jean-Ferdinand ne quittait pas des yeux les traits assombris du capitaine. Il voulait parler, il voulait sauter dans ses bras et tout dire, puis une pudeur enfantine le retenait ; et pour la première fois, il se sentait manquer de confiance et de cet abandon naïf qui fait le charme de la jeunesse. Apercevant fort bien la petite lutte intérieure que décelait l'attitude hésitante du pauvre garçon, mais à cent lieues du motif qui la causait, M. Josselin se redressa tout à coup, et frappant le plancher de sa canne, avec un geste d'impatience qu'il ne pouvait plus contenir : — Avance à l'ordre, lui cria-t-il, campe-toi là, devant moi, les talons sur la même ligne, et l'œil sur le mien !...

Jean-Ferdinand obéit; mais il ne parvint pas à soutenir le regard fulminant de son bienfaiteur.

— Tu ne peux pas me regarder en face, reprit le capitaine, donc tu es coupable! mais c'est égal, je ne veux rien savoir que par toi : ce sera ta punition. J'écoute, et dépêchons!...

En ce moment, deux coups frappés à la porte du cabinet suspendirent l'interrogatoire : Jean-Ferdinand respira.

— Au diable les importuns quand je tiens conseil à mon bord, s'écria le capitaine. Entrez!

La porte s'entr'ouvrit, poussée par une main timide; une jeune femme entra, conduisant deux enfants dont l'aîné n'avait pas six ans, et vint se jeter avec eux aux pieds de M. Josselin.

— Eh bien, qu'est-ce encore? demanda brusquement le marin, contrarié d'être interrompu dans ce moment de préoccupation solennelle. Vous pleurez, vous souffrez, vous êtes malheureuse, votre fainéant de mari ne travaille pas, et vos enfants ont faim? C'est cela, n'est-ce pas?... Mais qu'y puis-je? Il y a trop de misères partout pour que je puisse toutes les guérir, et les richesses du Grand-Mogol n'y suffiraient pas!

— Mon bon Monsieur, dit-elle enfin, presque étouffée par le sentiment qui l'oppressait, mon Sauveur !...

Et tout en disant cela, M. Josselin tirait de son gilet une pièce d'or, et la glissait dans la main des enfants; mais la jeune femme, qu'une vive émotion empêchait de parler, vit son mouvement et l'arrêta, en levant sur lui des yeux pleins de larmes. — Mon bon monsieur, dit-elle enfin, presque étouffée par le sentiment qui l'oppressait, mon sauveur !...

Et elle s'arrêta, toute haletante.

— Allons, bon, j'aime mieux cela, reprit en grondant le capitaine; c'était bien la peine de me déranger! D'où venez-vous donc toute effarée? Qui êtes-vous? Je ne vous ai rien sauvé, je ne vous connais pas; vous vous serez trompée de porte, et vous me prenez pour un autre; mais vraiment, dans ce moment-ci, je n'ai guère le loisir d'entendre une histoire.

Et malgré ce ton bourru, il caressait les enfants, qui lui embrassaient les genoux, et qui avaient tous deux, comme Jean-Ferdinand, des cheveux châtains soyeux et doux, et des yeux bleus comme l'azur du ciel.

— Ah! monsieur le capitaine, s'écria la jeune mère en reprenant un peu d'assurance, ne sait-on pas dans tout le pays que vous êtes un ange de Dieu sur la terre? Reprenez votre bienfait, si vous ne voulez pas de ma reconnaissance!

— Il paraît que cette femme est folle, se dit M. Josselin. Voyons, bonne mère, regardez-moi donc bien : qu'ai-je fait pour vous?

— Ce que vous avez fait! Eh quoi! ne savez-vous pas que je suis la veuve d'un pauvre gabier, mort de la fièvre jaune, il y a dix mois, à bord du brick *le Duquesne*, qui revient de la Guadeloupe?

— Je n'en savais pas un mot, et je ne puis, hélas! vous rendre votre mari. Pauvres petits orphelins! je voudrais de tout mon cœur vous aider à les élever; malheureusement, je suis loin de pouvoir faire tout ce que je voudrais!

— Ah! monsieur, ne dites pas cela, reprit la jeune paysanne; car vous êtes généreux comme un roi. La misérable cabane de chaume qui nous abritait a pris feu, il y a trois jours; nous avions tout perdu, et je devenais folle de désespoir, lorsque vous m'avez envoyé deux cents francs....

— Ma foi, je pense que vous rêvez! s'écria de nouveau le capitaine; si j'avais là deux cents francs et plus, je les emploierais pour vous bien volontiers; mais, encore une fois, vous ne me devez rien!

— Mon Dieu! ce petit Jean m'a donc menti!...

— Comment! comment! répétez-moi bien cela, bonne femme; vous dites que.... Jean-Ferdinand....

— Est venu lui-même, hier, m'apporter de votre part, disait-il, cette somme qui est toute une fortune pour des malheureux comme nous!

— Tant mieux, mille caronades! tant mieux! mais j'avais raison de vous dire que je n'en savais rien. Ce sont les économies de maître Jean, et vous pouvez les garder en sûreté de conscience.

La pauvre femme resta toute interdite. Les économies de maître Jean! bégayait-elle en ouvrant de grands yeux; comment un enfant perdu, que vous avez recueilli et qui tient tout de vos bontés, pourrait-il amasser...

— C'est vrai, c'est vrai, mais cela me regarde, reprit M. Josselin en souriant, et en reconduisant doucement hors du cabinet la veuve émerveillée, avec ses petits enfants qui lui faisaient de naïves révérences. — Allez en paix ; usez vous-même avec économie du secours que le ciel vous a procuré, et quand vous aurez besoin de moi, si vous êtes sage et travailleuse, la porte du capitaine Josselin ne vous sera jamais fermée....

— A nous deux, maintenant, poursuivit-il d'un air radieux, après avoir congédié cette visite. Viens ici, Jean-Ferdinand, sur mon cœur, cher et digne fils d'adoption ! Morbleu ! j'ai bien envie de me fâcher, car tout à l'heure tu me laissais peser sur le cœur un poids énorme. Je ne ferai point l'éloge de ta belle action : c'est dans ton âme qu'elle doit trouver sa meilleure et sa plus durable récompense. J'ai seulement une remarque à t'adresser, et ce n'est pas un blâme, c'est un conseil. Tu as voulu que l'honneur de ton généreux dévouement rejaillît tout entier sur ton vieil ami ; et je te remercie de cette pensée délicate et charmante. Mais, vois-tu, dans la vie, il faut toujours, même en faisant le bien, marcher au but par la ligne droite. Une autre fois, mon enfant, souviens-toi de la divine leçon de Jésus, qui disait à ses disciples : « Faites, s'il se peut, quand vous répandez l'aumône, que votre main gauche ignore ce qui sort de la droite. » L'argent que je te donne est à toi, pour en disposer librement ; il eût été plus simple et plus modeste de m'en raconter l'emploi dès ma première demande. A l'avenir, sois bienfaisant avec mystère ; ton œuvre sera plus sainte, et ta joie plus profonde quand tu n'auras que Dieu pour témoin. Ta conduite me décide aujourd'hui à ne pas différer davantage l'accomplissement d'un projet que je formais depuis plusieurs mois. Tu mènes ici une existence uniforme, et ma présence te maintient facilement sur le sentier de la vertu : j'ai besoin de voir si le séjour des villes ne te gâtera point. Je vais t'envoyer à Paris même, avec le peu que tu sais déjà, et l'habitude que tu as contractée du travail. Tu y suivras, pendant deux ou trois années, les cours d'enseignement public. Je ne désire pas que tu deviennes avocat ni médecin; mais il faut que tu rapportes de ces années d'étude quelques connaissances solides. Tu choisiras selon tes goûts : je ne te demande que des résultats que tu saches rendre, plus tard, utiles à tes semblables. Comme l'existence des villes est plus dispendieuse que celle qu'on mène ici, j'augmenterai convenablement ton budget, en t'adressant à un notaire qui est mon ami d'enfance et qui te fournira, pour mon compte, quinze cents francs par an, dont tu toucheras le quart tous les trois mois. Conserve, là-bas comme ici, la précieuse habitude d'une vie sobre et frugale; mais ne te refuse pas le nécessaire, car il n'y a point de bon artiste sans bon outil. Le corps est un instrument, l'artiste est un esprit cultivé : perfectionne le tien courageusement. La vie est courte : c'est une école; forme ton intelligence selon les facultés que la nature te révèlera. Fréquente le monde, étudie les méchants eux-mêmes : il est bon de les connaître pour se préserver de leurs piéges, et quelquefois aussi pour les ramener à la vertu. Si tu manques de force ou de droiture, tu succomberas à cette épreuve; si tu es fort, et surtout si tu conserves bien la pensée que Dieu te voit, tu résisteras. Au bout de tes trois ans d'études, je n'aurai plus de secours à te donner; tu seras un homme fait, il faudra te suffire à toi-même. Tu sais que je suis presque riche; mais je me soucie peu de l'opulence, parce que mes besoins sont bornés par la modération de mes désirs. Ma seule satisfaction est de pouvoir faire du bien ; tu en es un exemple ; ne l'oublie pas. Souviens-toi aussi qu'il n'y a qu'une chose impérissable dans la bonne comme dans la mauvaise fortune : c'est une conscience irréprochable. Tout le reste, ambition, avidité du gain, désir de commander, passions, envie, haine, rivalités, tout est folie. La vraie sagesse consiste à rester ferme et digne, dans toutes les circonstances où la volonté de Dieu nous place. Ne dédaigne pas les petites choses parce qu'elles te paraîtront mesquines. Dieu n'a rien fait de mesquin ; dans son admirable enchaînement de tous les êtres, le grain de sable et le ver ont aussi leur grandeur. Je t'ai élevé ; tu étais une plante frêle et sauvage : je t'ai donné la séve et la force. Tu as dix-huit ans ; c'est l'âge où la brute lutte avec l'ange : tâche qu'en toi l'ange soit vainqueur. L'homme demande à être élevé d'abord comme une plante, puis comme une brute, puis comme un ange. J'en sais beaucoup qui ne sont que des animaux bien dressés. Mais la brute même n'est pas à mépriser ; le lis des champs fleurit parmi la poussière de la terre qu'une ondée de pluie change en boue fétide. Tout est bien, tout tient sa place dans l'économie des plans de Dieu !

Après ce paternel enseignement, le capitaine Josselin donna sa bénédiction à son fils adoptif, et l'envoya à Brest, pour y prendre la diligence. Le jeune homme se sépara de lui en pleurant, et se retourna vingt fois sur la route, pour saluer, jusqu'à ce qu'il ne l'aperçût plus, le pavillon de guerre qui flottait au vent, tout glorieux de ses vieux lambeaux festonnés par les balles et noircis par la poudre.

En arrivant à Paris, les premiers objets qui excitèrent sa surprise et son admiration furent, après les monuments de la grande capitale, les innombrables chefs-d'œuvre de l'industrie. Jean-Ferdinand, longtemps embarrassé du choix de son étude, se décida tout à coup pour les merveilles de l'art mécanique. La connaissance des mathématiques et du dessin, vers laquelle son bienfaiteur avait particulièrement dirigé toutes ses facultés, le mit à même d'avancer avec succès dans la voie des applications pratiques. Sans fuir la société, ni dédaigner quelques plaisirs de son âge, il se voua, jour et nuit, à un travail assidu et persévérant. Le dimanche, il ne se reposait que pour aller à l'église la plus voisine de sa demeure, et, content de son sort, il n'y demandait à Dieu que de bénir son bienfaiteur, et d'épargner à sa vieillesse les larmes qu'il lui avait vu répandre, à certains jours de tristes anniversaires. En revenant d'accomplir ce pieux devoir, il se mettait presque toujours à écrire longuement au capitaine Josselin, pour lui rendre un compte fidèle de toutes ses actions, de ses progrès et de ses desseins futurs. Chacune de ses lettres, pieuse et naïve expression d'amour filial, était attendue avec plus d'impatience que les gazettes de Paris, et causait au brave marin une de ces émotions de joie qu'il avait depuis longtemps désapprises.

L'époque à laquelle les jeunes gens se décident pour une carrière allait arriver aussi pour Jean-Ferdinand. Au milieu de ses études, il pensait à l'avenir, et ne voulait point rester à charge au soutien de ses jeunes années. Je suis grand et robuste, pensait-il un jour ; j'ai du courage et je sais travailler, réparer un métier et même le construire au besoin ; les ouvrages de mécanique ordinaire me sont assez connus pour que je puisse, comme disait le capitaine, voler un peu de mes propres ailes et subsister par moi-même. D'ailleurs, il n'est pas juste que je vive davantage aux dépens de mon père adoptif ; il est si généreux, et tant d'autres enfants perdus, comme je l'étais, pourraient devoir à ses bienfaits un avenir plus doux ! La faveur que Dieu m'a faite de mettre à profit ses sages leçons, m'impose le devoir de lui prouver ma gratitude, en n'abusant pas de la protection que je trouve auprès de lui. Faisons place à d'autres êtres souffrants que la Providence lui enverra peut-être pour l'aimer et le bénir ; mais quelle que soit ma destinée, je n'oublierai jamais que je suis le fils aîné de sa bienfaisance. C'est à moi plus qu'à tout autre qu'appartient le droit de l'entourer d'affection, de lui dévouer mon cœur, mes bras et ma vie !

Plein de cette religieuse pensée, il songeait au choix d'un état. Peut-être, se disait-il encore, le capitaine serait-il charmé de me voir embrasser la profession dans laquelle il s'est illustré ? Si je me faisais marin ? Visiter de lointaines contrées, et presque chaque jour de nouveaux rivages ; étudier les mœurs, les usages, les arts de tant de peuples divers, ce serait bien beau ! Oui, mais les absences du matelot sont si longues ! et si j'apprenais au retour que le capitaine est mort sans que j'aie pu lui fermer les yeux, quel immense regret pèserait sur ma vie ! Jeter entre nous un espace que ma volonté ne pourrait point franchir, des distances où nos lettres ne viendraient pas s'échanger, ce serait ne songer qu'à mes goûts d'un moment, ce serait presque, aux yeux de M. Josselin, verser l'oubli sur la mémoire de ses bienfaits, et nous séparer volontairement, avec l'ingratitude de mon côté, et du sien une tristesse amère! Non, je ne serai pas marin. — Soldat?... Mais je ne pourrais pas davantage disposer de moi. Florissante sous un grand règne, ma patrie n'a pas besoin de mon courage; et j'irais végéter dans les rangs, sans être utile à personne? Ce serait stériliser les soins que mon bienfaiteur a prodigués à ma jeunesse. S'il avait désiré que je fusse marin ou soldat, m'eût-il envoyé à Paris avec cette unique recommandation : — Je demande que tu rapportes de tes trois années d'études quelques connaissances solides et des résultats que tu saches rendre, plus tard, utiles à tes semblables? Restons mécanicien, c'est plus simple et plus sage. Au lieu de courir le monde sans y laisser de traces, j'apprendrai à connaître mon pays, qui en vaut bien un autre, et je le servirai par mon travail d'ouvrier; je recevrai de ville en ville des nouvelles rapides du berceau de mon enfance; et si j'avais tout à coup l'instinct de quelque malheur, si le cœur me disait que l'homme auquel je dois tout éprouve une souffrance ou qu'un danger le menace, j'aurais sans cesse en réserve assez d'économies pour voler en poste auprès de lui et ne plus le quitter.

Fixé sur l'exécution de ce dernier projet, Jean-Ferdinand écrivit au capitaine pour le consulter sur son désir de faire son tour de France, comme c'est la coutume des artisans d'élite qui veulent se perfectionner en pratiquant la main d'œuvre particulière à chaque province.

M. Josselin ne trouva rien à objecter aux idées de son jeune protégé; mais il lui déclara qu'il ne pouvait, en ce moment, mettre à sa disposition les fonds nécessaires pour un si long voyage. Jean-Ferdinand s'attendait bien à

ce dernier article, il avait pris ses mesures et s'était muni de renseignements exacts sur la manière de vivre honnêtement, et à peu de frais, dans les hôtelleries où s'arrêtent les ouvriers paisibles et économes. Cent écus, fruits de son épargne de deux ans, dormaient au fond d'un petit sac de peau : c'était sa caisse de réserve pour les grandes occasions. Le capitaine n'avait répondu ni *oui* ni *non*; c'était laisser carte blanche à notre ingénieur en herbe :
— Du cœur et du jarret! se dit un beau matin Jean-Ferdinand; allons voir un peu comment on se porte dans la frégate démâtée du marin de l'empire, et comment on taille la besogne ailleurs qu'à Paris!

Quatre mois plus tard, vers la fin d'une soirée printanière de mai 1838, le capitaine Josselin fumait sa pipe en rêvant sur le banc de bois planté près de sa maisonnette rustique, à l'ombre d'une tonnelle de chèvrefeuille odorant. Le silence de Ferdinand l'inquiétait; et il ne savait à quelles conjectures s'arrêter, lorsqu'il vit sauter par dessus la barrière du jardin un beau garçon de vingt ans à peine, le havresac au dos, les souliers poudreux, et le bâton d'épine ferré à la main. Le jeune voyageur lança au loin son chapeau de feutre gris, et vint se jeter, avec des pleurs de joie, dans les bras du vieillard, muet du saisissement que lui causait ce retour imprévu, après deux ans de séparation.

Ils se tinrent longtemps embrassés, sans pouvoir prononcer une parole.

Le brave de Trafalgar, qui s'était senti moins ému quand toute l'artillerie de la flotte anglaise tonnait sur sa frégate, retrouva le premier assez de force pour rompre le silence, et prenant à deux mains la tête de Jean-Ferdinand qu'il couvrait de baisers paternels : — C'est toi, c'est donc bien toi, mon enfant! s'écria-t-il. Depuis quatre mois tu m'as laissé sans nouvelles, et mon ami le notaire, à qui je ne cessais de te recommander, m'avait annoncé ton départ de Paris, sans pouvoir me dire quelle route tu avais prise!... D'où viens-tu? Pourquoi ce retour subit? Aurais-tu fait là-bas quelque sottise?...

— Non, cher père, non! répondit Ferdinand avec l'effusion de la plus vive tendresse; votre enfant d'adoption est toujours digne de vous! Comme vous en formiez le vœu, il y a deux ans, j'ai travaillé, je me suis instruit, j'étudierai encore; mais, grâce à vos leçons et à vos bienfaits, j'en sais assez maintenant pour me suffire à moi-même partout où votre volonté m'enverra, partout où le sort pourrait me conduire. Voilà, poursuivit-il en ouvrant un gros portefeuille, les certificats des maîtres chez lesquels j'ai appris mon état de mécanicien. Quand je ne trouverai point à pratiquer mes faibles connaissances d'ingénieur, que désormais je suis à même de cultiver tout seul, la hache et la doloire du charpentier me viendront en aide pour gagner, à la sueur de mon front, le pain de chaque jour. Depuis quatre mois j'ai commencé mon tour de France, parce qu'à Paris les travailleurs qui ne sont pas de première force gagnent difficilement leur existence. Je ne supportais plus l'idée de vous être à charge, quand j'avais deux bras vigoureux et une volonté courageuse; et me croyant autorisé à entreprendre ce laborieux voyage, puisque vous n'opposiez à mon dessein que les dépenses nécessaires à son exécution, j'ai tenté la fortune en me confiant à la Providence, et la Providence ne m'a point manqué, car elle sème partout du travail pour l'homme industrieux et honnête. Mais je me sens à cette heure bien coupable, et ma conscience ne s'éveille qu'en voyant des larmes dans vos yeux! J'avais voulu vous surprendre, vous montrer tout à coup votre enfant d'adoption apportant à vos pieds le fruit de ses journées fécondes. Hélas! vous pleurez, cher père! Ma tête a trompé mon cœur! Mais, du moins, je ne reviens pas comme *l'enfant prodigue*, je n'ai rien laissé de mon âme sur les sentiers d'épreuve d'où j'arrive : votre image vénérée me suivait sans cesse! Dieu et vous étiez toujours mon unique pensée, mon guide et mon soutien! Pardonnez-moi les inquiétudes que je vous ai causées, et maintenant, je vous en supplie à genoux, souffrez, si vous m'aimez encore, que je reste ici pour vous servir, vous mon bienfaiteur et ma plus sainte affection! vous à qui je dois tout ce que je sais, tout ce dont je suis capable, et l'ineffable bonheur de sentir un si noble cœur battre contre le mien!

— Oui, oui, tu es bien mon fils, et tu en deviens plus que jamais digne, mon brave ami! mais je ne veux pas te garder ici sans utilité pour nous deux. Je suis dispos et bien portant; j'ai encore de bonnes années à vivre, et je veux achever mon ouvrage. L'épreuve que tu commences a été choisie par toi-même, et tu partiras; mais Dieu, qui m'a fait puiser, dans ta belle conduite, de si chères consolations et presque une jeunesse nouvelle, Dieu te ramènera encore, assez tôt pour que je te bénisse une dernière fois avant de fermer mes yeux!

Jean-Ferdinand passa plusieurs semaines auprès du capitaine, partageant toutes ses heures entre les prévenances, les soins que lui inspirait sa tendresse, et la naïve joie de prouver son savoir-faire par de petits ouvrages ingénieux, qu'il exécutait avec une rare adresse. Les jours s'écoulaient si doucement qu'il ne songeait plus au départ. Le havresac gisait relégué dans un coin du grenier, et le bâton ferré servait d'appui au vieux marin pendant ses longues promenades. Mais M. Josselin n'était pas homme à supprimer, au profit de son bonheur personnel, la dernière épreuve du système d'éducation qui lui avait jusqu'alors si parfaitement réussi. Décidé à pousser à bout l'exécution de ses plans secrets pour assurer l'avenir de son protégé, il s'arma de tout son courage pour résister au chagrin de l'éloigner encore, et parut un matin, dès l'aurore, debout, les bras croisés, au chevet de Jean-Ferdinand, dont les lèvres souriantes murmuraient, dans un songe heureux, le nom de son père adoptif.

Le sévère capitaine s'arrêta un moment, tout pensif, devant cette fleur de la vie qui s'épanouissait au souffle de l'ange gardien de sa pureté. Quelques larmes sillonnèrent ses joues ridées ; il se représenta, dans une pensée rapide, toutes les amertumes de l'isolement qui allait encore se faire autour de lui, et sa résolution fut bien près de faiblir. Mais il surmonta cette lutte, et cherchant à donner à sa voix une assurance que son cœur n'avait pas, il posa sa main sur l'épaule du jeune homme, en lui criant, du ton du commandement qu'il prenait autrefois sur son bord : — Holà, garçon, le vent fraîchit, la mer est belle ; largue tes voiles, et gagne le large !

Jean-Ferdinand tressaillit, et se leva dans un grand trouble ; mais accoutumé par le marin à l'obéissance passive, il ne se permit aucune plainte ; son cœur lui disait d'ailleurs que le capitaine se faisait violence pour paraître lui-même impassible, et de peur de l'affliger davantage, il fit promptement ses apprêts de voyage.

Après un frugal déjeuner, M. Josselin prit sa canne à bec de corbin et voulut l'accompagner, pendant une demi-lieue, jusqu'aux arbres de la grande route. Ils passèrent, chemin faisant, dans la clairière où leur première rencontre avait eu lieu, six ans auparavant. Jean-Ferdinand rappela ce souvenir à son bienfaiteur, et ne put retenir ses larmes : — Père, lui dit-il en sanglotant, c'est ici que vous m'avez trouvé, et c'est ici encore que nous allons nous séparer ! Qui sait si Dieu voudra nous réunir ! je n'ai plus de courage, comme autrefois ; il me semble que l'éloignement va creuser un abîme derrière moi !...

— Morbleu, balbutia le capitaine en détournant les yeux pour cacher sa vive émotion, tu touches à tes vingt ans, sois un homme, et ne fais point la poule mouillée ! Bien avant ton âge, il y a cinquante ans de cela, j'en avais quinze, et je partais comme mousse. Mon père était un vieux chevalier de Saint-Louis qui ne plaisantait point, et malgré les pleurs de ma mère, il fallut m'attraper aux cordages, manger des coups de garcette avec des haricots moisis, et polir au sable, à fond de cale, des tas de boulets de canon. Je m'en suis tiré comme un autre, et bien mieux, puisque, douze ans plus tard, j'avais fait deux fois le tour du monde, et que de bas-officier, je revenais enseigne, grâce à mon digne commandant, dont j'avais su mériter l'affection. Dix ans après, nos batteries de tribord et babord avaient balayé les Anglais dans trente-six parages différents, et j'obtenais en débarquant les épaulettes de lieutenant de vaisseau ; un mois avant l'affaire de Trafalgar, je me pavanais, à mon tour, sur le pont d'une frégate toute neuve qui manœuvrait, à ma voix, comme un oiseau de mer... Le diable s'est mêlé de la partie pour casser les ailes à l'oiseau... Mais, tiens, n'en parlons plus!... j'allais pour la centième fois te raconter mes campagnes, et mieux vaut que tu files de l'avant. Tu ne rencontreras ni Anglais ni naufrages; si tu prends moins haut ton essor, tu reviendras du moins tout entier, et tu verras qu'une vie paisible vaut bien les illusions de la gloire, brillant fantôme qu'on s'acharne à poursuivre, et qui s'évanouit trop souvent dès qu'on croit le saisir! Va donc avec confiance, va partout où tu voudras; les vœux de mon cœur suivront ta course lointaine! Sois doux, serviable et modeste, c'est le moyen de se faire des amis; et souviens-toi que je ne te pardonnerai qu'une seule peccadille : si jamais tu rencontres un Anglais, et qu'il médise de la France, ou qu'il te regarde de travers, dis-lui en face : Je suis Jean-Ferdinand, fils de Josselin, le capitaine brestois...

— Et s'il osait proférer le nom de Trafalgar... s'écria Ferdinand, dont le regard brilla comme un éclair.

— Halte-là! voici, je crois, ce que je te pardonnerais : casse-lui ton épine sur le dos — rien de plus! — rien de moins.

— Soyez tranquille, mon père, je n'y manquerai pas.

— C'est bien. De chaque ville où tu t'arrêteras, écris-moi; tu trouveras ma réponse, poste restante, à la ville prochaine. Si tu changes d'itinéraire, préviens-moi; s'il t'arrive malheur ou maladie, ne me cache rien. Je saurai te faire virer de bord, et te remorquer au logis.

On touchait en ce moment à la lisière du grand chemin qui fuyait vers l'horizon comme une traînée de poussière jaunâtre. Le jeune homme et le vieillard s'embrassèrent pour la dernière fois, et Jean-Ferdinand se jeta dans un massif de mûriers qui bordait la route, pour épargner à son père adoptif le chagrin de le suivre des yeux aussi loin qu'il pourrait l'entrevoir.

Nous ne l'accompagnerons pas dans tous les épisodes qui marquèrent son tour de France. Fidèle au sentiment du devoir, arrivait-il dans une ville remarquable, ou bien la fatigue et la nécessité de remplir sa bourse le forçaient-elles à faire halte, il allait offrir ses services aux chefs de fabriques près desquels son talent pouvait s'utiliser. Le dimanche ou les jours de fête, l'ouvrier changeait de costume, et se métamorphosait en savant voyageur. Les monuments, les musées, les jardins botaniques recevaient tour à tour sa visite studieuse, et lui fournissaient sans cesse de nouveaux sujets d'observation. Quand son escarcelle était ronde, il poussait sa route, malgré les efforts que faisaient ses patrons pour le retenir. Un ouvrier instruit dans son art et laborieux ne se rencontre pas facilement, et partout Jean-Ferdinand laissait regretter son intelligence et son adresse. Maint riche manufacturier, charmé de ses bonnes manières et de son esprit naturel, songea plus d'une fois à lui confier la direction de ses ateliers, avec l'arrière-pensée de lui faire place quelque jour à son foyer de famille, en le prenant pour gendre, car maître Jean-Ferdinand, sous sa blouse de voyageur, annonçait plus de distinction que bien des gens en habit noir. Mais ses yeux bleus, pétillants de vivacité, devenaient parfois rêveurs et tout humides, quand sa pensée secrète se reportait aux lieux de son enfance. Touché de l'affection que lui témoignaient franchement ses patrons après quelques jours de connaissance, il se prenait à payer de retour de si cordiales avances ; puis, tout à coup, le souvenir du capitaine battait le rappel au fond de son cœur, et Jean-Ferdinand se hâtait de brusquer son départ.

De ville en ville, et de fabrique en fabrique, notre héros gagna Lyon, la seconde cité de la France, après Paris ; Lyon, dont l'origine remonte à l'époque reculée où les Romains formèrent leurs premiers établissements dans les Gaules. Le consul Lucius Munatius Plancus, ami de Cicéron et d'Horace, et lieutenant de César, en fut le fondateur ; il y rassembla, l'an de Rome 711, 43 avant Jésus-Christ, les habitants de Vienne, dispersés par les Allobroges. Lyon s'appela d'abord *Lucii-dunum*, puis, par abréviation *Luc-dunum*, et au cinquième siècle *Lugdunum*. L'étymologie de ce dernier nom n'est pas certaine ; quelques antiquaires veulent qu'il garde la mémoire d'un roi des Celtes, nommé Lugdus ; d'autres pensent qu'il doit rappeler une des légions de César, dont les quartiers d'hiver étaient en ce pays. D'autres encore prétendent que dans l'ancien langage des Celtes, *Lug* signifiait *corbeau*, et qu'à cause de la montagne de Fourvières, que l'on croit avoir été appelée *Corbière* (ou retraite de corbeaux), la ville, d'abord bâtie sur cette hauteur, en avait retenu le nom. Il y a même des savants du moyen âge qui croient qu'on avait mis sur la cime de Fourvières un grand miroir d'acier qui, par la réflexion des rayons du soleil, enseignait aux voyageurs venant de la Savoie le chemin de Lyon, et qu'ainsi le mot de Lugdunum pouvait dériver de *Lucis-dunum* (ville de la lumière) tout aussi bien que du prénom du consul Plancus.

Quoi qu'il en soit, nous savons que l'empereur Auguste,

qui avait vu naître Lyon pendant le triumvirat, y fit pendant trois ans son séjour. L'empereur Claude, successeur de Caligula, Marc-Aurèle dont l'histoire a honoré le beau règne, et Caracalla Géta, fils de Sévère, naquirent dans cette ville. Trajan y fit construire un magnifique édifice qui servait aux marchés publics et aux tribunaux. Ce monument, qui s'écroula vers l'an 840 de notre ère, porte dans plusieurs chroniques du neuvième siècle le titre de *Forum vetus*, dont on a fait dans la langue du moyen âge *Fortviel*, puis *Fourvières*, nom que porte aujourd'hui le quartier où il existait, et sur le point le plus élevé duquel on a bâti une petite église, sous l'invocation de la vierge Marie, et plus récemment, une haute tour qui sert d'observatoire.—Saccagée et brûlée plusieurs fois sous les Romains, et notamment sous Sévère, Lyon se releva toujours de ces désastres. Capitale de la Gaule celtique, elle posséda une fabrique de monnaie dont les produits avaient cours dans toute l'étendue de l'empire. — Au cinquième siècle, l'invasion des Barbares soumit cette ville aux Bourguignons, dont le roi devint feudataire de Clovis. Plus tard, les fils de Clovis ayant détruit le royaume de Bourgogne, s'emparèrent de Lyon, qui changea encore bien souvent de maîtres jusqu'en 1307 : à cette époque, ses habitants se placèrent sous la protection de Philippe le Bel, qui érigea leur pays en comté. En 1793, après un siége de deux mois, Lyon, réduite à capituler devant soixante mille hommes, eut à souffrir toutes les horreurs de la guerre ; elle fut livrée au meurtre et au pillage, et après avoir vu dégrader ses plus beaux édifices, elle reçut le titre de *Ville affranchie*. A son avénement, Napoléon lui rendit son ancienne splendeur.

Assise dans une heureuse position, au confluent du Rhône et de la Saône, cette cité est dominée au nord par les montagnes de Fourvières et de Saint-Sébastien, et s'étend, partie sur un ruban de collines qui la bordent, et partie dans un vaste plateau. Les quartiers élevés sont mal bâtis, sombres et tristes, avec des rues sinueuses, étroites et difficiles à gravir ; mais la ville basse, le long du Rhône et de la Saône, ne le cède à aucune cité, si ce n'est Paris, pour la richesse et l'élégance. Patrie du brave maréchal Suchet, de l'illustre botaniste Jussieu, et du mécanicien Jacquart, que l'industrie française doit immortaliser, Lyon fourmille de curiosités. De ses cinquante-six places publiques, celle de Bellecour est encore la plus remarquable ; elle s'étend sur l'ancienne propriété d'un seigneur dont elle porte le nom. Là régnait jadis un château flanqué de tourelles et muni d'un large fossé : à la place du donjon féodal s'élève une statue équestre de Louis XIV, chef-d'œuvre de Lemot. Mais les façades grandioses et délicatement sculptées qui entouraient Bellecour, détruites, en 1794, par l'odieux proconsul Couthon, qui les frappa le premier d'un marteau que ses mains débiles pouvaient à peine tenir, ont été remplacées par des bâtiments modernes, d'un style sans grâce et sans harmonie. — La place des Terreaux, qui vient en seconde ligne pour l'espace qu'elle occupe, n'a pas subi les mêmes ravages ; l'hôtel de ville, élevé sur les plans de Mansard, et le plus admirable de l'Europe, après celui d'Amsterdam, en fait le principal ornement. L'ancien couvent de Saint-Pierre, qui forme un de ses côtés, est devenu le palais des sciences, des arts et du commerce ; on y voit une école gratuite de dessin, de peinture et de sculpture, qui a fourni à la France des artistes distingués, dont le talent s'inspire de l'étude des Rubens, des Philippe de Champagne, des Tintoret, des Van-Dyck, des Téniers, des Carrache, des Pérugin, des Véronèse qui décorent le musée lyonnais.

Des Terreaux, on monte au belvédère de Fourvières, d'où le regard du touriste découvre la ville dans toute son étendue, la vallée du Rhône et de la Saône, le Mont-d'Or, les cimes agrestes d'une partie de l'Auvergne; et quand le ciel est parfaitement clair, les glaciers du Mont-Blanc qui resplendissent, comme des blocs de pierres précieuses, à une distance de soixante lieues. — Parmi les ruines éparses sur le plateau de Fourvières, on retrouve encore les vestiges d'un superbe aqueduc construit par Marc-Antoine, et la science de nos pères y est allée recueillir une infinité de vieilles inscriptions. L'hôtel de ville conserve, entre autres monuments du passé, deux tables de bronze, déterrées en 1529, sur la côte de Saint-Sébastien, et sur lesquelles sont gravées des fragments d'une harangue prononcée par l'empereur Claude, qui n'était encore que censeur, devant le sénat romain, pour obtenir en faveur des Gaulois de Lyon, sa patrie, le droit d'être admis, comme les Italiens, à l'exercice des fonctions publiques et des dignités de l'empire. — De Fourvières l'œil compte les ponts du Rhône et de la Saône, et va se perdre aux Brotteaux, rendez-vous que fréquentent aux jours de fête les familles de la classe ouvrière. En parcourant les promenades, les verdoyantes prairies qui environnent les Brotteaux, on ne se rappelle pas, sans pitié, que ces lieux où de nos jours éclatent, chaque dimanche, les accents d'une joie folâtre, retentirent, en 1793, des cris de douleur poussés par des centaines d'infortunés Lyonnais, expirant sous la mitraille révolutionnaire ; et à l'aspect du monument funèbre érigé à leur mémoire, le passant déplore les funestes excès des crises politiques dont tant de pages de notre histoire gardent le deuil.

En arrivant dans cette ville fameuse par tant de souvenirs, Jean-Ferdinand fut surpris du mouvement extraordinaire qui l'agitait en tous sens. C'était par une belle matinée de ces temps d'automne déjà voisins de l'hiver, mais qui, à mesure que l'on gagne nos régions méridionales, se colorent parfois encore d'un rayon de soleil tiède et vivifiant comme ceux des mois printaniers.

Une foule bruyante inondait les quais du Rhône, et des milliers de banderoles tricolores pavoisaient, du haut en bas, les fenêtres des maisons.

Bientôt des chants joyeux s'élevèrent du lointain ; ces chants, à mesure qu'ils approchaient, devenaient plus distincts ; c'était l'hymne national d'un grand poëte, la *Parisienne* de Casimir Delavigne, répété par plus de trois mille ouvriers de toute profession, qui débouchaient par troupes de toutes les rues, et venaient prendre rang dans une colonne serrée, marchant au pas militaire et sur six hommes de front. Tous ces braves travailleurs étaient endimanchés ; des flots de rubans rouges, blancs et bleus ruisselaient de leurs chapeaux, et chaque boutonnière était décorée d'une petite médaille en cuivre doré, sur laquelle était gravée cette légende : « LES MALHEUREUX SONT DE MON DOMAINE. » Cette grande légion populaire se divisait par bataillons, précédés d'une bannière aux emblèmes des divers corps d'industrie ou de métiers ; les femmes et les enfants étaient au centre. En tête de chaque troupe s'avançaient les chefs de manufactures, et les contre-maîtres d'ateliers, disséminés sur les flancs, maintenaient l'ordre de la marche.

Jean-Ferdinand, émerveillé de ce spectacle, s'était rangé sur le côté du quai, pour assister au défilé du cortége, que la foule saluait d'unanimes acclamations.

— Holà! camarade, lui cria tout à coup, d'une voix rudement amicale, un joyeux ouvrier du corps des charpentiers qui s'était attardé, et cherchait en courant à rejoindre son chef de file ; — tu n'es donc pas des nôtres? Est-ce que l'on part, un jour comme celui-ci?

— Au contraire, j'arrive! s'efforça de répondre avec fermeté le jeune voyageur, que cette apostrophe à brûle pourpoint avait fait rougir jusqu'aux oreilles.

— Vivent les compagnons lyonnais! reprit le charpentier, en lui broyant la main comme dans un étau.

— Je suis Breton : vivent les travailleurs de toute la France! répondit Jean-Ferdinand.

— Bravo, frère! sois le bienvenu. De quel métier?

— De tous ceux où il faut deux bons bras, pour tailler le bois ou battre le fer.

— En ce cas, viens-t'en, je ne te lâche plus! A demain l'ouvrage, s'il plaît à Dieu; mais aujourd'hui, vive la joie! les fabricants donnent un banquet aux ouvriers, pour célébrer un fier anniversaire. Ta place est avec nous; entre deux verres de vin à la santé de la France, tu trouveras ce soir un patron.

Et sans laisser à Jean-Ferdinand le temps de se reconnaître, le charpentier prit son bras sous le sien, et l'entraîna d'un pas rapide au milieu de ses compagnons.

La colonne, sortie de la ville, gagna le pont de l'île Barbe, et se rangea en bataille devant de longues lignes de tables champêtres, dressées en amphithéâtre faisant face à la rivière. Les commissaires du banquet s'occupèrent aussitôt d'assigner la place réservée pour chaque corps d'état, puis tout le monde se mit en devoir de faire honneur aux mets solides dont le fumet stimulait l'appétit général. Les rangs étaient confondus par une fraternelle égalité ; les maîtres manufacturiers n'avaient pas dédaigné de s'asseoir au milieu des masses courageuses dont le travail, obscur et sans gloire, contribue si puissamment à la prospérité du commerce français.

La première heure de cette réunion de famille fut consacrée tout entière à la plus importante fonction du moment. Les plats et les bouteilles circulaient à la ronde avec une activité qui faisait plaisir à voir. La musique des régiments de la garnison, que les autorités de la ville avaient conviée à la fête, exécuta des fanfares qui remplissaient l'absence des conversations, et couvraient le cliquetis monotone des fourchettes et des verres. Au dessert, une surprise délicatement ménagée par les riches fabricants de ces étoffes d'or, d'argent et de soie dont la renommée est européenne, excita un hourra universel. Des flacons de vin de Champagne vinrent égayer de leur mousse étincelante les visages radieux des convives, et la détonation de trois pièces d'artifice, répétée au loin par les échos du mont Cindre, donna le signal de toasts improvisés par l'énergique expression des souvenirs populaires que rappelait cette journée.

Le doyen des ouvriers en soie, beau vieillard de soixante ans, que vénéraient à l'égal d'un père tous les travailleurs lyonnais, monta sur un banc, et un profond silence régna tout à coup comme par enchantement. Noble débris du bataillon sacré qui s'écroula, comme un mur, autour de l'aigle impériale tombée à Waterloo, il avait revêtu son antique uniforme de la garde immortelle. Ses longs cheveux, blanchis par l'âge, flottaient sur ses épaules comme au temps des campagnes d'Italie et d'Égypte; son épaisse moustache semblait chargée des frimas de Russie, et ses galons de sergent, roussis par la poudre de vingt batailles, dataient du Consulat.

— Au nom de toutes nos gloires, s'écria-t-il, buvons à la paix de la France, et à l'union de ses enfants! Au nom des trois couleurs qu'il m'a été permis de revoir, avant d'aller retrouver là haut...

Ici sa voix s'éteignit : le vieux soldat de l'empire se couvrit le front....

Les assistants se taisaient devant ce douloureux hommage de la fidélité au souvenir d'une tombe exilée ; mais le vieillard releva bientôt sa tête martiale ; son regard de feu sembla lire dans les cieux, et il reprit en élevant son verre : — C'est aujourd'hui le 30 novembre ; il y a six ans, qu'à pareil jour, un général de dix-neuf ans à peine commandait la tranchée, sous le feu des canons d'Anvers; buvons aux nouveaux triomphes du vieux drapeau national!.....

—Et à la gloire du duc d'Orléans ! car j'étais là pour le voir, et il y faisait plus chaud qu'aujourd'hui, s'écria de loin un jeune forgeron. J'étais de tranchée le 30 novembre 1832; les boulets pleuvaient dru comme grêle, et les conscrits les saluaient. Alors le Prince Royal, qui parcourait les travaux, sauta d'un bond sur le talus du fossé : — « Camarades, leur dit-il, vous ne voyez donc pas que les Hollandais tirent trop haut ; je suis plus grand que vous, et leurs coups ne m'atteignent pas ! » Vrai, mes amis, je n'ai pas plus peur qu'un autre ; mais faut avouer que tout le monde ne s'aviserait pas comme ça de jouer avec le feu ; et plus d'une vieille moustache aurait pu faire la grimace en flairant de si près cette soupe au fer.

— Bien ! jeune troupier d'hier, reprit le sergent qui venait de vider deux verres à la santé de ses souvenirs ; — tu as mon estime, et l'assemblée te vote des félicitations unanimes ; mais, par droit d'ancienneté, je me repasse la parole que tu viens d'usurper, car je n'ai pas tout dit...

— Après nous, s'il en reste ! interrompirent des voix de tous côtés. Père La Ramée, vous êtes un digne homme, un ancien, pour qui chaque ouvrier lyonnais se ferait couper en quatre, et vous le savez bien. Mais après votre vieux drapeau, vous ne connaissez plus rien : c'est injuste !... et là-dessus nous demandons la parole, ou nous la prendrons d'assaut !

Et de ci, de là, cinq à six orateurs se trouvèrent en même temps debout sur leurs bancs, le verre en main. Parmi eux s'élança, des premiers, le compagnon charpentier qui avait amené à la fête son nouvel ami, Jean-Ferdinand.

— Messieurs, dit-il, en dominant de sa voix vibrante celle des plus pressés de parler, je n'ai pas été soldat ; je n'ai pas brûlé de cartouches aux quatre coins de l'Europe, comme le sergent La Ramée, ni mangé de la soupe au fer avec l'ex-voltigeur de la campagne d'Anvers ; mais depuis tantôt dix ans, je nourris ma pauvre mère, veuve d'un ouvrier mort à la peine..... et les soldats du travail valent bien les autres !

— C'est vrai !... murmurèrent d'un ton sourd presque tous les ouvriers ; car ce mot de *soldats du travail* réveillait dans leurs âmes un souvenir pénible.

— Il y a donc six ans, poursuivit le charpentier, que le duc d'Orléans faisait ses premières armes : honneur à celui qui vient de le rappeler ! Mais ce qu'on n'a pas dit, et ce qui vaut cent fois plus à nos yeux qu'un bulletin de victoire, c'est qu'une année avant l'expédition de Belgique, le 30 novembre comme aujourd'hui...

— Non, non, c'était le 3 décembre ! s'écria tout l'auditoire.

— Qu'importent trois jours de plus ou de moins ? continua le charpentier ; la mémoire du bien survit aux dates et ne les compte pas. C'était donc, si vous le voulez, le 3 décembre 1831. Les ouvriers de Lyon, manquant de travail pour eux et de pain pour leurs familles, avaient pris les armes depuis quatre mois. Les riches tremblants avaient vu les pauvres descendre dans la rue avec une bannière de deuil, sur laquelle la détresse et la faim avaient écrit : « Vivre en travaillant, ou mourir en combattant ! » Pour toute réponse, les puissants du jour avaient appelé une armée ; mais le Roi, qui ne savait pas toutes nos misères, n'oublia point que nous étions ses enfants comme les autres ; il voulut aussi connaître la vérité, et nous envoya le duc d'Orléans : c'était un témoignage de confiance qui fit tomber les armes de nos mains, et fut considéré par le peuple comme un gage de salut. Le sang avait coulé, la mort attendait de nouvelles victimes, et par l'impossibilité de prévoir de quel côté resterait la force, une lutte effroyable allait se perpétuer, quand l'intervention du Prince Royal fit briller sur notre cité frémissante l'aurore de la paix. A son entrée dans ces murs, il trouva sur son passage les autorités, organes de la loi qui frappe, et le clergé, gardien des traditions de la clémence : «. — Je suis venu, dit alors le duc d'Orléans, non pour chercher des coupables, mais pour rappeler à des Français égarés leurs devoirs. J'ai aussi une tâche plus douce à accomplir, celle d'apporter tous les soulagements possibles au sort des ouvriers lyonnais, dont le roi mon père m'a chargé de m'occuper avec sollicitude. C'est bien mériter de la religion et de la patrie que d'apaiser les fléaux des discordes civiles. Les coupables appartiennent à la justice; les malheureux sont de mon domaine; je m'en empare, je veillerai sur eux... »

Les touchants souvenirs sont comme la gloire; ils trouvent de l'écho dans tous les cœurs français. Un frémissement électrique parcourut l'assemblée, en écoutant rétracer ces nobles paroles qui avaient mieux arrêté la guerre civile que le menaçant appareil d'une armée. Les ouvriers sentaient de douces larmes couler sur leurs joues brunies; et les femmes, soulevant dans leurs bras leurs petits enfants, leur montraient un buste du Prince Royal placé au milieu de l'amphithéâtre, sous un trophée de drapeaux, et s'écriaient : — Voilà celui qui a sauvé vos pères! grandissez pour l'aimer.... vivez pour le servir un jour sous les bannières de la patrie!

Le charpentier, ravi de l'effet qu'il avait produit, ouvrait la bouche pour continuer; mais un débardeur du

Rhône, d'une taille herculéenne, et qui, depuis quelques moments, s'efforçait en vain de glisser un mot à son tour, le saisit par le milieu du corps, le souleva comme un enfant, le fit rasseoir, prit sa place debout, et dominant toute l'assemblée : — Les orateurs se suivent et ne se ressemblent pas! dit-il d'une voix tonnante; et avec la permission générale, je veux briller à la tribune comme à table. Au repos les verres, et écoutez-moi tous; on ne trinquera plus qu'au commandement. Plus d'un de ceux qui me regardent savent bien que je n'étais pas des derniers à faire le coup de fusil dans les carrefours, à l'époque de nos troubles; et quand le duc d'Orléans parut au faubourg de Vaise, mes camarades m'avaient choisi avec deux autres *Bras-de-fer* de ma trempe, pour aller parlementer, au nom des insurgés. Nous suivîmes, sur la foi d'une trêve, nos magistrats qui se rendaient au devant du prince. « N'aie pas peur, que je me disais tout bas, c'est un homme comme toi; les princes, c'est de chair et d'os comme nous autres; tu lui parleras, il te répondra comme une personne naturelle, et voilà! » Eh bien! messieurs, vrai comme je m'appelle Pierre Canut, de père en fils, quand j'ai vu d'un peu près ce beau jeune homme qui venait de son palais de Paris nous apporter la branche d'olivier, comme dirait le père La Ramée; quand je l'ai vu, grave sans morgue, et conciliant sans faiblesse, pousser son cheval jusqu'à moi, en ôtant son chapeau pour nous montrer à tous un front calme, et un regard qui vous pénétrait jusqu'à l'âme, j'ai perdu mon assurance! non, je ne crains pas de le dire, moi Pierre Canut, dit *Tape-partout*, je n'avais plus une goutte de vitriol dans les veines! — Pourquoi vous êtes-vous battus? me demanda-t-il. — Parce que l'ouvrage allait mal, et que le boulanger ne *donne* pas son pain, que je lui réponds en tortillant mon oreille, comme un gamin pris en faute. — Est-ce que la révolte vous en donnera? qu'il me riposte, d'une voix qui me tombe comme des larmes sur le cœur, chaque fois que j'y pense. — Eh bien, mes amis, qu'il nous dit encore, allez annoncer, de ma part, à ceux qui vous envoient, que le pardon et l'oubli m'accompagnent; rentrez dans l'ordre aujourd'hui; demain, j'aurai les noms de ceux qui souffrent, et tous auront de mes nouvelles. — Et ce qu'il avait dit fut fait; la misère avait armé des milliers d'hommes les uns contre les autres, et la générosité d'un enfant royal sauva des milliers de familles. Les ouvriers lyonnais ne l'oublieront jamais!...

A ces mots, cette foule, si puissante pour le dévouement comme pour la lutte, se leva d'un mouvement spontané. Des salves d'acclamations couvrirent la voix du débardeur, qui, franchissant les tables d'un saut vigoureux, s'élança dans l'amphithéâtre, et détachant les drapeaux qui ombrageaient le buste du jeune duc d'Orléans, fit de leurs lances, à l'aide de cinq ou six ouvriers, un brancard improvisé sur lequel l'image aimée fut reportée en triomphe à l'hôtel de ville de Lyon, au bruit de chants patriotiques, précédée de la musique militaire, et suivie d'un immense concours de peuple qui grossissait à chaque pas.

— La voix du peuple, c'est la voix de Dieu! pensait Jean-Ferdinand, profondément ému du spectacle auquel il venait d'assister. J'écrirai à mon père adoptif le récit de cette journée; elle est pour moi d'un bon augure.

Dès le lendemain, et pendant deux mois entiers, il trouva plus d'ouvrage qu'il n'en pouvait faire. Plusieurs lettres du capitaine Josselin l'encourageaient encore par les chaleureux témoignages d'une affection que le temps et l'éloignement ne pouvaient affaiblir. — N'use pas tes forces, lui recommandait la dernière, par un travail manuel trop assidu; tu n'es pas du bois dont on fait les ouvriers ordinaires; l'esprit a besoin de se nourrir comme le corps : cultive le tien par le genre d'études qui peut développer tes connaissances acquises. Nous devons à Dieu et à la société un compte égal des facultés intellectuelles et physiques dont nous sommes doués. L'homme qui découvre un procédé utile est comme celui qui fait une bonne action; la reconnaissance de ses semblables lui est acquise, à meilleur titre qu'à l'indifférent qui se contente de gagner son pain quotidien, ou qui ne travaille que pour amasser. Ne t'arrête, le long du tour de France, que pour gagner de quoi le continuer. Agrandis ton imagination en étudiant, dans ta sphère d'activité, les individus et les choses; l'observation sérieuse mûrit le jugement et élève l'âme; en voyant de près la grande famille humaine, on apprend à aimer ses frères, à se dévouer pour les bons, à soutenir les faibles, et à prier pour la régénération de ceux qui ont failli. C'est par les hommes de cœur et d'intelligence que l'action de Dieu se manifeste sur tous les degrés de l'échelle sociale; c'est à eux qu'est imposé le devoir de moraliser par l'exemple, et de toucher par le bienfait. Au retour de ce pèlerinage, rapporte-moi une bonne récolte de fruits de sagesse et d'expérience; j'espère qu'alors je trouverai mieux qu'un rabot à te mettre à la main.

Le matin du jour où cette missive lui parvenait, Jean-Ferdinand songeait précisément à visiter la Provence.

— Vraiment, se dit-il, le capitaine a bien raison de blâmer les gens qui ne travaillent que pour eux. Voici, grâce à Dieu, cinquante belles pièces d'or toutes neuves dans ma ceinture, et j'oubliais les petits orphelins de la veuve du gabier ! Envoyons-en vite la moitié à mon bon père adoptif, pour qu'il adoucisse plus souvent les privations de cette pauvre famille. Il est si doux de partager avec ceux qui souffrent, le bien que la Providence nous envoie !

Après avoir expédié ce don d'un noble cœur, notre héros, en revenant du bureau de la poste, se dit que le soleil de février devait resplendir d'un éclat plus chaud sur les belles plaines du Midi. Marseille, dont on lui parlait tous les jours, l'attirait comme un mirage du paradis terrestre ; aucune nécessité ne l'arrêtait à Lyon : — Faisons comme l'hirondelle ! s'écria-t-il en courant d'un pied léger jusqu'à sa petite chambre, dont il franchit en un clin d'œil les cinq étages ; allons voir si les genêts et les pins sauvages vont bientôt fleurir aux bords de la Méditerranée !

Deux heures après, il rattrapait au galop les messageries du Midi, et se hissait comme une vigie sur l'impériale de la voiture, à côté du conducteur. Prompt à se souvenir des traditions historiques dont chaque ville garde un lambeau, il traversa Vienne, sur la rive gauche du Rhône, en se rappelant que c'était la patrie du poëte Claudien, et qu'un concile fameux, tenu en 1311, y avait décrété la suppression de l'ordre du Temple, et condamné au feu ses chevaliers. Le conducteur lui montra de loin le fort Salomon, où une légende prétend que Ponce Pilate, gouverneur romain de la Judée, était venu finir ses jours, en proie au chagrin d'avoir livré Jésus-Christ à la fureur des Juifs.

On arriva de nuit à Valence, ancienne colonie romaine qui date de Vespasien, et qui devint, sous les Carlovingiens, la capitale du royaume d'Arles. Jean-Ferdinand ne put visiter le mausolée du pape Pie VI que renferme la cathédrale de Valence, mais il se rappela la grotesque anecdote de ce commandant militaire, à qui un agent de la république française demandait un reçu de la personne du pontife, confiée à sa garde, et qui se contenta d'écrire : « Reçu un pape *en bon état.* » Triste mémoire que celle de ces temps encore trop près de nous, où tout ce qui commande le respect de la foule s'était vu si vite oublié, ou si cruellement méconnu !

La route jusqu'à Orange n'eut rien de remarquable que le bourg de Mornas, adossé à un rocher du haut duquel, pendant les guerres de religion, le célèbre baron des Adrets forçait les prisonniers qu'il avait faits dans ces luttes déplorables à se précipiter sur les piques de ses soldats. De là, un chemin rocailleux entraîna notre jeune voyageur, par monts et par vaux, jusqu'à une belle avenue de peupliers qui se termine par un arc de triomphe romain, dédié à Marius. C'est l'entrée d'Orange, ancienne cité des belliqueux Cavares, mais dont les habitants modernes ne savent construire que des bicoques en cailloutage, d'un si chétif aspect qu'une rue tout entière ne paraît composée que de projets de maisons, et que si l'on ne voyait par-ci, par-là, des rideaux aux fenêtres, ou une femme qui tricote, on pourrait croire ce lieu inhabité. Et pourtant on y trouve une sous-préfecture, une bibliothèque, un collége, et des manufactures de laines et de soies.

La diligence roula plus vite pour gagner Avignon, noble et vieille ville, toute cicatrisée par les révolutions des âges; Avignon, conquête romaine dévastée par les barbares du Nord à la chute de Rome, puis devenue cité des Bourguignons; assiégée par Clovis, premier roi connu de nos annales françaises, et qui ne put la soumettre; tombée plus tard au pouvoir des Arabes d'Afrique, et délivrée par Charles Martel; république au treizième siècle; ville des papes au milieu du quatorzième, et enfin réunie à la couronne de France, et partageant aujourd'hui avec Paris l'honneur d'offrir un asile honoré aux vétérans de nos gloires.

D'Avignon à Aix, l'Athènes du Midi, Jean-Ferdinand n'eut rien à voir; mais il voulut s'arrêter dans cette capitale des comtes de Provence, qui en avaient fait, au moyen âge, le foyer des arts et des lettres. Il salua, sur le cours d'Orbitelle, la statue du bon roi René, roi titulaire de Sicile et de Jérusalem, comte de Provence, mort en 1480, qui avait institué les processions de la Fête-Dieu, et composé des hymnes d'église qu'on chante encore partout, sans se rappeler leur pieux auteur.

Le lendemain, au point du jour, notre ami quitta Aix pour franchir, à pied, les huit lieues qui le séparaient de Marseille.

Sa poitrine se dilatait aux approches de la mer, et il se faisait, à l'avance, une folle joie de mesurer bientôt cette fameuse rue de la Cannebière, dont tous les Marseillais sont si fiers, qu'ils ne sauraient échanger trois phrases avec un voyageur de Paris sans lui dire, en faisant la roue : « Si votre Paris possédait seulement une *petite* Cannebière, Paris serait un *petit* Marseille! » Eh bien! chose étrange aux yeux de tout Marseillais qui nous lira, Jean-Ferdinand arriva sur la Cannebière sans s'en douter. Il oublia qu'il se trouvait dans la plus ancienne ville de France, qu'il avait à admirer le port Dieudonné et la maison du sculpteur Puget, l'Observatoire et les allées de Meilhan, le château d'If et les promenades du Faro. L'affluence des gens de tous pays qui se croisent en tout sens sur les quais et dans les rues; la variété bizarre des costumes, des mœurs et des langages; les mille vaisseaux, chaloupes et batelets, couvrant d'une forêt mouvante le port magnifique dont le spectacle tout nouveau s'étalait à ses regards, il ne vit rien de tout ce qui, dans d'autres circonstances, l'eût si fort attaché.

Il allait droit devant lui, d'un pas rapide, et comme poussé par une force irrésistible; un sombre nuage voilait ses yeux, et il marchait, marchait toujours, quand une main nerveuse l'arrêta rudement, et le fit asseoir d'une secousse entre deux ballots de marchandises, en même temps qu'une voix lui disait : — Gare donc, étourdi! Vous allez tomber à l'eau!.....

Jean-Ferdinand passa la main sur son front baigné d'une sueur froide, et recouvra sa raison, un moment égarée.

Les senteurs marines l'avaient subitement enivré de souvenirs confus. Une hallucination passagère venait de lui retracer les images de sa patrie, les genêts à fleurs d'or des landes bretonnes, les bruyères pourprées du rivage atlantique, et les murmures du vent sur la rade;

puis, dans un doux lointain le clocher de Lambezellec, et le pavillon flottant sur la maison du capitaine. Il lui semblait, pauvre enfant, que l'espace fuyant sous ses pieds le ramenait aux lieux de son bonheur d'autrefois.....

— Gare donc ! Vous allez tomber à l'eau !

Cette rude parole avait brisé le charme ; le son d'une voix étrangère suffit pour rendre Ferdinand au sentiment d'une absence qui, pour son âme aimante et douce, s'imprégnait des tristesses de l'exil.

L'homme du peuple qui venait de l'arrêter au bord de l'abîme continuait sa route, en sifflant l'air d'une chanson de pêcheur.

— Hélas ! se dit notre jeune ami, en promenant sur le port un regard désolé, je suis à Marseille, et mon cœur arrive de Brest : c'est bien loin !

CHAPITRE III.

ALGER A VOL D'OISEAU.

A M. Josselin,

capitaine de frégate en retraite,
à Lambezellec.

Alger, le 1ᵉʳ mai 1838.

Eh bien! mon bon père, douterez-vous de ma soumission? Je vous ai fait le plus grand sacrifice dont mon cœur fût capable : me voilà hors de France!...

Dans quelques jours, je pourrai compter une année tout entière écoulée, depuis la nouvelle séparation que vous avez exigée de moi. Chaque minute du temps qui s'envole vous porte là-bas mes vœux les plus chers; mais, je le sens bien amèrement, l'absence est un mal dont on ne guérit qu'au retour, et Dieu sait si j'ai besoin de guérir !

Si vous étiez près de moi, le monde nouveau qui m'environne serait coloré de bien riches couleurs ; mais, hélas ! partout où vous n'êtes pas, tout me manque à la fois. Quand nous vivions sous le même ciel, quand je pouvais tout à coup, au gré de mon impatience, voler vers vous et vous surprendre par mes embrassements, je parvenais encore à me faire illusion sur la distance ; mais ici, cher père, c'est presque un autre univers ! et pour retourner où vous êtes, il y a la mer immense, il y a les vents contraires, les orages, et quatre cents lieues à franchir !

Pourtant, vous l'avez voulu, j'ai obéi. Puis-je espérer du moins que ce sera ma dernière épreuve, et que bientôt vous me rappellerez ? Vous m'aimez tant, je le sais et je le sens si bien, que j'ai honte de vous affliger encore par le récit des faiblesses de mon cœur. Je ne serais pas votre digne enfant d'adoption, si je ne surmontais, en apparence du moins, les douleurs de l'absence. Mais que voulez-vous ? je serai toujours faible et chagrin loin de tout ce que j'aime. Il faut bien me le pardonner.

Lorsque j'ai reçu à Marseille la lettre où, me voyant si près du théâtre des gloires nouvelles de la France, vous me pressiez d'y pousser mon voyage, et d'y faire trois mois de séjour, j'ai eu l'envie, faut-il vous l'avouer ? de reprendre aussitôt ma course du côté de Lambezellec. J'étais sûr que vous ne me repousseriez point ; je vous aurais prouvé que vous aviez besoin de mes soins, et je vous aurais laissé croire que votre lettre ne m'était point parvenue. Puis, il m'a semblé que je ne pourrais, sans rougir, vous faire ce petit mensonge, et que ma plus tendre affection n'excuserait peut-être pas ma désobéissance. Je me suis résigné, le cœur gros. Me voilà donc Algérien depuis deux mois. Ai-je mérité de revenir bientôt, sans plus m'arrêter nulle part? Si vous m'écriviez le contraire, je croirais que vous ne m'aimez plus, et je mourrais ici!...

Les trois longues lettres que je vous ai adressées depuis mon arrivée sont restées sans réponse. Je les traçais avec mes larmes, et je ne savais rien vous dire, si ce n'est ma profonde tristesse. Vous êtes mécontent de moi; vous pensez peut-être que je ne mets plus le temps à profit comme autrefois pour observer et pour m'instruire? Rassurez-vous de ce côté, cher père; j'ai trouvé du travail, gagné de beaux écus à Alger, où les travailleurs habiles sont aussi rares que recherchés; et comme, avec mon état de mécanicien, je suis appelé tantôt d'un côté, tantôt de l'autre, je vois chaque jour de nouvelles choses; je note mes observations, je dessine des points de vue, des édifices, des costumes, et mes loisirs sont, en quelque sorte, plus occupés que mes heures de travail. Pour vous en donner la meilleure preuve, je vous envoie une collection de croquis et la relation de mon voyage, par où j'aurais dû commencer, si, pendant bien des jours, il m'eût été possible de penser à autre chose qu'à vous, à mes inquiétudes, et à mes cuisants regrets!

Parlerai-je de la traversée? C'est bien autre chose que nos petites promenades en canot sur la rade de Brest.

Je m'étais rendu au port de Toulon, où, par votre recommandation, j'ai obtenu de l'amiral mon passage gratuit sur un bateau à vapeur de l'État.

Une traversée un peu longue, et celle-ci a duré quatre jours, est l'incident le plus poétique ou le plus vulgaire qui se puisse rencontrer dans un voyage. L'une et l'autre de ces impressions peuvent aussi alterner; cela tient à trois choses : au mal de mer avant tout, au but du voyage que l'on s'est proposé, et au mode de navigation que l'on a adopté. Le mal de mer m'a cruellement éprouvé pendant plus de vingt-quatre heures; on m'a conseillé de me coucher pour alléger ma souffrance; c'est l'unique remède à suivre, et je m'en suis bien trouvé. Mais quelles tristes réflexions ne faisais-je pas dans l'espèce de tiroir, décoré du nom de couchette, où chaque passager se trouve serré! Quelle profonde compassion je ressentais pour ces malheureux matelots qui passent la meilleure partie de leur vie à lutter contre le *roulis* et le *tangage* (1)!

Vous voyez, cher père, que j'use hardiment des termes techniques dont vous m'aviez appris l'emploi avec tant de patience; et pour vous prouver que je n'ai pas oublié leur valeur précise, je la reproduis en note, à la fin de ma lettre. Je ferai, plus loin, la même chose pour ne pas trop surcharger mon récit d'explications utiles ou curieuses, que vous trouverez en *post-scriptum*.

Dans le tiroir au-dessous du mien se trouvait un commis de marine qui allait occuper à Alger un petit emploi dans les bureaux de l'Amirauté. Ce jeune homme naviguait depuis cinq ou six ans; mais dans chaque voyage il tombait malade, et ses chefs ne pouvant plus l'employer dans la vie active, lui avaient enfin accordé un poste fixe. Il payait donc, cette fois-ci, son avant-dernier tribut à la mer, car il se promettait bien de ne pas solliciter le moindre congé avant d'être admis à la retraite.

— Mon cher monsieur, me disait-il dans les instants de répit que nous laissaient les secousses de nos estomacs délabrés, mon cher monsieur, prenez courage; en mettant pied à terre, le mal disparaîtra comme par enchantement. Mais faites comme moi, ne naviguez plus, si vous pouvez vous en dispenser. Tout le monde n'est pas taillé comme Duquesne ou Jean Bart, et la malice de la Méditerranée est, je crois, encore pire que les colères de l'Océan... Mon Dieu! mon Dieu! que j'ai mal au cœur!...

Je sympathisais trop avec lui, dans ce moment, par nos souffrances partagées, pour m'aviser de le contredire. Mais je pensais à vous, cher père, et me sentant faire si triste figure sur un bord, je me trouvais bien indigne de vous.

Mon compagnon de voyage ne prit pas mon silence pour une critique de son opinion. Il avala une gorgée de limonade gazeuse, et m'en offrit; j'acceptai avec reconnaissance. — Merci, lui dis-je; dans deux jours, j'espère qu'une fois à terre, vous oublierez vos rancunes contre la marine. C'est une si belle carrière, quand on peut la suivre avec l'espoir d'y rencontrer un peu de gloire!

— Ah! oui, sans doute, mon cher monsieur, reprit-il; mais l'exception ne fait pas la règle, et la nature sait bien nous avertir, quand nous prenons un métier qui n'est pas fait pour notre organisation. Je raisonnais comme vous à mon premier voyage, et depuis, mes idées se sont bien modifiées! Certes, considéré du côté le plus favorable à l'imagination, un vaisseau est quelque chose d'imposant et de majestueux. Lorsque nous pensons que, semblable à l'aigle qui fend les airs, il s'élance à travers les périls d'une mer sans bornes, hérissée d'écueils et pleine d'orages, sur laquelle il n'est qu'un point perdu dans l'immensité, et que ce vaisseau porte la vie, l'industrie, le commerce, la civilisation d'un peuple aux extrémités du monde les plus reculées : il y a dans cette idée je ne sais quoi de grandiose, qui élève l'âme et la rapproche de Dieu ! Lorsque, dans les navigations lointaines, nous entendons raconter aux matelots cette sombre légende du Vaisseau-Fantôme que l'on aperçoit, la veille d'une tempête, déployant sur l'horizon plombé ses voiles phosphorescentes, et faisant jaillir l'écume des vagues au feu des éclairs : voilà du merveilleux bien capable de charmer les ennuis du voyage ! Mais si nous usons aussi du droit d'envisager le navire comme une prison de bois et de fer, chargée des odeurs les plus nauséabondes, la scène change d'aspect, et la réalité détruit la poésie. Tenez, mon cher monsieur, les musulmans, chez lesquels nous allons, prétendent, m'a-t-on dit, que les occupations des bienheureux, dans le paradis de Mahomet, sont l'ombre de ce qui faisait leur bonheur physique sur la terre. Eh bien ! si le dogme musulman n'était pas une folle erreur; si Dieu lui-même ne nous avait pas révélé une vie future plus digne de notre intelligence et de sa souveraine bonté; si, en un mot, les châtiments préparés pour l'autre monde consistaient, par analogie avec les récompenses, dans la répétition forcée des choses qui nous déplaisaient le plus ici-bas, je frémirais à l'idée de me voir embarqué, pour mes péchés, sur l'ombre d'un navire, à voiles ou à vapeur, voguant sur l'ombre d'une mer. Vous figurez-vous quel supplice ce serait? N'avoir, pour toute l'éternité, que du biscuit rance, des légumes moisis, de l'eau chargée de rouille! N'entendre d'autre bruit que celui d'une roue qui fouette l'eau, ou le grincement des cordages! Ne rencontrer, de *l'avant* à *l'arrière* (2) que des ombres de poules désolées, passant leur cou maigri entre les barreaux d'une ombre de cage! Ne voir, éternellement, que le ciel fermé et la mer morte des enfers; des nuages livides, dessinant sur l'horizon sans fin la forme trompeuse d'une côte qui fuirait sans cesse! et n'entendre de la bouche d'une ombre de capitaine, à l'éternelle question :—Quand arriverons-nous? que cette parole désespérée : — Jamais!!! — Ah! mon cher monsieur, que j'ai mal au cœur'...

Cette fois, je ne répondis pas à mon compagnon de douleur; c'était lui rendre service que de laisser tomber l'entretien, et je crois que peu d'instants après nos paupières se fermaient, sous l'influence d'un sommeil réparateur.

Le lendemain, de bonne heure, la mer était devenue calme et unie comme une glace. Je me sentais si dispos que je gagnai le pont, pour m'orienter un peu.

L'Amélie est un beau navire que je ne pus me lasser d'admirer. Sur le point le plus élevé, et vers le milieu du bâtiment, se dresse le gigantesque tuyau de la machine à vapeur, dentelé par le haut en forme de couronne, et laissant échapper presque continuellement des tourbillons de fumée, tantôt noire et épaisse, tantôt cendrée, et argentée par les nuages. Un second tuyau de fonte, de moindre dimension, et parallèle au premier, ne rejette qu'à de plus rares intervalles des torrents de vapeur, qui en sortent avec une impétuosité bruyante, et se résolvent en rosée tiède dont vous êtes humecté, si vous faites une station trop prolongée dans son voisinage. Au pied de ce double mât de fer, l'œil découvre, à travers une double toiture vitrée, la merveilleuse machine qui vous fait marcher sur les flots, avec ses pompes, ses balanciers, ses pistons, ses engrenages, et qui semble un être vivant, aux nerfs de cuivre et d'acier. Plus loin s'entr'ouvrent deux fournaises qu'alimentent les chauffeurs, noirs habitants de l'entrepont qui rappellent les cyclopes de la fable.

Le grand mât s'élève à peu de distance de la cheminée ; ce géant de l'équipage étale avec élégance ses agrès et ses vergues chargées de voilures qui ombragent le pont tout entier. Ici, l'on descend deux ou trois marches pour entrer dans l'enceinte des premières places; des bancs à dossiers commodes, placés à tribord et à babord (5), vous invitent à la causerie; une vaste tente de coutil garantit à la fois de la pluie et du soleil. Un pavillon se présente alors, peint et décoré avec un certain luxe; la porte, presque toujours ouverte pour donner plus de jour, laisse voir un escalier tournant qui mène aux cabines et à la salle à manger, qu'on nomme *carré* en termes de marine. La cage qui forme le toit de l'escalier représente une grande table, dont les quatre côtés sont percés à jour et vitrés. Plus loin, on arrive sur le tillac, qui est le haut du pont, théâtre des manœuvres et du maniement du gouvernail. Là se trouve bien close dans une boîte de cuivre la boussole, notre guide et notre sauvegarde, devant laquelle se tient le timonnier, chargé de maintenir sans cesse, dans un équilibre convenable, la roue qui dirige la marche et empêche le navire de dévier. Cette roue puissante, malgré sa chétive apparence, n'a rien de commun avec celles qui, placées sur les flancs de la machine, en sont comme les nageoires. Celles-ci font l'office des jambes; la troisième peut se comparer à la tête.

Nous voguions à pleines roues et à pleines voiles; mon indisposition n'avait duré qu'un jour, et je dînai de fort appétit pour réparer mes forces. Dans le cours de l'après-midi, à un signal du capitaine, huit ou dix hommes se portèrent à l'arrière. Leur costume et leur visage avaient si bien pris la teinte du charbon de terre, qu'on eût dit à les voir qu'ils sortaient d'une mine. L'un d'eux tenait un énorme peloton de forte ficelle roulée sur une bobine de fer. Un autre, voisin du premier, portait à la main un petit sablier; un troisième jeta dans la mer un morceau de bois lesté de plomb, et qui ressemble à peu près à la râclette des ramoneurs; c'était ce qu'on nomme le *loc* (4). Sitôt que le loc est dans l'eau, le porteur du sablier ne quitte plus des yeux cette modeste horloge primitive, pendant que son camarade, les bras en l'air, laisse l'axe de sa bobine se dérouler de lui-même avec une rapidité qui est naturellement proportionnée à la vitesse du navire. Des nœuds se trouvent à certaines distances sur la corde qui file ainsi en mer, retenue par le loc. Cette opération dure quelques minutes, jusqu'à ce que l'homme à la pendule de sable crie : *stop!* mot anglais qui signifie *arrête*. Le matelot qui déroulait la bobine ne bouge plus; et l'on sait alors, rien qu'à l'inspection de ce qui reste de chanvre sur son support, combien de nœuds ont été emportés en une minute, ce qui donne le calcul par heure, multiplication faite par soixante. Il s'agit alors de retirer le loc, et telle est la force de l'eau et la pesanteur de la corde, qu'il ne faut pas moins de plusieurs hommes vigoureux pour ramener à bord ce petit segment de bois ferré.

Nous filions neuf ou dix nœuds à l'heure, c'est-à-dire trois lieues au moins. Nous passâmes, sans nous arrêter, entre les îles Baléares, qui sont à moitié route de France à Alger; l'équipage était joyeux de sa navigation si facile, et les passagers, groupés sur le pont, se livraient à des causeries animées sur toute sorte de sujets. Je m'approchai doucement d'un grand homme sec, enveloppé malgré la chaleur dans une large houppelande, la tête couverte d'un bonnet fourré, et le menton perdu dans un amas de foulards. Ce monsieur, qu'à son accent je reconnus pour un Anglais, causait avec un colonel qui allait rejoindre son corps en Afrique. Vous m'avez, cher père, tant de fois raconté vos combats contre les Anglais, et la mémoire de Trafalgar est toujours si présente à ma pensée, que je ne pouvais m'empêcher de lancer à la dérobée sur ce pacifique voyageur des regards où devait briller une antipathie nationale fort prononcée. Le colonel lui retraçait chaleureusement les beaux détails des expéditions auxquelles il avait pris part.

— En 1835, lui disait-il en ce moment, le maréchal Clauzel nous conduisait à la prise de Maskara (5). Nous venions de franchir la rivière du Sig (6); l'arrière-garde, occupée à relever les ponts, après le passage, eut à soutenir un engagement très-vif, et ne put rejoindre qu'assez tard le gros de la colonne, qui se dirigeait vers les bois de l'Habra (7). Les Arabes, commandés par Abd-el-Kader en personne, suivaient le flanc des montagnes sur une ligne parallèle à la nôtre. Le maréchal fut obligé de les faire débusquer plusieurs fois. Dans les combats presque continuels qu'il nous fallut livrer en avançant, chacun trouva l'occasion de se distinguer, et notre émulation était soutenue par la présence du duc d'Orléans, qui faisait sa première campagne en Afrique. Le matin, après le passage du Sig, on l'avait vu s'élancer à la tête de nos bataillons, au milieu du feu meurtrier qui partait des bois de l'Habra. Blessé dans cette lutte corps à corps, il ne voulut pas quitter le poste du danger. Quand le maréchal Clauzel fit attaquer les montagnes par notre infanterie, l'artillerie, habilement dirigée par le prince, contribua surtout à refouler la cavalerie arabe dont les masses inondaient la vallée, et lui fit éprouver des pertes considérables. Un peu plus tard, à la hauteur de quatre marabouts nommés Sidi-Embarek, un profond ravin coupait le passage de la colonne française, et de sa crête opposée, toute l'infanterie d'Abd-el-Kader faisait pleuvoir sur nous une grêle de balles. Ce fut encore, dans ce moment difficile, l'épée du jeune Prince Royal qui ouvrit à nos braves soldats le chemin de la victoire. Donnant l'exemple d'une héroïque audace, il jette en tirailleurs dans les bois un détachement du 17e léger, et, suivi de deux compagnies, il franchit le ravin, fait aborder l'ennemi à la baïonnette et reste maître de la position, après un combat acharné. Eh bien, toute l'armée vous le dirait comme moi, l'admirable modestie de notre jeune prince, après le succès, égalait seule sa bouillante énergie dans l'action...

— Oh! cela ne m'étonne pas, répondit l'Anglais ; il y

a bien des années que, le voyant presque enfant, je devinais déjà en lui le germe de ces belles qualités militaires que les Français possèdent au plus haut degré.

A ces mots, cher père, je sentis s'évanouir mes préventions instinctives contre cet honnête Anglais. Je lui aurais volontiers serré la main, car il y avait dans son langage l'accent d'une véritable conviction. Je me glissai derrière lui, pour mieux l'entendre.

— C'était en 1829, poursuivit-il. Votre jeune prince sortait du collége, et son père venait de le conduire jusqu'en Écosse. C'est une très-bonne habitude que de joindre les voyages à l'éducation. L'esprit s'élève en apportant ses souvenirs sur les lieux fameux où de grands événements se sont accomplis; les voyages ressuscitent l'histoire du passé, et plus d'un homme d'avenir leur a dû le développement de facultés qu'il ignorait. Je me rappelle qu'à l'époque dont je vous parle, j'étais lord-maire d'Édimbourg, et malgré l'incognito des princes qui venaient visiter notre pays, je voulus leur en faire les honneurs, et j'accourus au-devant d'eux. Le duc de Chartres (8) avait alors vingt ans; il était colonel du 1er régiment de hussards, et tous ses goûts, toutes ses pensées se dirigeaient déjà vers cette carrière militaire dans laquelle il débute avec tant d'éclat. Parvenu aux régions septentrionales d'Édimbourg, il venait de quitter Inverness, et ne voulut arriver à la seconde capitale de la Grande-Bretagne qu'après s'être arrêté au milieu d'une des plus belles pages qui soient restées dans les annales de l'Europe. Il voulait contempler les marais de Culloden, comme pour leur demander s'ils n'avaient point conservé quelques gouttes de ce sang généreux qui sanctifia leurs eaux impures, dans la fameuse journée du 27 avril 1746. Il s'achemina vers Culloden, parcourut le sol de ce champ de bataille, où deux armées, deux peuples, deux monarchies s'étaient livré un duel à outrance, et où cette fière épée, qui s'appelait Charles le Prétendant, était venue se briser! Plongé dans une sorte d'extase, il fallut lui faire presque violence pour le ramener à sa voiture.

—Ce devait être si beau, nous disait-il, cette lutte magnifique dont un trône était le prix! Tout à l'heure, quand je rêvais, il me semblait presque en être. Je me voyais au milieu, ou plutôt à la tête de ces quelques centaines de braves, face à face avec ces flots de bataillons anglais! Je me voyais aussi, moi, avec mon *plaid* (9) de montagnard, comme tous mes compagnons de péril, comme l'intrépide Prétendant lui-même! Je me voyais demandant à grands cris l'honneur de porter d'une main mon épée nue, et de l'autre ce simple lambeau de soie qu'ils avaient attaché au fer d'une pique, appelée *royale bannière*, et baptisée si royalement, en effet, du baptême de leur sang! J'aurais voulu interroger les pierres d'Inverness, où ce fameux duc de Cumberland eut peur un moment, lorsque Charles Stuart vint le regarder en face, appuyé sur un si mince, mais si généreux fragment de nos armées! J'aurais voulu creuser l'étang où il passa douze heures de ténèbres; j'aurais voulu poser le pied dans cet îlot désert, où le fils des rois vécut de poissons secs, jetés sur une rive maudite! J'aurais voulu étudier jusqu'au fond cette caverne où il étouffa trois jours et trois nuits; j'aurais voulu chercher partout quelque vieil écho qui se rappelât l'heure où Charles passait, criant: **A** Édimbourg! à Édimbourg! et où, tombant à ses genoux, ces pauvres montagnards lui disaient : — Hélas! hélas! que faire pour votre Grâce? Nous ne vivons que de pain noir, et nous sommes des armés! — Eh bien, je vous apporte des armes, et je mangerai de ce pain noir avec vous! leur répondait leur souverain. Et puis enfin, j'aurais été frapper à toutes les portes, pour me prosterner devant celle, oubliée maintenant, où ce malheureux prince vint tomber à demi nu, brisé de fatigue et de faim, en disant : — Le fils de votre monarque vient vous demander du pain et un habit. Prenez les misérables haillons qui le couvrent ; vous les lui rapporterez un jour dans son palais de roi de la Grande-Bretagne !

En rappelant ces épisodes du passé, le jeune duc de Chartres était bouleversé d'émotion. Quelques tendres reproches lui furent adressés sur le paroxysme d'exaltation auquel il se laissait emporter avec une ardeur qui pouvait être funeste à sa santé. Mais il n'écoutait rien, il soulevait seulement vers son père ses paupières humides, et son père n'eût pu jeter un mot de blâme à travers cette scène attendrissante : il était trop fier de ces sublimes expansions d'une âme de vingt ans qui pleurait comme César, parce qu'à vingt ans une autre poitrine avait vibré sous le poids d'une bataille ! — Que voulez-vous d'ailleurs? reprenait le jeune prince; moi, j'aime cet homme, j'aime Stuart le Prétendant, parce qu'il était aussi, lui, jeune par les années, vieux par le génie! parce qu'il fut malheureux, parce qu'il fut, n'est-ce pas, mon père, allié au sang royal de France, et un digne petit-fils de Henri IV ?

— Oui, certes, interrompit le colonel, c'est une grande et noble figure que ce Charles Stuart! et l'on cite un mot de sa bouche que l'histoire a gardé : « Si j'avais, disait-il avant la bataille de Culloden, si j'avais trois mille Français, je serais dans un mois maître de l'Angleterre !... »

A ces mots, l'étranger fronça le sourcil, et rougit légèrement.

— Je ne crois pas, dit-il à demi-voix, que ce propos soit d'une parfaite exactitude.

— Pourquoi non, monsieur ? m'écriai-je étourdiment, sans songer que je n'avais nul droit de me mêler à la conversation.

Ma saillie fit sourire le colonel ; mais le grand homme sec, au nez d'aigle, à la perruque rousse, croisa ses bras sur sa houppelande, me jeta, de côté, un vrai coup d'œil de léopard, et s'éloigna en répétant au colonel : — Non, monsieur, je ne le crois pas ; au surplus, ce mot de Charles Stuart eût pu devenir de l'histoire au milieu du dix-huitième siècle ; il survient parfois, dans la vie des nations, de si singuliers accidents ! mais aujourd'hui.....

— Aujourd'hui, m'écriai-je de nouveau, avec trois mille Français, mon père adoptif, le capitaine de frégate Josselin, se chargerait de vous faire payer Trafalgar !...

— *Goddam !!!...* fit le bourgeois d'Édimbourg en se retournant avec colère.

— Là dessus, cher père, je compris un peu tard que j'étais allé trop loin ; et sans attendre la mercuriale qu'eût pu me valoir mon accès de vivacité, je disparus comme un lézard dans l'escalier de l'entrepont. J'appris bientôt que ce touriste britannique se rendait en Algérie pour acheter une exploitation de mines de cuivre. Je me repentis tout à coup d'avoir manqué d'égards à un homme respectable qui ne s'occupait pas de moi, et qui avait pu juger de si près, et si bien, mon royal patron Ferdinand, que je ne verrai peut-être jamais! J'aurais voulu lui faire des excuses, puisque nous ne sommes pas en guerre; mais le souvenir de Trafalgar était toujours là pour me couper la parole. Je me rappelais les brillants récits que vous me faisiez, si souvent, de vos glorieuses campagnes, de vos lointains voyages, et de tant d'aventures auxquelles ma vie n'est pas destinée. Combien je m'enthousiasmais alors, devant le portrait que vous traciez de votre frégate chérie, cette *Jeanne d'Arc*, si digne du nom qu'elle portait, puisque après avoir battu les Anglais, comme faisait jadis la vierge guerrière d'Orléans, elle a péri comme elle, par le feu des mêmes ennemis, en léguant à l'avenir le soin de la venger! Non, cher père, dussiez-vous me gronder, je n'aimerai jamais un seul des anciens adversaires de notre glorieux drapeau, et si c'est une faute, mon pays, Dieu et vous me pardonneront de ne pouvoir oublier les pages funestes de notre histoire!

Pendant que je faisais ces réflexions, *l'Amélie* marchait toujours; la nuit était venue, la nuit du ciel d'Afrique étendant sur les flots son écharpe étoilée. Nous approchions du terme du voyage, et vers l'aube, un matelot placé en vigie, sur la vergue du grand mât, cria : Terre! d'une voix sonore. J'accourus sur le pont pour voir Alger, cette merveille des âges modernes, qui imposa pendant trois siècles à la vieille Europe la terreur de son nom.

Un point blanchâtre, égaré dans l'espace, marquait la place où nos armes renouvelèrent, il y a huit ans, les victoires impériales. Peu à peu le point grandit, la teinte grise du ciel s'animait, à l'orient, de reflets d'azur où venaient se fondre les brillantes couleurs de l'opale, de l'émeraude et du saphir. Tout à coup, le disque ardent du soleil se dégagea de ses voiles d'or, et devant nous resplendit une pyramide colossale, ou un fantôme de neige : c'était Alger la Guerrière, *El-Djezaïr-el-Ghazie!* avec ses dômes, ses minarets, ses forts où flottent les bannières de France ; ses vertes collines dont les blanches villas se détachent comme des perles, et, à notre gauche, la chaîne de l'antique Atlas, que surplombe la crête brumeuse du fameux Djerjerah (10) !

Deux heures après, nous étions à l'ancre dans le port, et plus de vingt batelets mauresques venaient se jouer autour de *l'Amélie*, pour nous conduire à terre. Après avoir souhaité bonne chance à mon compagnon de douleurs, le commis de marine, et glissé rapidement derrière l'ex-maire d'Édimbourg, qui ne me parut plus d'aussi mauvaise humeur, je voulus me livrer à tout l'imprévu de ma nouvelle situation, et je sautai dans un canot qui fila comme une flèche entre deux rangées de bâtiments de toute nation, de toute forme et de toute grandeur. A droite, j'avais le môle, le phare, le lazaret provisoire, qui ressemble à un petit temple grec, et la jetée du nouveau port qui s'avance dans la mer sur un lit de rochers noirs. A gauche, j'admirais un large quai servant de chantier et de débarcadère à cent espèces de marchandises ; puis les immenses arcades des greniers de réserve, et les batteries de gros canons qui veillent à la sûreté de la conquête.

En mettant pied à terre sur le quai de la Marine, je me trouvai aux prises avec une nuée de grands gaillards basanés, qui firent le siége du canot pour se disputer les malles des passagers, et m'enlever des épaules la modeste valise qui avait succédé à mon havresac de voyage. J'étais fort embarrassé de répondre à leur langage, et cet effet de couleur locale commençait à m'inquiéter, lorsqu'un grave vieillard, à longue barbe et à manteau blanc, avec une de ces figures vénérables que nos peintres seraient ravis de faire poser pour leurs tableaux religieux, écarta la presse à grands coups de nerf de bœuf, et, comprenant à mon air emprunté que je devais être un nouveau venu, fit approcher, d'un signe, un de ces portefaix indigènes, jaune comme un bloc de cire vierge, mais taillé comme un Hercule. Je m'abandonnai à la fortune, et marchai sur les pas de mon guide, qui s'était chargé de mon bagage avec un extrême empressement. Un large escalier de pierre nous conduisit du quai à la porte de la Marine, que les Arabes appellent *Bab-el-Djezeïra*, porte de l'île, parce que le môle qui forme le port est construit sur un îlot que des ouvrages de maçonnerie ont relié à la terre ferme. En pénétrant dans la rue de la Marine, bâtie par les Français, car les Algériens ne faisaient point de rues, mais des ruelles, n'ayant point de voitures, mais aussi point de poussière et point de boue, quel pêle-mêle, quel mouvement, quels contrastes frappèrent nos regards !

Je me rappelais les *Aventures de Télémaque*, et je crus voir s'animer la description de Salente à demi construite; les grues qui élèvent des pierres, les hommes qui portent des fardeaux, les troupeaux bêlants qu'on fait entrer ou sortir, les guerriers dont les chevaux hennissent, les enfants arabes à demi nus, les femmes voilées, les vieil-

BISKRY.
Porteur à Alger

lards majestueux ; une foule compacte, venue des quatre parties du monde, et offrant toutes les variétés de costumes civils et militaires, marins et ecclésiastiques : voilà ce qui, d'abord, me causa la plus vive surprise. Ajoutez-y la population indigène, mauresque, arabe, juive, kebaïle ou mozabite, si bizarre d'aspect et si mélangée elle-même ; ce tableau mouvant bouleverse l'esprit, et l'on se demande où l'on est, où l'on va. Faites vingt pas de plus, vous vous trouvez étroitement serré dans une agglomération des mêmes individus, que poussent et croisent en tout sens des marins qui vont au port, des soldats qui montent la garde, des Espagnols qui vendent des fruits, des ouvriers ou des colons qui cherchent du travail. Plus loin, il vous faudra faire place à un convoi de cavalerie qui se rend au fourrage; une charrette aux roues basses, aux bras démesurément prolongés, pesamment chargée et traînée par quatre bœufs, vous oblige à la retraite. Ici, c'est un encombrement de moutons ou de chèvres qui vous barrent le chemin, en vous couvrant de poussière ; là, un cercle de chaux vive qui fume encore, ou un amas de moellons obstrue la voie publique, devant une maison arabe qu'on démolit, près d'une française qui s'élève. Puis, on est pris à l'improviste par une caravane de petits ânes chargés de sable, de briques, de plâtre, dans des paniers de jonc, et chassés à la baguette par des Biskris ou des nègres. Tout cela se renouvelle presque à chaque heure de la journée ; c'est un bruit étourdissant, un coup d'œil incroyable, auquel on ne commence à s'habituer qu'au bout de quelques jours. Mais en y réfléchissant tant soit peu, ce mouvement, cet encombrement des hommes et des choses, n'a rien que de fort naturel, et prouve en faveur de la colonisation naissante (11).

La capitale de l'Algérie s'élève en amphithéâtre triangulaire, partie au pied, partie sur le versant d'une colline dont la hauteur atteint quatre cents pieds au-dessus du niveau de la mer. La base du triangle s'élargit sur les grèves de la rade; le sommet, adossé à la colline, porte la *Kasbah* (12) qui servait à la fois de citadelle et de palais aux souverains turcs. Alger, vu de la mer, offrait avant notre conquête l'aspect d'une immense carrière de craie. En y arrivant par la rade, c'est un spectacle bizarre et éblouissant. Rien n'est plus singulier que cette montagne à pic, couverte de milliers de maisons sans toits et sans fenêtres, plantées à vue d'œil, sans que l'on sache de loin comment elles se tiennent, et sur quoi elles posent. Quand le soleil frappe sur cet amas de murailles blanchies à la chaux, on peut à peine soutenir l'éclat de sa réverbération. La ville basse, bâtie sur un sol plat, est aujourd'hui déblayée, en grande partie, des masures arabes qui l'encombraient. Les trois grandes artères qui la traversent sous le nom de rue de *la Marine*, *Bab-Azoun* et *Bab-el-Oued* (13), sont presque entièrement reconstruites à l'européenne, avec de belles arcades couvertes, comme notre rue de Rivoli. Le point de jonction de ces trois rues forme une place magnifique, dignement appelée *Royale*, et d'où la vue sur la Méditerranée ne le cède en rien, dit-on, à celle du golfe de Naples. La ville haute conserve encore en grande partie sa physionomie mauresque; c'est un véritable labyrinthe de rues tortueuses et de passages voûtés, à l'exception de la rue de la Kasbah, qui part de Bab-el-Oued, et monte presque à pic jusqu'à la citadelle.

Mon guide, que je suivais au hasard, tout préoccupé de tant de choses inconnues, me fit traverser la place Royale, franchir un porche voûté qui passe sous l'ancienne demeure des souverains d'Alger, et me conduisit dans une hôtellerie située sur une autre place où s'élèvent, face à face, l'hôtel du gouverneur, qu'habitait avant la conquête la nièce de Hussein-Pacha, et un autre palais changé par nous en évêché.

J'avoue, cher père, que, dans les premiers temps de mon séjour, je n'eus pas le courage de m'occuper d'autre pensée que de mon isolement, de la distance qui me séparait de vous, et des inquiétudes de l'absence. Je ne sais combien de jours j'aurais passé ainsi, en proie au plus triste découragement, si le maître de l'hôtellerie, qui est justement un Brestois, ne s'était pris d'amitié pour son pauvre compatriote exilé. Cet excellent homme, établi dans Alger depuis quatre ans, me parlait chaque jour de notre pays, où il espère bien retourner quand son industrie lui aura créé une petite rente. Il vous connaît de nom, il vous aime comme tous les Bretons savent aimer les gloires de leur province, et il me parle de vous sans cesse, parce qu'il sait combien cela me soulage. C'est par lui que j'ai trouvé du travail; c'est avec lui que chaque dimanche je visite les curiosités et les souvenirs de la ville ou des environs, sur lesquels il possède une foule d'histoires et de renseignements. Si je ne sais pas mettre beaucoup d'ordre dans les observations que j'ai faites, c'est que je ne suis pas un voyageur ordinaire, riche de loisirs, et armé d'un itinéraire où tout est prévu. Je me borne à vous retracer mes notes fugitives : heureux s'il m'est bientôt permis de venir les repasser avec vous !

Nous avons dernièrement visité la *Kasbah*. C'est du haut des terrasses de cet édifice qu'il faut embrasser d'un coup d'œil la vue d'Alger; le regard se repose d'abord sur les maisons de la ville, dont les masses blanches et irrégulièrement accidentées descendent par une pente rapide jusqu'à la mer, et viennent se terminer au môle et au triple rang de forts et de redoutes qui défendent les approches de la côte et du port. Immédiatement après les remparts, on n'aperçoit plus que des pierres blanches surmontées de turbans, et une myriade de petites constructions bizarres : ce sont les cimetières des Turcs, des Maures, des Juifs et des Nègres qui habitent Alger; lieux privilégiés pour les rares promenades des femmes musulmanes, et que, par cette raison, les anciens habitants tenaient très-rapprochés de la ville. Autour de ces tombeaux croissent, avec une force de végétation extraordinaire, des agaves, des nopals, des dattiers nains, parmi lesquels s'élancent çà et là quelques superbes palmiers, dont les tiges droites balancent leurs verts panaches plus haut que les minarets des mosquées. L'œil, parcourant ensuite un horizon plus vaste, embrasse tout à la fois l'espace compris entre la cime boisée du mont Bou-Zariah, qui domine Alger, et le cap Matifoux, où se termine cette large baie qui sert de limite, du côté de la mer, à la plaine de *Métidjah*, si riche et si féconde ; enfin, se repliant sur le *Fahs* (banlieue), il contemple ces milliers de maisons de campagne entourées de bosquets d'orangers et de citronniers, où les riches Algériens allaient autrefois passer la belle saison.

L'ancienne Kasbah, dont on a fait une caserne française, n'eût été, selon nos habitudes européennes, ni un palais, ni même une habitation tolérable. C'était une enceinte informe, fermée par de hautes murailles crénelées, et d'où s'échappaient, par de profondes embrasures, de longs canons dont la bouche était peinte en rouge. Deux ruelles, étroites et tortueuses, qu'on a renversées pour faire la place de la Victoire, conduisaient à l'entrée principale de cette espèce de forteresse. Un porche, fermé du côté de la ville par une porte massive à deux battants, au-dessus de laquelle étaient sculptés deux lions, emblèmes de la puissance algérienne, en formait l'entrée : c'est dans l'intérieur de ce porche que se tenait jadis la garde noire du Dey (14). Sous la voûte on voyait une fontaine jaillissante, dont les flots limpides tombaient dans une auge de marbre; à droite du jet d'eau, on apercevait dans un coin plusieurs monceaux de têtes empilées comme des boulets de canon; ces hideux trophées de la barbarie des Turcs ont heureusement disparu. Après avoir franchi le porche, on parvenait à une allée découverte, qui conduisait au logement du dey, et aux batteries des remparts. A gauche était la poudrière, dont la voûte avait été mise à l'épreuve de la bombe par une double couche de terre appliquée sur des balles de laine. Sur la droite s'ouvrait la cour du *Divan* (15), vaste enceinte dallée en marbre et entourée d'une galerie couverte, soutenue par des colonnes mauresques d'un travail délicat. On y remarquait un magnifique citronnier, et une autre fontaine d'où s'élevait un mince jet d'eau. Sur un des côtés de la galerie, plus orné que les trois autres, resplendissaient des glaces de toutes les formes et de tous les pays; une banquette, régnant dans toute sa longueur, était recouverte à l'une de ses extrémités d'un tapis de drap rouge brodé d'une frange de même couleur. C'est là que se plaçait le dey pour tenir son conseil, rendre la justice, ou donner audience aux consuls et aux marchands étrangers ; c'est là qu'eut lieu, en 1827, l'insulte faite au consul de France par Hussein-Pacha. Cette galerie n'avait d'autres meubles que des tapis de Smyrne, une pendule gothique, chef-d'œuvre de Boule, enrichie de bronze doré, et un petit meuble en laque de Chine, dans les tiroirs duquel se trouvaient un Koran, un calendrier turc, et quelques boîtes de parfums. On y voyait aussi un baromètre anglais, monté sur une table d'acajou, et dont les légendes étaient gravées sur des lames de platine. On trouva, en 1830, plusieurs instruments du même genre, et de formes variées, dans les appartements du dey, et un surtout très-riche, de Dollon, offert à Hussein-Pacha, en 1819, par le prince régent d'Angleterre. Sous cette même galerie, à l'autre extrémité de la banquette, s'ouvrait la porte du trésor, armée d'énormes serrures et d'un fort guichet de fer ; elle donnait entrée à deux ou trois corridors sur lesquels s'ouvraient des cellules sans fenêtres, coupées dans leur longueur par des cloisons ; c'est là qu'étaient entassées des monnaies d'or et d'argent de tous les royaumes, depuis le boudjou d'Alger jusqu'aux quadruples du Mexique.

Autour de la cour du Divan, qui formait la pièce principale de la Kasbah, des salles d'armes et des magasins, des écuries et de petits jardins, où se promenaient des autruches ; une ménagerie contenant quelques tigres et quelques lions, et enfin un parc à boulets, complétaient les dépendances du palais, enclavé, comme je l'ai dit, dans des murailles hautes de quarante pieds, terminées par une plate-forme sur laquelle étaient braqués près de deux cents canons de tout calibre, dont une moitié servait à défendre la ville du côté de la campagne, et l'autre moitié menaçait de la réduire en poudre, en cas d'émeute.

Les appartements du dey étaient situés au second étage, du côté de l'est. Un petit escalier en bois peint vert et rouge, comme toutes les boiseries de la Kasbah, y conduisait par une autre galerie que fermaient des fenêtres donnant sur la cour du Divan, et garnies de stores en toile de Perse. Trois grandes pièces, qui ne communiquaient pas entre elles, composaient le logement du souverain. Ces chambres, décorées dans le style oriental, n'avaient pour meubles que des coffres, dorés ou plaqués d'une marqueterie faite avec des morceaux de nacre et d'écaille de tortue, et de grands lits en bois ou en fer, à quatre colonnettes supportant un ciel léger auquel étaient suspendus des rideaux de gaze enveloppant tout le lit pour préserver des moustiques. Au bout de la galerie s'ouvrait un kiosque entouré d'un divan rouge, où le dey venait fumer et prendre le café pour se délasser de la fatigue des audiences publiques. Une petite porte très-basse donnait accès dans le logement des femmes, composé de deux cours autour desquelles régnaient des boudoirs élégants. Ces appartements n'avaient du reste aucune fenêtre sur les parties publiques du palais; de petites croisées, garnies d'étroits grillages, et ouvrant sur les jardins, donnaient de l'air et du jour; et des espèces de meurtrières, longues et étroites, laissaient seules apercevoir quelques échappées de regard sur la mer et la campagne voisine. Le mobilier du *Harem* (16) était plus somptueux qu'élégant; on n'y trouvait ni le goût français ni la propreté anglaise; c'était un encombrement de tapis de grand prix jetés à profusion sur le carreau, des quantités d'étoffes d'or et d'argent, un luxe étonnant de coussins de toute grandeur et de toutes formes, en drap et en velours, rehaussés de riches broderies arabes; des glaces et des cristaux sans nombre; des meubles d'acajou, massifs et surchargés de capricieux ornements de bronze doré; des lits entourés de moustiquaires en mousseline de l'Inde parsemée de fleurs d'or; des divans partout, et tout cela dans une atmosphère de rose, de jasmin, de musc, de benjoin et d'ambre.

Le salon où le dey donnait ses audiences, aux jours de fêtes solennelles, contenait une collection d'armes étrangères; des trophées de fusils et de pistolets d'un travail curieux, dont la plupart sortaient des fabriques anglaises; des sabres de Damas, des yataghans (17), des poignards aux ciselures magnifiques, aux fourreaux de velours, d'argent et d'or; des pelisses doublées de martre zibeline; des équipages de cheval d'une richesse merveilleuse; des porcelaines du Japon, et une foule d'objets de fantaisie dont la curiosité décuplait la valeur; c'étaient les présents que lui offraient les puissances d'Europe, pour acheter la sûreté de leur marine de commerce. C'est au milieu de ces tributs que l'orgueilleux pacha aimait à recevoir les étrangers de distinction qui venaient visiter son étrange et terrible royaume.

Tel était le séjour d'où nous sommes venus chasser ce tyran de la Méditerranée. Avec quelle joie patriotique j'ai vu flotter nos trois couleurs au grand mât qui portait le rouge étendard de la piraterie, sur cette terrasse d'où le dernier chef des forbans vint compter, en 1830, la flotte française qui défilait devant ses remparts, et dont son aveugle orgueil et sa crédulité fanatique attendaient paisiblement le naufrage miraculeux, prédit par les prêtres de l'Islam! Pensant que nos soldats allaient débarquer dans la baie, il avait fait apporter sur toutes les batteries de la citadelle d'énormes quantités de munitions. Par son ordre, on avait braqué de ce côté dix pièces d'artillerie française, dont la fonte remontait aux règnes de Louis XII, de François Ier, de Henri II et de Louis XIII. Sept de ces canons avaient été conquis par Charles-Quint, roi d'Espagne, sur François Ier, à la bataille de Pavie ; et Charles-Quint, à son tour, était venu les perdre, en 1541, dans sa désastreuse expédition sur la côte d'Afrique. Appuyé sur l'une de ces pièces, Hussein-Pacha disait fièrement aux officiers des janissaires : « — C'est d'ici que partiront les premiers coups qui doivent écraser la flotte chrétienne ! » Et cependant vingt jours après, la Kasbah était la première à donner aux Algériens le signal de la soumission. Dieu est grand dans ses décrets, Dieu protége les armes de la France!

La Kasbah renfermait toutes les munitions destinées à l'armée turque ; les Français y trouvèrent des salles entières remplies de projectiles et de pierres à fusil. Le dey était en outre le premier marchand de ses états, et ses immenses magasins étaient enfermés avec lui. Sa demeure offrait ainsi l'appareil imposant de la guerre, l'attirail confus de tous les produits qui alimentent les spéculations commerciales, et les recherches les plus raffinées dont s'entoure la mollesse des Orientaux. Tout cela pour un seul homme qui exerçait sur tout un peuple un despotisme absolu, mais qui redoutait ses sujets au point de n'oser franchir les murs d'un palais qui lui servait de prison, et au fond duquel il vivait entouré d'artillerie, et d'une garde dont la fidélité lui était suspecte!

De la Kasbah, cher père, je redescendis vers le bas de la ville, avec mon obligeant *cicérone*, qui ne se lassait point de satisfaire à toutes mes questions. Nous allâmes dîner, ce jour-là, chez un de ses amis qui a métamorphosé en restaurant d'officiers la maison d'un ancien seigneur musulman. Comme les habitations mauresques sont construites sur le même plan, et ne diffèrent entre elles que par l'étendue et la richesse, il suffit d'en voir une pour les connaître toutes. Ce sont des carrés formés par quatre murailles qui s'élèvent ordinairement jusqu'à la hauteur d'un troisième étage, percées de quelques petits trous pour laisser passer l'air, mais qui n'ont presque jamais de fenêtres extérieures. Chaque maison loge une seule famille et n'a qu'une porte d'entrée, assez large, voûtée circulairement, et à laquelle on arrive par plusieurs marches de pierre. Le rez-de-chaussée est presque toujours occupé par des écuries, des magasins, les chambres d'esclaves et le vestibule. Cette première pièce est rectangulaire; on la nomme *Skifa*; les deux côtés sont garnis d'une banquette en maçonnerie, ornée d'un rang de colonnettes en marbre blanc, supportant des arcades délicatement sculptées. C'est là que le maître du logis vient recevoir les visites et causer de ses affaires, car, dans les mœurs musulmanes, aucun étranger n'est admis, comme chez nous, dans l'intérieur des appartements.

En sortant de la Skifa, on monte un escalier dont les marches sont formées de pièces d'ardoises et de carreaux en faïence, parfois aussi de marbre ou de simple pierre; et l'on arrive au premier étage, dans une cour carrée, autour de laquelle règne une colonnade dont la voûte en arceaux supporte le second étage. C'est par cette cour que l'air et la lumière pénètrent dans les appartements, qui ont chacun une porte et plusieurs fenêtres donnant en dedans. Chaque chambre occupe toute la longueur d'une face de la cour; on y entre par une grande porte cintrée, que ferment deux battants dans lesquels sont pratiquées deux ouvertures plus petites qui servent à l'usage ordinaire. Les fenêtres, placées de chaque côté de la porte, sont basses, carrées, sans vitraux, garnies au dehors de barreaux de fer ou de grillages, et de volets intérieurs. A chaque extrémité de la chambre se trouve une estrade, en bois ou en maçonnerie, sur laquelle on place les lits. En face de la porte est pratiquée une niche cintrée qui reçoit le divan ou les coussins; de chaque côté du divan sont creusées dans le mur d'autres niches portant des étagères pour serrer une foule de petits objets. L'ameublement de chaque chambre se compose d'un ou deux grands coffres en bois sculpté, et ornés de peintures; d'une petite table ronde, haute d'un pied; de coussins pour s'asseoir, et de tapis ou nattes de jonc qui recouvrent le carreau. La matière et la forme de ces meubles qu'on retrouve partout, varient selon le rang et la fortune des habitants. Les grandes maisons sont à trois étages; mais le dernier ne contient ordinairement qu'un ou deux cabinets; le reste est une plate-forme qui règne autour de la cour, et sur laquelle les femmes viennent respirer le frais, au coucher du soleil. Malgré le grand nombre de fontaines publiques, chaque maison possède une citerne, alimentée par l'eau de pluie qui tombe sur les terrasses, et qui se rend dans le réservoir par des tuyaux en terre cuite, contenus dans l'épaisseur des murs. La plus exquise propreté règne dans ces habitations que les esclaves lavent à grande eau, plusieurs fois par semaine, depuis le haut jusqu'en bas. Le pavé est de marbre chez les riches, de briques ou de carreaux vernis dans les maisons moins opulentes. L'intérieur des chambres est revêtu, jusqu'à une certaine hauteur, de faïence peinte où sont figurés des oiseaux, des fleurs, des arabesques, dont le capricieux mélange plaît à l'œil par son étrangeté même.

Depuis que nous avons conquis Alger, de nombreuses émigrations ont dépeuplé ses plus riches quartiers. La race turque, déchue de son pouvoir, et vouée à l'exil en expiation de ses excès, nous a livré de nombreux édifices particuliers ou publics, dont la splendeur était le fruit de la piraterie extérieure, et des violences exercées parmi les tribus arabes. Nous avons logé dans quelques-unes de ces maisons les bureaux de diverses administrations civiles ou militaires; des généraux, des intendants, des soldats, des magasins de subsistances. Un collége, une bibliothèque, un musée sont éclos sur l'emplacement d'une vieille caserne de janissaires; l'ancien bagne des esclaves chrétiens sert aujourd'hui de caserne, et la Djéninah, palais de ville des pachas, renferme aujourd'hui le dépôt des effets d'habillement et de campement de l'armée.

En retournant au logis, par un dédale de petites rues sinueuses, dont les unes montent et les autres descendent sur la pente à laquelle s'adosse la ville haute, nous retombâmes, mon guide et moi, dans ce carrefour irrégulier dont je vous ai déjà parlé et qui porte le nom, trop pompeux à mon avis, de *place du Gouvernement.* Nous devions y remarquer en passant, la cathédrale, attenant à l'hôtel du gouverneur général, et l'évêché. Le premier de ces édifices, consacré sous l'invocation de saint Philippe, était, avant notre conquête, une mosquée particulière où la nièce du dernier dey, Hussein-Pacha, allait faire ses prières. Bâtie par des artistes italiens, sa forme est à peu près celle du Panthéon de Rome, ou mieux encore celle de l'église de l'Assomption à Paris, qu'elle dépasse un peu en étendue. La coupole principale, entourée de dix-neuf autres plus petites, repose sur seize colonnes de marbre blanc, d'un seul bloc. Dans chaque mosquée existe une espèce de grande niche où, tous les vendredis, l'iman vient chanter les prières solennelles. L'évêque d'Alger a profité de cet enfoncement pour y établir l'autel de la Sainte Vierge, sur lequel il fit élever une statue de la mère de Dieu, trouvée dans le port d'Alger, lors de la conquête, sans qu'on ait jamais su d'où elle venait, ni à qui elle était adressée. On s'avisa de lire l'inscription arabe qui ornait l'intérieur de la niche, et par un singulier rapprochement, voici ce qui était écrit : « Dieu envoya un de ses anges à Lellah Mariem (*Marie*), pour lui annoncer qu'elle serait la mère d'Aïssa (*Jésus*). — Lellah Mariem répondit à l'ange : Comment cela se fera-t-il? — Et l'ange ajouta : Par la toute-puissance du Très-Haut. » Certes, jamais hasard ne fut plus heureux, et jamais verset du Koran ne se trouva mieux appliqué dans un temple devenu chrétien.

L'église de Saint-Philippe a pour trésor une relique précieuse de son illustre patron. Ce fut saint Philippe, disent les *Actes des apôtres*, qui baptisa le ministre de Candace, reine d'Éthiopie. Dans l'église qui lui est consacrée, la piscine en marbre où les Musulmans faisaient leurs ablutions sert aujourd'hui de fonts baptismaux. Les ornements sacerdotaux, les vases sacrés destinés au culte ont été donnés par la reine des Français : ils sont magnifiques, et seraient plus nombreux, s'il n'avait fallu couvrir la nudité des autres églises, indigentes cabanes de planches qui s'élèvent, avec une croix de bois, dans les villages des environs.

Il y a dans Alger une autre mosquée, plus grande que celle de Saint-Philippe ; elle fut bâtie en forme de croix par des captifs européens qui en cimentèrent les pierres de leurs larmes et de leur sang. Ils avaient voulu consacrer tout ensemble les souvenirs de la foi et de la patrie, et les prophétiques espérances de l'avenir. Cette mosquée, située dans la rue de la Marine, au coin de la place Royale, trace un rectangle voûté, divisé sur sa longueur en trois nefs par deux rangs de colonnes ; et sous le dôme, à peu près aux deux tiers de la longueur, deux autres rangs de colonnes coupent en forme de croix les deux premiers. De chaque côté de la grande nef, la colonnade supporte des tribunes dont les plus rapprochées de la porte sont publiques ; mais celles qui se trouvent au delà du dôme, et de chaque côté de la niche de l'Iman, sont réservées pour les familles nobles. Cinq ou six lustres en cristal et plusieurs lampes sont suspendus avec des chaînes dans toute la longueur de la nef principale, et entre les rangs de colonnes qui la coupent sous le dôme. Les lampes sont allumées pour la prière du soir ; mais les lustres ne le sont qu'aux grandes fêtes du culte musulman. Alger possédait, avant notre occupation, dix grandes mosquées et cinquante plus petites réparties à travers les quartiers de la ville. Quelques-unes sont devenues des églises chrétiennes; d'autres tombent en ruines, la plupart ont été rasées par les travaux de reconstruction qui ont, en grande partie, changé l'aspect de la ville. A l'entrée de chaque mosquée se trouve une fontaine coulant dans un bassin où les musulmans viennent faire leurs ablutions avant de se prosterner pour prier ; le faîte de l'édifice porte un dôme souvent entouré de coupoles plus petites. A l'un des angles s'élève un *minaret*, tour carrée au sommet de laquelle est fixée une potence en bois pour hisser un pavillon blanc, lorsque les *muezzins* montent sur la galerie, afin d'appeler le peuple à la prière. Comme les Algériens prient cinq fois par jour, les mosquées sont presque continuellement ouvertes ; pour y entrer,. chacun est obligé de quitter sa chaussure. Autrefois tout chrétien qui en franchissait le seuil était puni de mort, et l'intérieur du temple était lavé à grande eau et reblanchi pour effacer la souillure de la présence d'un *infidèle*, nom que donnent les musulmans à quiconque ne professe pas leur croyance. Il faut du reste ajouter que l'exercice de tous les cultes était toléré dans le vieil Alger. Les juifs y avaient comme aujourd'hui des *chenovas*, ou synagogues, et les chrétiens possédaient une chapelle où la messe était célébrée chaque jour. Les hommes libres s'y rendaient, et les Algériens y amenaient souvent eux-mêmes leurs esclaves. Les temples juifs sont construits dans le style mauresque, et forment une enceinte carrée ou oblongue ; le pavé est couvert de nattes, les murs sont revêtus de carreaux en faïence ; au milieu se trouve une tribune destinée aux chantres et aux rabbins pendant les cérémonies. Il n'y a point de tabernacle, comme dans les synagogues de France ; mais tout autour de la salle, des armoires à hauteur d'appui, garnies intérieurement de soie, et fermées par des rideaux de même étoffe, contiennent des rouleaux de parchemin sur lesquels sont écrits les livres de la Bible.

En attendant que le gouvernement français puisse doter Alger d'une cathédrale digne de cette belle conquête, le service divin est tristement relégué dans les mosquées. Mais le génie et la piété de l'évêque lui ont créé un charmant asile dans sa propre demeure. L'évêché, palais moins resplendissant à l'extérieur que celui où réside le gouverneur, est peut-être plus remarquable sous le rapport de l'art. C'était là que logeaient les beys de Constantine, de Tittery et d'Oran, quand ils se rendaient à Alger, pour verser au trésor du dey les impôts annuels de leurs provinces. A l'extérieur, il offre l'aspect misérable d'une grande masure ; mais au dedans, tout est splendide, tout est gracieux ; ce ne sont que festons de marbre et délicieuses arabesques. La pièce principale, dont l'évêque a fait une salle de réception, a pour tenture une dentelle de pierre d'une élégance capricieuse et d'une admirable légèreté. Du vestibule, l'ingénieuse piété du prélat a su faire la chapelle gothique la plus poétique et la plus recueillie qu'on puisse voir. Vingt colonnes torses, en marbre blanc, décorées de chapiteaux d'une délicatesse infinie, soutiennent la voûte, et la partagent en douze niches qu'orneront, un jour, des statues dédiées aux douze plus célèbres évêques de la vieille Afrique chrétienne. Un ange de forme antique y repose sur un monument de marbre de Carrare, tiré des ruines d'Hippone; l'inscription, parfaitement conservée, rappelle qu'il fut élevé à la mémoire d'un enfant couché à ses pieds. — Au milieu du sanctuaire, et sous la lampe de bronze, une grande rosace en mosaïque, chef-d'œuvre de l'art romain, représente, par ses deux anneaux entrelacés, l'union de l'Église d'Afrique avec celle de Rome. Sous l'autel, on a déposé les ossements de saint Modestus, jeune martyr de douze ans, recueillis dans les catacombes romaines. Au-dessus resplendit un magnifique tableau de l'Assomption, présent de la pieuse reine Marie-Amélie; de chaque côté s'inclinent deux anges adorateurs, en bronze doré, semblables à ceux qui décorent le maître autel de Saint-Sulpice, à Paris. A droite, dans un enfoncement, se cache le confessionnal, au-dessus duquel sont gravées, en latin, ces paroles de l'Évangile : « Venez à moi, vous tous qui pliez sous le poids de vos fautes, et je vous délivrerai. » En face est appendue une madone d'un grand prix, capturée au temps de la piraterie par un corsaire algérien; cette sainte image est retombée providentiellement entre nos mains. Enfin, en forme de table de communion, deux magnifiques rampes en balustres de marbre blanc, incrustées de fleurs de marbre antique, du plus précieux travail, proviennent des restes de la chaire de Mahomet. L'autel est surmonté d'une coupole par où descend un jour religieux. A la porte de la chapelle, et dans son turban creusé à cet effet, le tombeau d'un dey garde l'eau bénite. Tel est ce sanctuaire, mille fois plus précieux par les prières qui s'y répandent tous les jours que par le marbre et l'airain, par les prodiges de la toile et du ciseau; car c'est là que déjà des Musulmans et des Juifs infidèles sont revenus à la foi du vrai Dieu. Jadis des esclaves tremblants y attendaient leurs maîtres, aujourd'hui la religion y ouvre ses bras aux esclaves affranchis par la conquête française.

Après cette visite à travers la ville, où ma curiosité se trouvait à chaque pas excitée par quelque objet nouveau, nous rentrâmes chez mon hôte, et jusque bien avant dans la soirée, je l'assaillis de questions auxquelles il s'empressait de répondre de son mieux. Je me fis répéter vingt fois toutes les explications qu'il m'avait données, chemin faisant, sur les costumes étranges que nous avions rencontrés, sur les diverses races d'habitants indigènes qui fourmillaient dans les rues et sur les places. J'étais avide de connaître leur genre de vie, leurs mœurs, leur gouvernement; et j'écrivis presque sous la dictée de mon obligeant ami les détails que je m'efforce de mettre en ordre dans cette lettre déjà bien longue, mais dont je ferais volontiers un gros livre, tant il me semble, cher père, qu'en vous écrivant je cause avec vous, et que j'entends votre voix aimée m'interroger et me répondre au fond de mon cœur! Pardonnez-moi le décousu de mes notes et de mes souvenirs; je voyage à travers l'inconnu, et quand je veux rentrer en moi-même, pour classer avec ordre, dans les cases de ma mémoire, tout ce qui a frappé mes sens ou mon esprit, je n'y trouve pas une place que vous ne remplissiez toute entière. Je laisse alors courir ma plume sur le papier, pressé que je suis

MAURE D'ALGER.

de vous envoyer cette mosaïque d'observations à laquelle vous répondrez, je l'espère, par une bonne leçon d'histoire dont j'ai tant besoin, pour verser la lumière au milieu du chaos qui m'entoure.

Je reprends donc, cher père, la suite de mes croquis ; je viens de décrire la ville à vol d'oiseau ; tâchons de mêler à cette esquisse un rapide coup d'œil sur les individus.

Le costume des Maures algériens diffère peu de celui des Turcs. Les riches portent une chemise de fine toile blanche, à manches longues, boutonnées au poignet comme les nôtres, et un large caleçon de même étoffe, serré à la taille et aux genoux par des coulisses. Par dessus ce premier vêtement, ils ont plusieurs vestes brodées en or ou en soie, avec plus ou moins de magnificence, selon le rang et la fortune des individus. Ils vont les jambes nues, et chaussent de larges souliers, ou des pantoufles nommées *babouches*. Une large ceinture de laine ou de soie de diverses couleurs, qui fait plusieurs fois le tour du corps, remplace pour eux les poches et contient le poignard, la tabatière et la bourse. Pour coiffure, les riches mettent le turban ; les gens du peuple se contentent d'une simple calotte rouge ; le turban vert est le signe distinctif de ceux qui ont fait le pèlerinage de la Mecque. Les uns et les autres se font raser la tête, à l'exception d'une mèche de cheveux qu'ils gardent au sommet, et laissent croître leur barbe. En hiver, en voyage, et pour sortir quand il pleut, ils jettent sur eux un vaste manteau qu'ils nomment *Bernous*, tissu de laine blanche, brune ou noire, fermé par une couture au lieu d'agrafe, et terminé par un capuchon pointu que décorent des houppes de soie blanche ou rouge.

Les femmes ont deux costumes, l'un pour la ville, l'autre pour la maison. Le premier se compose du *Zeroual-el-Zanka*, large pantalon blanc qui s'attache au-dessous de la cheville du pied par des cordons à coulisses. Ce pantalon est soutenu à la taille par le *Foutah*, longue ceinture en soie rayée, qui se noue par devant et dont les bouts retombent jusqu'à terre. Par dessus est jeté le *Haïk-el-Telhil*, ample tunique flottante, fixée par des épingles à la partie supérieure. Le tout est recouvert par le *Takh-el-Jlah*, grande pièce de coton ou de soie, qui enveloppe la tête en formant des plis élégants, et tombe jusqu'à mi-jambe, en voilant toute la personne. Un mouchoir blanc, nommé *Eû-Djar*, déployé sur la figure jusqu'au-dessus du nez, ne laisse apercevoir que les yeux. Ainsi vêtues, les femmes mauresques ressemblent à des fantômes blancs.

Au logis, leur toilette est d'un éclat splendide. La coiffure consiste en une petite calotte de velours écarlate, à glands d'or, fixée à la partie supérieure de la tête par un foulard noir et rouge, roulé au-dessus de la naissance des cheveux, et dont les coins s'échappent sur les épaules avec de longues boucles de cheveux noirs. Quelquefois un diadème de perles remplace cette coiffure ; les oreilles portent des girandoles en diamant ; le cou est orné de colliers en or ou en corail. Sur une chemise fixée au poignet par des bracelets, elles ont une veste à courtes manches, toute brodée en or ; un large pantalon, brodé comme la veste, s'y rattache sous les plis d'une ceinture étincelante, et d'un grand châle de cachemire ou de soie, passé autour des reins et noué par-devant. Leurs pieds nus se jouent dans des pantoufles de velours brochées d'or, et un gros anneau du même métal tombe sur le cou-de-pied. Les Mauresques se colorent les sourcils avec une préparation de noix de galle, et le dedans des paupières avec du *Q'holl*, teinture d'antimoine. Elles se peignent aussi les ongles, la paume des mains et la plante des pieds, avec le suc rouge d'une plante appelée *Henné*. Les signes, les tatouages sont recherchés dans leur parure; ce sont des fleurs, des croix grecques, des figures fantastiques dessinées sur le front, les bras ou les jambes. Aux jours de fête, elles ajoutent à leur corsage une tunique ouverte, en soie rouge ou bleue, et où les lames d'or et d'argent se marient capricieusement en charmantes arabesques.

Les enfants des Maures sont vêtus comme leurs parents; quand les petites filles sortent, elles ont aussi le visage voilé. Les garçons ne prennent le turban qu'à l'âge de douze ans, et jusque-là, on laisse croître tous leurs cheveux.

Les Maures peu aisés et ceux qui habitent les campagnes se nourrissent chétivement, et connaissent à peine l'usage de la viande; mais les riches sont très-friands. Leur mets national se nomme *Kouskoussou*. Pour le fabriquer, ils font moudre du froment, tamisent la farine pour obtenir des grains un peu gros, qui forment ainsi une sorte de gruau, et l'humectent pour la rendre demi-pâteuse; ils placent ensuite cette pâte légère dans un grand plat de bronze, et la roulent avec la main pendant une demi-heure; à mesure qu'elle se dessèche elle se brise en fragments de la grosseur d'une fève qu'ils étendent au soleil sur une toile. On pose ensuite, sur trois pierres servant de foyer, un pot de terre contenant de la graisse de

7

mouton ou de l'huile, des tomates, des oignons, du piment, des herbes aromatiques et des morceaux de mouton, de chèvre ou de volaille. Par-dessus le pot on met un plat percé en forme d'écumoire, renfermant les boulettes de pâte, qui cuisent ainsi à la vapeur du mélange inférieur. Le tout est servi sur la table, et les convives, qui ne se servent ni de cuillers ni de fourchettes, mettent la main au plat, déchirent la viande, et pétrissent avec leurs doigts les grains du kouskoussou. On sert ensuite des confitures de melons, de pommes et d'abricots, cuites dans du jus de raisin, et le repas se termine par le café et la pipe. — Tous les ans, au mois de septembre, chaque famille tue autant de moutons que sa richesse le lui permet et que ses besoins l'exigent. Toute la viande est coupée par petits morceaux et jetée dans une grande chaudière en bronze ou en cuivre, avec de la graisse ou de l'huile d'olives. On fait bouillir le tout pendant une journée entière, en ayant soin de le remuer de temps en temps avec une spatule de bois. Quand la cuisson est achevée, on verse le contenu de la chaudière dans des jarres, que l'on bouche ensuite hermétiquement avec du plâtre ou de la terre glaise. La viande, ainsi préservée du contact de l'air, peut se garder pendant plus d'une année; mais comme les Africains ne savent faire qu'une huile grossière, leurs conserves s'imprègnent d'un goût nauséabond que le plus vorace appétit des gens d'Europe ne saurait guère tolérer.

Les Maures des moyenne et basse classes exercent presque tous les métiers. Sous le gouvernement turc, un grand nombre d'entre eux s'enrichissaient par la piraterie; ceux qui n'ont pas émigré devant l'invasion française vivent de négoce ou du travail de leurs bras. C'est une belle race d'hommes, mais énervée, peu guerrière, et qui n'a conservé que l'apparence du type fameux des anciens conquérants de l'Espagne. Le dey d'Alger ne les enrôlait dans ses troupes que lorsqu'il était menacé par une puissance européenne, et il ne leur était jamais permis d'aspirer aux dignités politiques ou militaires.

Un des préceptes de la religion musulmane déclarant que la prière est bonne en tous lieux, les Maures, comme les Turcs et les Arabes, se mettent à genoux partout où ils se trouvent, en se tournant du côté de l'Orient, où la Mecque est située. Aux heures fixées pour les actes de dévotion, les marchands dans leurs boutiques, les voyageurs sur les routes, les cultivateurs dans les champs se prosternent et prient, toute occupation cessant. Dans les villes et les villages pourvus de mosquées ou de chapelles, le crieur (*muezzin*) monte sur le minaret, et s'écrie : — « Il n'y a qu'un Dieu et Mahomet est son prophète. Je vous salue, venez adorer Dieu, et que ceux qui sont aux champs ou sur les chemins prient là où ils sont ; la prière monte vers le ciel de tous les points de la terre ! » Le vendredi est le jour saint des musulmans, comme chez nous le dimanche, et le samedi pour les Juifs. Le premier jour de l'année ils ne se donnent point d'étrennes, mais chacun selon ses moyens apporte son aumône, dont le produit est versé dans une caisse particulière destinée au soulagement des pauvres. La seconde fête a lieu aux anniversaires de la naissance du Prophète ; ce jour-là on illumine les mosquées et l'intérieur des maisons. Le *Rhamadan*, ou carême, commence le neuvième mois de l'année et dure vingt-neuf jours. C'est un temps d'expiation, de recueillement et de jeûne rigoureux, qui se termine par des réjouissances publiques.

Lorsqu'un musulman vient à mourir, ses esclaves ou ses parents, s'il n'était pas assez riche pour se faire servir, lavent son corps, mettent du coton imprégné de camphre dans la bouche, les narines, les oreilles, sur les yeux, sous les aisselles. Ils l'habillent ensuite comme pour un jour de fête, l'enveloppent dans une pièce de toile blanche et le couchent sur son lit. Quand ces apprêts sont achevés, on laisse entrer les femmes de la famille, puis les parents et les amis qui pleurent à chaudes larmes, et se succèdent auprès du défunt, pendant les vingt-quatre heures qu'il reste exposé. Pour mener le mort en terre, on le place sur un brancard fait en planches, qu'on recouvre d'un drap d'or, de soie, ou de simple laine, selon sa qualité et ses richesses ; — quand c'est une femme, le brancard est recouvert du rideau qui fermait l'entrée de sa chambre. Quel que soit le sexe, le mort est toujours porté par des hommes, qui s'offrent d'eux-mêmes, parce qu'ils regardent ce service comme une bonne œuvre. Dès que le cortége est sorti de la maison, les porteurs sont accostés et suivis par plusieurs autres qui demandent à se relayer, en sorte qu'avant d'arriver au lieu de la sépulture, un brancard funèbre a souvent passé dans cent mains différentes. Les parents et les amis du défunt l'accompagnent au champ du repos, mais les femmes, qui paraissent rarement en public, ne quittent point leur appartement. Il est d'usage, et surtout chez les grands du pays, qu'à la mort du chef de la maison, l'on donne la liberté à quelbues-uns de ses esclaves, et plus le défunt est riche, plus le nombre est grand. Chaque esclave ainsi affranchi reçoit un billet qui en porte témoignage ; ce billet est placé dans une fente faite à l'extrémité d'un roseau ou d'une baguette de palmier qu'il porte en élevant les bras et marchant en tête du cortége, que l'on conduit d'abord à la mosquée. Là, le corps est posé à terre, sur une natte ou des tapis, et l'on chante quelques versets du Koran, relatifs à la résurrection et à la vie future ; puis on se remet en route, dans le même ordre, pour se rendre au cimetière. Aussitôt qu'une personne est morte, on prépare dans sa maison des mets et surtout du kouskoussou, pour donner à manger aux gens qui suivront ses funérailles ; les pauvres se contentent de fruits et de gâteaux ; tout cela, porté par des esclaves ou des parents, suit le cortége. Les mendiants que l'on rencontre sur le chemin ne manquent pas d'accourir pour avoir part à la distribution que l'on est en usage de faire sur la tombe d'un musulman. Arrivé au lieu de la sépulture, on dépose le corps, et aussitôt que tout le cortége est entré, on ferme la porte, si c'est dans une propriété particulière close de murs, comme il y en a beaucoup autour des villes de l'Algérie. Les assistants récitent alors des prières pendant qu'on procède aux derniers devoirs rendus au défunt. La fosse ouverte a une profondeur de cinq pieds environ ; les quatre faces de la cavité sont revêtues d'un mur de briques jusqu'à moitié de la hauteur. Le corps descendu, enveloppé comme il était sur le brancard, on lui tourne la tête du côté du sud (tous les tombeaux sont orientés du sud au nord). La poitrine se trouve un peu élevée par un exhaussement pratiqué exprès dans le fond de la fosse, et on place le coude gauche de manière à ce que le corps soit appuyé dessus. Cela fait, on découvre la figure du mort, pour la regarder une dernière fois, puis on ferme la tombe avec des plaques d'ardoises ou des dalles de pierre, préparées à l'avance. Quand toutes les dalles sont placées, on jette de la terre dessus, et enfin on met la pierre funéraire qui forme un rectangle oblong, dont les extrémités sont relevées. Pour les pauvres, cette tombe se compose de morceaux de pierres brutes; pour la classe moyenne, ces pierres sont dégrossies et taillées; pour les gens riches ou en dignité, on emploie des tables de marbre, sculptées avec art et posées sur un massif de maçonnerie. Si l'on questionne les musulmans sur le motif de la posture qu'ils donnent aux défunts, ils vous répondent gravement : «— C'est afin que s'ils n'étaient pas bien morts, et qu'ils viennent à se réveiller, ils puissent facilement soulever les pierres et s'en aller.» Quand l'inhumation est terminée, on distribue aux assistants une partie de ce que l'on a apporté, et quelques aumônes aux pauvres qui ont suivi le convoi. Pendant ce temps, les esclaves auxquels on a donné la liberté s'en vont chez le kadi avec leur billet d'affranchissement; ce magistrat, après en avoir pris lecture, leur annonce qu'ils jouissent dès ce moment de tous les droits de citoyens, et les exhorte à en faire bon usage.

Tous les musulmans ont une très-grande vénération pour les mânes des morts; ils vont souvent au cimetière où reposent leurs parents et leurs amis, et prient avec ferveur; à certaines époques de l'année, ils se couchent sur les tombeaux, et appellent par leurs noms ceux qui y sont enfermés. Les enfants accompagnent quelquefois leurs parents dans ces pieuses visites; les femmes elles-mêmes, qui n'assistent jamais à aucune cérémonie religieuse, sont obligées par la loi d'aller prier et pleurer sur la cendre de leurs maris, et le vendredi est consacré à l'accomplissement de ce devoir. Ce jour-là, costumées comme elles le sont pour paraître en public, et accompagnées par des esclaves, elles se rendent en grand nombre au champ de repos, se prosternent sur les fosses, et font retentir les airs de cris douloureux. Chaque famille décore le tombeau des siens le mieux qu'il lui est possible; on plante à l'entour différentes espèces d'arbrisseaux; l'intérieur du rectangle tracé par les pierres sépulcrales est rempli de terre dans laquelle on cultive des fleurs ; aux deux extrémités, se trouvent des vases scellés dans les massifs, qui sont remplis d'eau et dans lesquels on met des bouquets renouvelés chaque semaine. Les pauvres gens qui ne peuvent pas autant s'occuper des tombeaux de leurs pères, les recouvrent d'une couche de chaux vive qu'ils étendent autour aussi loin que possible; presque tous ceux qu'on trouve dans les campagnes sont blanchis de la sorte. Les sépultures particulières, closes de murs, sont tenues avec un soin délicat; l'enceinte est tapissée de lierre ou de vigne; des bananiers, des palmiers, des cyprès, ombragent les tombeaux. Il existe, dans presque toutes, une galerie couverte, ornée de colonnettes en marbre blanc, sous laquelle sont placés des tapis ou des nattes de jonc, qui servent au repos de ceux qui viennent prier. Souvent, la famille entière y passe la journée.

Les Maures, et en général tous les musulmans d'Alger, sont plus instruits que dans les autres villes du pays, parce qu'ils ont eu, de tout temps, des relations plus fréquentes avec les Européens. Avant la conquête française, on comptait à Alger plus de cent écoles publiques, où l'on apprenait aux enfants à lire le Koran, à écrire et à compter : c'est à cela, du reste, que se bornait toute leur éducation. Quelques-unes des écoles qui existent encore sont établies dans de grandes salles, ou plutôt de véritables boutiques, dans lesquelles on peut voir, de la rue, tout ce qui se passe, parce que la porte en reste ouverte pendant les séances. Le pavé est couvert d'une natte de jonc ; le maître est accroupi dans un coin, avec une longue baguette à la main, et plusieurs tableaux en bois sont accrochés le long des murs. En arrivant, chaque écolier quitte ses souliers, qu'il laisse à la porte, et va baiser la main du maître ; après cela, il prend un des tableaux pendus au mur, et s'accroupit sur la natte. Quand tous les écoliers sont placés, et ils ne sont jamais plus de douze à quinze, ils forment un demi-cercle, dont le maître occupe le centre. Ils ont ordinairement une écritoire pour deux, et chacun se sert d'un petit bout de roseau taillé en guise de plume. A ceux qui sont assez avancés, le professeur dicte quelques phrases du Koran qu'ils écrivent sur leur tableau, de droite à gauche, qui est le sens de l'écriture arabe. Aussitôt que la dictée est finie, chaque élève à son tour présente son travail dont le maître corrige les fautes ; puis il quitte le cercle, et va se placer contre le mur, où il apprend par cœur ce qu'il vient d'écrire, en le récitant à haute voix jusqu'à ce qu'il puisse se passer du tableau. Il arrive un moment, vers la fin de la séance, où tous les enfants psalmodient leur leçon, chacun sur un ton différent, ce qui fait un tapage capable d'assourdir les oreilles les plus résignées. Le maître écrit lui-même sur le tableau de ceux qui ne savent encore que lire, et il les envoie étudier avec les autres ; enfin, il trace au crayon la forme des lettres, pour ceux qui ne savent pas même lire ; les enfants passent les lettres à l'encre, et viennent ensuite apprendre à les connaître, auprès du professeur, qui déploie une patience extrême dans l'exercice de ses fonctions. Lorsque l'heure de quitter l'école est arrivée, chacun efface avec une pierre ponce ce qui est écrit sur son tableau, le lave avec une petite éponge, et le remet à sa place. Les petits musulmans sont très-attentifs à leurs devoirs ; habitués au bruit par le mode de leur instruction, ils ne lèvent jamais les yeux pour regarder dans la rue, et s'exposent rarement au léger coup de baguette que le maître allonge sur leurs doigts pour les rappeler à l'ordre.

Les écoles des Juifs sont soumises à un régime plus sévère. Il y en a de deux degrés. Dans celles du premier, où sont les enfants depuis quatre ans jusqu'à huit, on n'apprend qu'à lire, en commençant par connaître les lettres, puis à épeler ; ceux qui épèlent le font sous les yeux du maître ; ceux qui sont assez avancés pour lire seuls, chantent plusieurs ensemble leur leçon. Le rabbin a devant les yeux le chapitre qu'ils lisent, distingue très-bien la voix de celui qui se trompe, et le reprend aussitôt. Les premiers livres qu'on met entre les mains des enfants sont ceux des prières quotidiennes, puis l'Ancien Testament, et enfin l'histoire ancienne du peuple Juif. — Dans les écoles du second degré, où l'on enseigne l'écriture et les éléments de l'arithmétique, il y a plusieurs professeurs, et jusqu'à soixante écoliers ; chacun est à genoux devant un banc qui sert de table, et copie sur du papier, avec une plume en roseau, l'exemple en caractères hébraïques tracé par le maître. On commence par écrire en gros, puis en plus fin, et l'on finit par l'écriture cursive, destinée à l'usage vulgaire. Quand les écoliers sont arrivés à ce point, on ne leur pose plus d'exemples ; ils copient le texte de la Bible. Les professeurs israélites traitent fort durement leurs élèves. Ainsi, dans les écoles du second degré, que fréquentent les enfants au-dessus de huit ans, le rabbin prend celui qu'il veut punir, lui passe les pieds dans une double corde, fixée au mur ou à un poteau, et dont les extrémités sont attachées à un bâton qui, étant tourné avec la main, serre la corde au point que le petit patient ne peut plus bouger sans risquer de se jeter par terre. Dans cette position, il lui applique plusieurs coups de nerf de bœuf, et le laisse là pendant un temps proportionné à la faute qu'il a commise.

Les Juifs aisés ne bornent pas l'éducation de leurs enfants à celle qu'ils reçoivent dans les écoles ; ils les envoient en France, en Italie ou en Angleterre, pour apprendre le commerce et les langues vivantes.

Les filles musulmanes ne reçoivent aucune instruction ; mais il y a des écoles pour les jeunes juives ; on leur apprend à coudre, à broder, rarement à lire et à écrire.

Après les Maures viennent les Koulouglis (*Koul-Oghlis*, fils de soldats), nés de l'union des janissaires turcs avec les familles mauresques. Ils n'ont point suivi les Turcs chassés par nous ; possesseurs pour la plupart de grandes propriétés, issus d'officiers et de hauts dignitaires, quelques-uns même comptant des deys parmi leurs ancêtres, ne voyant aucun avantage à s'associer à la fortune des janissaires qui les méprisaient, ils restèrent à Alger et

ENFANTS JUIFS.

dans les autres villes du pays. Ces Koulouglis se font remarquer par leurs habitudes efféminées, leur excessive vanité et leur profonde ignorance. On reconnaît dans toute leur personne le mélange du sang européen avec le sang africain; ils ont la nonchalance des Turcs avec le tempérament lymphatique des Mauresques. Ce sont néanmoins de beaux hommes, avec des traits réguliers, l'œil bien fendu, la peau blanche et les muscles prononcés; mais leur stature élégante est altérée de très-bonne heure par un excessif embonpoint. Presque tous assez riches pour ne rien faire, ils n'exercent aucune profession, ou celles qu'ils embrassent sont des moins laborieuses; ils font cultiver leurs terres par des esclaves, et passent leurs journées soit chez eux, soit dans les cafés, soit dans les boutiques de barbiers, où ils vont chercher des nouvelles.

Hors des villes s'étend la race Arabe, qui se divise en deux grandes classes : les cultivateurs attachés au sol, et qui logent dans des maisons ou des cabanes plus ou moins mal construites; et les nomades, vulgairement appelés *Bédouins*, qui vivent sous des tentes, sans s'assujettir à rester dans aucune contrée. Ce sont les mêmes hommes, parlant la même langue avec un peu plus ou moins de pureté, mais dont la manière de vivre diffère beaucoup.

Les Arabes sont généralement grands; leur corps est bien fait; ils ont les cheveux noirs, le front découvert, les yeux vifs, la bouche fine et le nez aquilin, la figure ovale et les traits allongés; leur peau est brune, quelquefois olivâtre.

Les cultivateurs sédentaires possèdent rarement des

maisons en pierre sèche; le plus souvent ils se font des cabanes, avec des branches d'arbres revêtues d'un treillis de roseaux ou de feuilles de palmier. Ces cabanes ne sont jamais isolées, mais réunies ensemble au nombre de quinze à trente ou quarante, formant ainsi de petits villages, entourés de haies de cactus, et qu'on nomme *Dechra*. On trouve, assez souvent, au milieu de ces villages, des maisons mieux édifiées, à l'usage des *Cheïkhs*, chefs de la tribu. Chaque famille possède ordinairement deux cabanes : l'une pour elle, l'autre pour abriter une partie de son bétail. Tout l'ameublement consiste dans quelques pots de terre cuite, pour faire la cuisine et traire le lait des vaches ; des peaux de moutons ou des nattes de joncs, étendues sur le sol, servent de lits ; plusieurs outres en peau de chèvre conservent l'eau, l'huile ou le lait; une lampe de terre, qui rappelle les formes antiques, un métier à tisser la laine, des quenouilles pour la filer, et un moulin portatif, composé de deux pierres qui entrent l'une dans l'autre et que l'on tourne avec la main, complètent les ustensiles du ménage.

Les tentes des Bédouins nomades sont faites avec une étoffe noire et blanche, tissue de laine et de poil de chameau. Cette pièce d'étoffe est tendue sur des piquets de bois, au moyen desquels on lui donne la forme d'un prisme triangulaire ; elle couvre un espace de douze pieds de long sur six ou neuf de large, qui suffit pour loger une famille de huit à dix personnes. Les tentes, dont le nombre varie suivant la force de chaque tribu, sont disposées en cercle qu'on nomme *Douar*. L'espace vide qui règne au centre est destiné pour les troupeaux qu'on y fait rentrer pendant la nuit. Chaque tribu réserve une tente plus vaste que les autres, où les hommes s'assemblent aux heures de la prière. Dans l'été, les Bédouins couchent sous la tente ou à l'entour, et les bestiaux dorment en plein air; mais en hiver, les familles qui ne possèdent qu'une tente s'y réfugient pêle-mêle, avec leurs chevaux, leurs vaches, leurs moutons, qui les préservent du froid.

Le vêtement des Arabes se compose d'une chemise de laine, à manches très-courtes, semblable à l'ancienne tunique romaine, et d'un large caleçon serré à la taille par une coulisse, et qui se rattache au-dessous du genou. Par-dessus la chemise, ils mettent le *Haïk*, pièce de laine blanche d'un mètre de large sur cinq ou six de long, dans laquelle ils se drapent avec une élégance remarquable. Le haïk passe autour de la tête, où il est fixé par un cordon de couleur fauve, en poil de chameau, qui forme quatre ou cinq cercles. Ce costume est complété, en voyage et dans la saison d'hiver, par le *Bernous*, dont j'ai parlé en décrivant le costume des Maures. — Les femmes arabes sont vêtues à peu près comme les hommes, si ce n'est qu'elles jettent le haïk sur leur tête sans l'attacher, et qu'elles n'ont pas le visage constamment voilé comme celles qui habitent les villes. Elles ornent leurs oreilles de grands anneaux, quelquefois d'or et d'argent, plus souvent de cuivre ou de fer. Les chefs se distinguent par une tenue plus riche que celle de la multitude; ils portent des chemises de toile, des voiles en mousseline dans lesquels ils s'enveloppent la tête, des culottes larges, comme les Maures, et parfois des bottes en maroquin rouge; quelques-uns même se décorent de vestes splendidement brodées d'or. Les gens du peuple chaussent rarement les babouches; la plupart entourent leurs jambes avec des morceaux de peau, dont ils mettent le poil en dehors, et qu'ils lacent avec une corde en écorce, passée dans des œillets. Cette chaussure des Arabes rappelle parfaitement celle des anciens Hébreux que nous voyons dans nos tableaux d'église; l'ensemble de leur costume a aussi quelque analogie avec celui des personnages de la Bible.

De tous les peuples du nord de l'Afrique, les Arabes sont ceux qui vivent le plus sobrement. Scrupuleux observateurs de la loi de Mahomet, ils ne boivent jamais de vin, ni aucune liqueur fermentée. Dans l'été, une poignée de figues et de l'eau leur suffisent pour passer la journée; ils ne mangent de la viande et du kouskoussou qu'aux époques solennelles. Leur nourriture la plus habituelle se compose du lait de leurs troupeaux qu'ils boivent ou mangent en fromages, d'un peu de galette d'orge, de froment ou de riz, cuite dans un plat de terre, et assaisonnée d'huile rance. Quand ils vont à la guerre, ils emportent de la farine dans un petit sac, pour faire des galettes, ou la manger toute crue, délayée dans l'eau, s'ils n'ont pas le temps ou les ustensiles nécessaires pour la cuisson de ce chétif aliment. Comme tous les Orientaux, les Arabes aiment passionnément le café; ils n'en préparent néanmoins presque jamais chez eux, et n'en prennent que lorsqu'ils viennent dans les villes, et lorsqu'ils passent devant les cafés établis le long des chemins. Ils fument aussi, mais beaucoup moins que les Turcs et les Maures; on les rencontre assez souvent couchés devant leurs tentes ou sous un arbre, avec de longues pipes dont le foyer est de bois très-dur, et le tuyau de jasmin. Les chefs et les riches prisent de plus un tabac très-fin, dans des tabatières en bois, en corne, en argent et même en or; les autres se contentent d'un bout de roseau creux, coupé au-dessous du nœud, et dont l'autre extrémité est fermée par un bouchon.

Le peuple arabe est extrêmement industrieux; chaque tribu, on pourrait même dire chaque famille, produit elle-même tous les objets dont elle a besoin, à l'exception toutefois des armes et de la poudre, qu'elle achète des Maures, et des Kebaïles, dont je vous parlerai tout à l'heure. Les hommes tressent des nattes de jonc, et des paniers de toute espèce; ils fabriquent des bâts pour les bêtes de somme, des harnachements pour les chevaux, des siéges, des ruches à miel avec des fragments d'écorce d'agave, qu'ils réunissent au moyen de baguettes d'osier qui les traversent, en passant par des trous faits exprès. Les herses, les charrues sont aussi leur ouvrage. Comme ils ignorent l'usage des voitures, ils transportent leurs fardeaux sur des chameaux ou des ânes, dans des doubles paniers en feuille de dattier, qui ont tout à fait la même forme que ceux des Provençaux. Ils savent faire de la toile avec le lin qu'ils cultivent; les femmes filent la laine et la tissent en pièces d'étoffe blanche, assez semblable à de la flanelle grossière, et dont tout le monde s'habille. Mais leur principale industrie consiste dans l'éducation des bestiaux et surtout des chevaux. Toutes les tribus, sédentaires ou nomades, possèdent de nombreux troupeaux de moutons, de chèvres et de bœufs; ces animaux ne coûtent rien à nourrir; on les mène paître dans la campagne pendant toute l'année. On boit le lait des vaches et des brebis, dont on fait aussi du beurre et des fromages que l'on mange ou porte au marché. Les riches ont des chameaux ; certaines tribus en comptent par centaines. Cet animal, d'une force, d'une patience et d'une sobriété admirables, est de la plus grande utilité ; quand une tribu décampe, on lui met sur le dos la tente, le mobilier, la femme et les enfants, et l'on peut faire ainsi vingt lieues sans presque s'arrêter. Mais les chevaux sont encore plus précieux ; un Arabe, quelque pauvre qu'il soit, en possède toujours au moins un. Les chevaux sont divisés en deux classes bien distinctes, les *Qâdiskis* et les *Qôklanis* ; les uns et les autres sont de moyenne taille, sans luxe de formes, mais vigoureux, rapides, infatigables. Lorsqu'ils restent oisifs, l'Arabe leur laisse brouter, pour toute nourriture, l'herbe des pâturages ; quand ils doivent servir pour la chasse, le voyage ou la guerre, il leur donne un peu d'orge et de la paille hachée. La nuit, on leur met une entrave aux jambes de devant, et on les attache par une longe à un piquet fiché en terre. Les *Qâdiskis* sont les chevaux de race inconnue ; ils sont peu estimés, et employés aux travaux communs. Les *Qôklanis*, au contraire, sont ceux dont la généalogie, plus ou moins certaine, remonte à des siècles : cette race est presque l'objet d'un culte. Pendant qu'aucun registre ne constate la naissance de leurs enfants, les Arabes réunissent plusieurs témoins pour la naissance d'un poulain, et un acte de nativité en est dressé soigneusement. A voir ces animaux la tête basse, le cou allongé, la plupart mal équipés, on ne pourrait croire à toute l'énergie dont ils sont capables, et cependant il y a entre eux et l'Arabe un grand rapport. Le Bédouin, dans l'inaction est mou, indolent, paresseux à l'excès ; mais dès que les passions l'agitent, dès qu'il respire l'odeur de la poudre ou qu'il entend la musique guerrière, son regard brille, sa taille se redresse, ses muscles se raidissent ; il est grand, fort, brave, audacieux, agile, et s'ennoblit à mesure que les cris augmentent, à mesure que le danger s'accroît. Le cheval aussi, qui dort sur ses entraves, laisse traîner sa queue et promène autour de lui un morne regard, dès qu'il sent son cavalier en selle, redresse sa tête si fière, secoue sa crinière ondoyante, se bat les flancs comme un tigre, et piaffant, écumant, rongeant son frein, il s'agrandit, il devient fort, brave, audacieux, agile, et s'ennoblit aussi à mesure que l'Arabe l'échauffe, et que ses flancs saignent sous l'éperon.

Les tribus, sédentaires ou nomades, sont gouvernées par un chef nommé *Cheïkh* ; cette dignité est héréditaire chez les unes, élective chez les autres. Chaque tribu s'administre isolément ; chacun des êtres qui la composent a ses occupations déterminées, fixes, journalières. Les vieillards, devenus incapables de monter à cheval, et de faire au besoin le coup de fusil, vivent à l'ombre des tentes, dans le repos et la méditation ; ils racontent aux enfants et aux jeunes gens les événements du passé. Il est difficile de pousser plus loin le respect filial, et, en général, la vénération que les Arabes témoignent à la vieillesse ; pour le comprendre, il suffit de passer dans un *Douar*. On s'étonnera du grand nombre d'hommes et de jeunes gens et du peu de vieillards qu'on y rencontre. Dans la vie guerrière que mènent les tribus, peu d'hommes arrivent à un âge très-avancé ; ils meurent presque tous de mort violente, ou ne se reposent qu'épuisés par les fatigues, et couverts de cicatrices. Ces hommes ont alors de grandes leçons à faire à ceux qui leur succèdent dans la carrière ; on les vénère, on les regarde comme protégés par le prophète Mahomet ; chacun les admire et envie leur sort.

Les jeunes gens et les chefs de famille ont toujours leurs armes prêtes, et leurs chevaux attachés devant leurs tentes. Au premier bruit d'alarme, ils s'élancent dans la plaine pour défendre les êtres faibles confiés à leur garde. Les enfants sont aussi, de très-bonne heure, exercés aux travaux de la guerre ; dès l'âge de quatorze ans, ils savent monter à cheval, et accompagnent leurs pères dans toutes les expéditions. Ceux qu'une faible complexion ou un âge plus tendre ne permettent pas encore d'associer aux périls des guerriers, gardent les troupeaux avec les femmes. Tous les membres de la tribu sont donc naturellement soldats ; mais il en est quelques-uns qui sortent de la classe commune, par l'antique noblesse de leur famille, par leur instruction particulière, et l'austérité de leur genre de vie : on les nomme *saints* ou *Marabouts*, c'est-à-dire hommes religieux.

Chaque ville, chaque tribu possède son marabout, dont l'existence est consacrée à secourir les indigents, à guérir les malades, à consoler les affligés. Les uns vivent en véritables anachorètes, les autres voyagent de tribus en tribus, et partout leur arrivée est fêtée par les populations comme une visite de *l'esprit de Dieu;* ils concilient les querelles, font la lecture du Koran, et se retirent suivis des bénédictions de la foule. Les Arabes n'entreprennent jamais un long voyage sans consulter d'abord un marabout. La plupart des cavaliers suspendent au cou de leurs chevaux un petit sachet en cuir, renfer-

GRAND CHEF ARABE DU DÉSERT.

mant un verset du Koran, et ils ont beaucoup de foi à l'efficacité de ce talisman, qui doit, pensent-ils, les préserver des mauvaises chances de la guerre. Peu d'Arabes savent lire et écrire ; mais les marabouts possèdent généralement ce double savoir, et le mettent volontiers au service de leurs frères. Ils écrivent de droite à gauche, avec des morceaux de roseaux fendus et taillés comme nos plumes, et se servent comme nous d'encre et de papier. Quelques-uns dirigent les écoles, dont l'enseignement ordinaire se borne aux préceptes de la religion musulmane. La plupart ne font pas la guerre, et prient dans la retraite pour le succès de leurs compatriotes ; d'autres ne suivent les expéditions que pour donner leur avis dans le conseil des chefs ; plusieurs, au contraire, offrent l'exemple du courage le plus fougueux et le plus téméraire. Lorsqu'un marabout meurt, il est inhumé en grande cérémonie sur le territoire occupé par la tribu. On élève un mausolée sur sa tombe, et ce lieu prend le nom du défunt. Les plaines et les montagnes sont parsemées de ces tombeaux, presque tous construits sur le même modèle : c'est une petite maison carrée, surmontée d'un dôme, et quelquefois ornée de légères colonnettes. Le voyageur qu'aucune route tracée ne peut guider, se dirige d'après leur situation. Avant la conquête française, et les longues guerres que nous avons eues à soutenir contre les Arabes, ces marabouts étaient entretenus avec luxe ; des lampes constamment éclairées étaient suspendues à leur voûte ; les accusés et les proscrits y trouvaient un asile inviolable. Ceux qui existent encore sont des rendez-vous de pèlerinages lointains. Les trois plus célèbres que nous connaissions sont celui de *Sidi-Ferruch*, sur la plage où notre armée débarqua en 1830 ; celui de *Sidi-Abd-el-Rahman*, aux portes d'Alger, et celui de *Timezerit*, chez les Kebaïles du Djerjerah. Des ermites vivants y gardent les restes de leurs prédécesseurs, et partagent avec la mémoire du saint le culte et la vénération des Arabes.

Le marabout de Sidi-Ferruch (dont le vrai nom est *Sidi-Effroudj*) est situé sur un rocher, à l'est d'Alger (17); les Algériens avaient grande confiance dans sa protection. Quand ils eurent connaissance que l'expédition française allait aborder sur ce point, ils allèrent processionnellement y porter des offrandes, pour obtenir par son intercession la destruction de nos vaisseaux ; mais lorsqu'ils virent leur armée vaincue, et leur capitale tombée au pouvoir des chrétiens, ils accusèrent le saint de trahison et délaissèrent presque entièrement sa sépulture.

Les saints de l'Islam ont leurs légendes comme les nôtres ; celles de Sidi-Effroudj et de Sidi-Abd-el-Rahman sont tellement populaires à Alger, qu'il n'est pas permis de les ignorer après un mois de séjour.

Le premier de ces personnages vénérés habitait, il y a quatre siècles, sur un coteau nommé Koléah, dans le Sahel de la Mitidjah. Comme il était très-pieux et passait presque toute la journée en oraison, les bergers et les jardiniers, dont les huttes formaient en cet endroit, depuis le temps des Romains, un hameau que l'antiquité avait nommé *Casæ Calvinti*, venaient lui apporter des agneaux et des fruits pour qu'il fît descendre la bénédiction du ciel sur leurs troupeaux et sur leurs cultures.

Celui qui souffrait du chagrin ou de la maladie était sûr d'être délivré de sa peine en invoquant les prières de ce saint personnage. Il fut surnommé pour cela Sidi-Effroudj (*Monsieur le Libérateur*). Sa réputation s'étendit bientôt jusqu'à Alger, d'où plusieurs hommes puissants lui envoyèrent de l'argent, dans le but de s'assurer par son intercession la santé, les honneurs, le succès de toutes leurs entreprises; en sorte que Sidi-Effroudj devint extrêmement riche. Le cheïkk des Beni-Mesganah, dont la tribu formait la population d'Alger avant que cette ville fût tombée au pouvoir des Turcs, ayant appris qu'il avait un voisin si favorisé de la fortune, s'en réjouit hautement, et sous prétexte qu'un homme consacré à la prière n'avait que faire des biens de ce monde, il forma en secret le projet de le dépouiller.

Sidi-Effroudj ne manquait pas d'amis. L'un d'eux, ayant ouï parler des desseins du cheïkh des Beni-Mesganah, courut trouver l'ermite de Koléah, et le pressa de fuir au plus vite. Mais, à la grande surprise de l'officieux visiteur, Sidi-Effroudj prit aussitôt le chemin d'Alger, se présenta devant le cheïkh, et lui annonça que, décidé à se retirer du monde et à cesser toute relation avec les vivants, il désirait obtenir, à quelque prix que ce fût, la concession de quelque solitude. Le cheïkh, ravi de voir le marabout se livrer de lui-même à sa cupidité, lui proposa de s'établir au bord de la mer, sur un cap sablonneux, où les Espagnols avaient élevé jadis une sorte de phare, dont les ruines subsistent encore, sous le nom de *Torre Chica* (la petite tour); il mit à cette concession un prix exorbitant, et ne fut pas peu surpris du calme impassible avec lequel Sidi-Effroudj lui compta la somme exigée. Il se repentit même, dit la légende, de n'avoir pas élevé plus haut ses prétentions.

Le saint se retira comme il était convenu. Peu de temps après son installation, il avait défriché un petit champ pour ses besoins et bâti une maisonnette, d'où ses regards et sa contemplation s'étendaient au loin sur la Méditerranée. Un jour, un petit navire espagnol vint mouiller dans la baie que forme à l'ouest le cap de Torre-Chica. Les vergues et les cordages se bordèrent d'étoffes blanches qui se balançaient au vent ; c'étaient des chemises mouillées que les matelots avaient étendues pour les sécher ; mais, dans sa simplicité, Sidi-Effroudj les prit pour des marchandises exposées en vente, et, montant sur un esquif de pêcheur, il se rendit à bord pour y faire quelques achats.

Les chrétiens connaissaient la renommée du pieux visiteur ; ils s'empressèrent de lui offrir la pipe et le café, en lui témoignant leurs regrets de son erreur. En causant avec le capitaine, Sidi-Effroudj finit par s'endormir. Cependant les matelots avaient empli d'eau leurs barriques ; un vent frais les invitait au départ, et ils parlaient de reporter le marabout dans sa maison sans troubler son sommeil, lorsqu'une mauvaise pensée traversa l'esprit de leur chef. La richesse du saint homme l'avait tenté ; et il pensait qu'en le conduisant en Espagne il en tirerait une grosse rançon, et que de leur côté les Algériens ne marchanderaient pas la liberté d'un si fameux personnage. Il fait lever l'ancre et part. Toute la nuit le navire file avec une rapidité prodigieuse ; le vent se joue à travers les cordages, qui vibrent comme les cordes d'une lyre ; Sidi-Effroudj dort toujours, et le capitaine s'applaudit de sa mauvaise action. A l'aube du jour, il entrevoit une terre à demi voilée de brune, et se croit aux Baléares ; il avança joyeux, mais quelle est sa surprise de revoir la Métidjah !

Le saint s'éveille alors : « Écoute, dit-il à l'Espagnol ; je connaissais ton perfide projet ; mais Dieu protégeait son humble serviteur : fais-moi conduire à terre, et sois plus honnête homme à l'avenir.

L'équipage effrayé s'empressa d'obéir. Sidi-Effroudj retint jusqu'au soir dans son ermitage les mariniers qui l'avaient ramené, et leur fit vider quelques cruches de jus de raisin qu'il tenait en réserve pour fêter les visiteurs. Le soir venu, on remit à la voile comme la veille, et le capitaine espérait regagner le temps perdu ; mais à l'aurore suivante il se retrouva de nouveau en vue du rivage qu'il avait quitté.

Sidi-Effroudj, grelottant de froid, était debout sur la pointe du cap. — Ah! ah! s'écria-t-il, il paraît qu'un remords de conscience vous ramène. Confessez votre faute ; rendez-moi mon bernous, et ne péchez plus! »

Le capitaine jura qu'il n'avait rien pris ; mais un matelot, épouvanté de la puissance mystérieuse du marabout, avoua qu'en quittant l'ermitage, la tête un peu échauffée par les vapeurs du jus de raisin, il avait emporté par pure inadvertance le bernous du Sidi-Effroudj. La restitution faite, on se souhaita mutuellement toute sorte de bien ; le capitaine se croyait affranchi des poursuites du marabout, et n'aspirait plus qu'à regagner le port d'Espagne le plus voisin. Mais pareille malencontre lui survint à son troisième départ. Ramené cette fois, comme les autres, dans les eaux de Torre-Chica, il trouva le saint assis sur la grève, enveloppé de son manteau, mais les pieds nus. — Qu'avons-nous fait encore, lui dit-il d'un ton piteux, pour nous attirer votre malédiction?

— Peu de chose, répondit le marabout; aussi n'ai-je pas déployé contre vous une grande sévérité en me bornant à vous faire revenir pour me rendre mes babouches.

Le matelot qui avait été contraint de restituer le bernous s'était approprié les babouches; mais bien mal acquis ne profite pas, dit un proverbe de tout pays, et l'expérience le lui prouva. Quant au capitaine espagnol, il fut si frappé de ce triple prodige qu'il supplia Sidi-Effroudj de l'accueillir pour disciple et pour serviteur. Le nouveau musulman reçut le nom de Sidi-Rouchou, que certains chroniqueurs, qui ont commenté la légende, traduisent par *Monsieur Rousseau*, d'où il faudrait conclure que le capitaine était français; mais une autre version le nomme Don Picar, c'est-à-dire *le coquin*, terme qui fait allusion à la méchante action de ce capitaine, qui avait voulu enlever le saint homme pour le rançonner. Quoi qu'il en soit, Sidi-Rouchou ou don Picar vécut encore vingt ans avec Sidi-Effroudj, mourut le même jour et fut enterré auprès de lui.

La légende de Sidi-Abd-el-Rahman n'est pas moins merveilleuse dans un autre genre. La mémoire du personnage auquel elle se rattache n'est pas tombée en discrédit comme celle du marabout de Torre-Chica, et les pèlerins de toute l'Algérie viennent en foule la fêter annuellement.

En sortant d'Alger par la porte Bab-el-Oued, on passe devant le bureau de l'octroi qui fait, à gauche, corps de logis avec un petit café maure et un abreuvoir, le tout couronné d'un palmier. Après l'avoir dépassé, on tourne brusquement à gauche, et l'on trouve un sentier rocailleux assez escarpé, qui monte vers la hauteur des Tagarins ; à mi-chemin, se dessine isolément une petite mosquée d'une forme svelte et gracieuse : c'est le marabout de Sidi-Abd-el-Rahman. Ce sanctuaire, qui jouit d'une grande renommée, s'élève dans un site charmant, au milieu des figuiers, des caroubiers, des agaves ; à quelque distance, un magnifique palmier déploie son large panache vert. On pénètre dans l'intérieur du marabout par un porche assez bas qui conduit à un vestibule sombre et voûté, à la porte duquel le gardien force les visiteurs à quitter leur chaussure. La chapelle est de forme circulaire ; le milieu est occupé par un catafalque en bois peint, sur lequel repose la châsse du saint, recouverte de drap rouge cramoisi, brodé en or ; autour de cette châsse, de gigantesques drapeaux en soie verte et rouge, également brochés d'or, ombragent le tombeau de leurs plis chargés d'une poussière séculaire. Les murailles sont revêtues d'inscriptions tirées du Koran, en lettres d'or ou d'un bleu céleste, soit peintes à fresque, soit enchâssées dans des cadres suspendus. Chaque année des tribus entières s'y rendent successivement en pèlerinage. C'est aussi dans cet asile que se réfugient les esclaves nègres qui ont à se plaindre de leurs maîtres ; et le marabout actuellement vivant les prend sous sa protection, que nul n'oserait contester. Voici la merveilleuse histoire du saint qui dort dans cette petite solitude :

Sidi-Mohammed-ben-Abd-el-Rahman est originaire d'Alger, où il vivait sous le règne de Mustapha-Pacha. Quelque temps avant sa mort il quitta sa ville natale, nous ne savons pour quel motif, et se rendit sur la montagne du Djerjerah, avec toute sa famille. Il n'y vécut que six mois environ. La veille de sa mort, il réunit ses voisins, et leur dit : « Mes enfants, je sens que ma vie est près de s'éteindre ; celui qui m'a créé me rappelle à lui ; demain j'aurai cessé de vivre, et je vous ai mandés pour vous dire ce que j'attends et ce que j'espère de vous. J'institue pour mon successeur l'homme qui pendant ma vie m'a témoigné un dévouement sans bornes : Sidi-Mohammed-ben-Aïssa sera votre chef après moi. Montrez-lui cette déférence que vous avez eue pour moi ; écoutez ses avis, exécutez ses ordres ; c'est un homme de bien. »

Ce Sidi-Mohammed-ben-Aïssa était depuis longtemps déjà au service d'Abd-el-Rhaman, et poussait le respect envers lui à un degré qui serait difficilement compris par nous. Il avait l'habitude de nettoyer lui-même l'écurie où la mule de son maître était placée, et se servait de son bernous pour jeter au loin les immondices qui en provenaient. Ces soins pour le saint homme, unis à une grande piété, lui avaient attiré ses faveurs, et lui valurent d'être nommé au poste de khalifa (*lieutenant*) du marabout.

Sidi-Abd-el-Rahman mourut, en effet, le jour et à l'heure qu'il avait annoncés, et fut enterré par les soins de tous les frères en dévotion qu'il avait acquis chez les Kebaïles.

Trois jours après ce triste événement, les pieux musulmans d'Alger apprirent sa mort, et se désolèrent en pensant que son corps reposait loin d'eux dans les montagnes des Kebaïles. Ils tinrent alors conseil sur les moyens à employer pour s'emparer de la dépouille mortelle du saint personnage Persuadés que nulle prière, nulle demande n'obtiendrait cette concession des montagnards, et trop faibles pour l'exiger par la force, ils résolurent d'employer la ruse. Ils décidèrent qu'ils se partageraient en trois petites bandes : l'une irait, pendant la nuit, se cacher dans la montagne, à proximité du lieu de la sépulture, tandis que les deux autres se présenteraient dans les deux principaux douars, comme députés par leurs frères d'Alger. Leur but était de détourner ainsi l'attention des Kebaïles en leur témoignant la tristesse, le chagrin et les regrets que la perte de leur compatriote leur faisait éprouver. Ils devaient aussi aller prier sur le tombeau du marabout, mais en se gardant bien de laisser entrevoir qu'ils désirassent posséder son corps.

Tout se passa comme il avait été convenu. Deux fractions restèrent dans les douars des Kebaïles, et pendant la nuit qui suivit leur arrivée, la troisième fraction sortit de sa retraite, ouvrit le cercueil de Sidi-Abd-el-Rahman, chargea son corps sur un mulet, et partit en toute hâte pour Alger.

A la pointe du jour, on vint prévenir les Kebaïles qu'on avait violé la demeure du pieux marabout, et que ses restes avaient été enlevés. Aussitôt ils s'enflamment et adressent d'amers reproches aux Algériens sur l'inconcevable conduite qu'ils viennent de tenir. — Comment, répondent ceux-ci, pouvez-vous soupçonner notre bonne foi dans le triste devoir que nous sommes venus remplir ici? Qui de nous peut avoir commis une action aussi blâmable? Depuis hier nous n'avons quitté vos gourbis que pour aller mêler nos prières et nos larmes aux vôtres sur le tombeau de notre cheïkh. Nous avons pris nos repas avec vous, et aucun d'entre nous ne s'est absenté de ces lieux. Les pierres et la terre qui recouvraient le cercueil ont été remuées, il est vrai; mais est-ce donc une preuve de notre culpabilité? Voyons ensemble ce qui est arrivé, et cherchons une autre cause que la sacrilége profanation des restes d'un homme que nous vénérons tous.

Les gens de la montagne et ceux d'Alger se rendirent au tombeau du marabout; on enleva la terre qui recouvrait le cercueil, et quel ne fut pas l'étonnement des Algériens d'y trouver intact le corps de Sidi-Abd-el-Rahman!

Pendant ce temps, la fraction qui venait de ravir aux Kebaïles cette précieuse dépouille avait vaincu tous les obstacles, et s'était rendue rapidement à Alger. Là elle inhuma le marabout avec de grandes cérémonies. La nouvelle du prodige qui venait d'avoir lieu parvint aux oreilles de Mustapha-Pacha, qui fit aussitôt élever une mosquée et une *koubba* (chapelle) au lieu où reposent encore les cendres d'Abd-el-Rahman.

Les musulmans, pour expliquer ce fait si surprenant, disent que Dieu, ne voulant pas laisser naître une collision entre frères, et en même temps pour satisfaire aux désirs de tous les vrais croyants, avait permis que le corps du pieux Abd-el-Rahman fût multiplié. Depuis cette époque, ce marabout a reçu le nom de Bou-Koubbarin (père des deux tombeaux).

Tous les montagnards de l'Algérie sont généralement désignés sous le nom commun de Kebaïles. Leur caractère sédentaire, leur attachement au sol et à la culture, leur aptitude au commerce et à différentes branches d'industrie, en font une classe à part, qui mérite d'être observée avec intérêt. Ces hommes indomptés se rapprochent évidemment, plus que les Arabes, des nations d'Europe, telles qu'elles étaient il y a douze siècles, telles que plusieurs d'entre elles sont encore aujourd'hui.

Les tribus kebaïles forment des espèces de confédérations républicaines ; chacune se partage en *Kharouba* ou districts, qui se subdivisent en *Dechra* ou villages. Chaque district élit son *cheïkh*, qui change tous les trois ou six mois, ou tous les ans, suivant les circonstances ; de telle sorte que chaque chef de famille puisse, à son tour, exercer le pouvoir. Le conseil des *Cheïkhs* assemblés décide la paix ou la guerre, à la suite des différends qui s'élèvent entre les tribus. La guerre consiste en incursions rapides (*Razzias*) sur le territoire ennemi : quelquefois les *Marabouts* interviennent, et l'influence dont jouissent partout ces personnages vénérés peut soulever ou faire taire toutes les haines et concilier tous les intérêts. Les *cheikhs* réunis jugent aussi les crimes et délits commis par des individus. Chaque *Dechra* ou village possède en outre un *taleb*, homme instruit dans les coutumes du pays, et qui apprécie les contestations de minime importance ; mais son arrêt n'est sans appel qu'autant que les parties l'acceptent. Les *Marabouts* habitent des *Zaouïas* (chapelle, ermitage), et se chargent de l'instruction des jeunes gens parmi lesquels sont choisis les *Talebs*. La *Zaouïa* est un sanctuaire inviolable, et devient lieu d'asile pour les criminels qui peuvent s'y réfugier.

Les Kebaïles, qui ont, de temps immémorial, refusé de payer aucun tribut aux races étrangères, se cotisent entre eux pour l'entretien des pauvres, des chapelles et pour les besoins publics. Ces peuples ont adopté le costume et la religion des Arabes ; ils sont de taille moyenne, mais plus vigoureux que les gens de la plaine. Les riches ont des cabanes bâties en pierres brutes, mais superposées et liées avec art. Ces cabanes sont tantôt isolées, et plus souvent groupées en villages, de forme généralement carrée, avec une place au milieu. Les pauvres vivent sous des huttes de roseaux, enduites de terre grasse. à laquelle ils mêlent un peu de paille. Les uns et les autres conservent comme les Arabes, dans des trous coniques, appelés *Silos*, les grains, les légumes et les fruits. Les habitants des villages tiennent leurs provisions en réserve dans des jarres faites de terre glaise séchée au soleil, et qui ont cinq ou six pieds de haut. Ces jarres sont rangées le long des murs, ou appuyées contre des poutres auxquelles les attachent plusieurs cercles de fer. L'ameublement intérieur se compose de deux pierres pour écraser le grain, de quelques paniers et pots de terre, et de nattes ou toisons qui servent de couvertures. Les lits sont des estrades de pierre revêtues de plâtre, et les murailles sont blanchies à la chaux. Les villages kebaïles n'ont point de mosquées ; mais de distance en distance on rencontre des tombeaux de *Marabouts* que fréquentent de nombreux pèlerins. La sobriété la plus rigoureuse préside aux repas des montagnards ; le *Kouskoussou*, rarement mêlé de viande, forme leur ordinaire. Les moins riches se contentent de galettes d'orge et de quelques fruits ; tous boivent de l'eau, quoique le raisin ne soit point rare chez eux.

L'industrie du pays est très-active. Les Kebaïles travaillent le fer, fabriquent des fusils, des sabres, de la poudre et des balles pour la chasse ou la guerre, et quelques instruments aratoires ; ils connaissent aussi une manière de tremper l'acier dont nous n'avons pas le secret. Les femmes aident leurs maris aux travaux des champs, et dans leurs temps de loisirs, elles tissent des étoffes de laine. La principale culture est celle du figuier et de l'olivier. Les Kebaïles font avec les villes, et surtout Alger, un commerce d'huiles, de cire, de fruits secs et de savon noir; surtout leur richesse consiste en bestiaux, mais ils n'ont point de chameaux et fort peu de chevaux.

Après les races maure, arabe et les Kébaïles, qui forment la population la plus considérable de l'Algérie, il faut noter les nègres que les caravanes y amènent de l'intérieur de l'Afrique, et les *Biskris*, gens du désert, qui viennent à Alger louer leurs bras comme domestiques, portefaix ou journaliers. — Les nègres sont esclaves, mais traités avec humanité; en certaines occasions, s'ils ont amassé une petite somme d'argent, ils peuvent se racheter; à la mort de leurs maîtres ou pour prix d'éminents services, ils deviennent affranchis, et s'établissent sous la protection du droit commun; par une singulière bizarrerie, ce sont eux qui ont le monopole du blanchiment à la chaux des maisons mulsulmanes. — Les Biskris sont les Savoyards et les Auvergnats de l'Algérie. Ils exercent aussi les professions de boulangers et de garçons de bains; sous le gouvernement turc, la garde des rues de la ville leur était confiée pendant la nuit; ils couchaient sur le pavé et sous les auvents des boutiques. Réunis en corporation sous l'autorité d'un *Amin* (syndic), ils étaient responsables des vols et en payaient la valeur, quand le coupable échappait aux recherches. Depuis notre conquête, les Biskris sont déchargés de cette fonction ; quand à force de travail ils ont acquis un pécule suffisant pour améliorer leur sort, ils retournent chez eux, et achètent des terres et des troupeaux.

Il me reste, cher père, à vous parler des Juifs, cette race cosmopolite qui se mêle à toutes les nations sans altérer son type originaire. C'est, dit-on, bien longtemps avant la grande émigration arabe qu'ils étaient venus habiter les régions atlantiques, d'où ils avaient passé en Espagne au commencement du huitième siècle de notre ère.

Les musulmans d'Espagne avaient permis aux enfants d'Israël d'habiter avec eux, de se livrer au commerce, et d'exercer librement leur religion. Mais les chrétiens étant venus chasser les Maures, à la fin du quinzième siècle, recouvrèrent en peu de temps toutes les belles régions que la conquête leur avait enlevées depuis huit siècles. Pendant quelque temps après cette victoire, ils laissèrent les Juifs jouir d'une existence paisible ; mais, envieux des richesses qu'ils les voyaient amasser par le travail et le négoce, ils commencèrent tout à coup à les opprimer. Simon-ben-Smir, grand rabbin de Séville, fut chargé de fers et jeté en prison avec soixante chefs des principales familles israélites. Cet acte de violence arbitraire n'était que le signal de cruautés plus grandes encore que toutes celles dont la race juive avait eu à se plaindre jusqu'alors. Le supplice du rabbin et de ses compagnons d'infortune fut ordonné sous le prétexte d'une conspiration, et ils allaient être exécutés, lorsque le ciel les délivra par un de ces miracles dont les annales des enfants d'Israël offrent tant d'exemples.

Tous ceux qui étaient avec Simon voyant approcher leur

dernière heure, se livraient aux convulsions du désespoir ; seul, ce grand homme restait calme, et semblait avoir oublié le sort affreux qui l'attendait. Tout à coup, ses yeux se remplirent de feu, son visage pâle resplendit, et une auréole de lumière se dessina sur sa tête. Dans ce moment, où, sans doute, l'esprit divin pénétrait son âme, il prit un morceau de charbon, traça sur la muraille la figure d'un navire, et se tournant ensuite du côté de ceux qui pleuraient, il leur dit d'une voix inspirée : « — Que ceux qui croient à la puissance de Dieu, et qui veulent sortir d'ici à l'instant même, mettent le doigt sur ce vaisseau ! » Tous le firent sans exception, et soudain l'image esquissée sur le mur devint un navire véritable, qui se mit de lui-même en mouvement, traversa les rues de Séville, au grand étonnement des habitants, sans en écraser un seul, et se rendit droit à la mer, après avoir recueilli sur sa route tous les Israélites opprimés. Ce vaisseau miraculeux fut conduit par le vent dans la rade d'Alger, qui n'était alors habitée que par des mahométans. Sur la demande que leur firent les Juifs de s'établir parmi eux, les Algériens, après avoir écouté le récit de la manière dont les enfants d'Israël avaient échappé à la cruauté des Espagnols, consultèrent un marabout fameux qui demeurait à Milianah. Sur sa réponse qu'il fallait accueillir les enfants d'Israël, ils eurent la permission de débarquer, et les habitants, ayant à leur tête les chefs de la religion et de la loi, sortirent en foule au-devant d'eux pour les recevoir.

En élaguant la partie miraculeuse de cette tradition, il reste le fait de cette grande immigration du quinzième siècle qui explique la quantité de Juifs que l'on trouve établis dans les divers états barbaresques. Sur quatre millions de sectateurs que, d'après le géographe Balbi, compte le judaïsme, près de cent cinquante mille sont répartis dans la régence de Tripoli, l'Algérie et l'empire de Maroc. La haute classe fait la banque; la classe moyenne excelle dans les arts délicats, tels que la bijouterie, l'horlogerie et la broderie sur vêtements; le menu peuple exerce de préférence les métiers de tailleur, cordonnier, passementier, mercier, ferblantier; tous sont, en outre, courtiers et agents d'affaires. Avant l'abolition de la piraterie, une de leurs spéculations les plus lucratives était d'acheter les prises des corsaires qui ne convenaient pas au pays, telles que vins, eaux-de-vie, chair salée, poisson mariné, etc., qu'ils acquéraient à vil prix et renvoyaient sur les marchés d'Europe, où ils réalisaient d'énormes bénéfices. Depuis l'occupation française, les Juifs algériens ne sont plus exposés aux avanies que la domination turque leur imposait, comme une condition de la tolérance qui leur était accordée.

Leur costume a beaucoup d'analogie avec celui des Maures; il se compose d'une large culotte, qui ne descend pas plus bas que le genou; de deux vestes, dont l'une est à manches longues, brodée en soie et quelquefois en or; mais ces vestes et la ceinture sont toujours noires ou de couleur foncée; ils portent la barbe et les cheveux rasés, et au lieu du turban pour coiffure, un bonnet de laine blanche, autour duquel ils attachent un mouchoir de soie ou de coton. En voyage ou par les temps froids, ils jettent sur leur vêtement un bernous semblable à celui des Maures, mais sans aucun ornement. L'habit des femmes consiste en une robe de laine ou de soie à manches courtes, qui descend jusqu'à terre ; elles ont pour coiffure un simple foulard qui enveloppe leur chevelure, et aux jours de fête un bonnet de forme conique, en fil d'archal, nommé *Sarmah*, autour duquel s'attache un grand voile de gaze, dont elles savent draper les plis avec élégance. Quelquefois l'extrémité inférieure du *Sarmah* est ornée d'une queue en drap d'or qui tombe jusqu'à terre. Elles se parent aussi de bracelets d'or, d'argent ou de cuivre, suivant leur fortune ; de colliers de corail ou de perles, de chaînes de prix. — L'habitation et les aliments de cette partie de la population ne diffère point des usages mauresques, excepté le vin et les liqueurs fermentées, que la loi de Moïse ne défend pas.

Lorsque les Turcs s'emparèrent de l'Algérie, au commencement du seizième siècle, les Juifs perdirent une grande partie des priviléges qu'ils avaient obtenus des Arabes. On toléra leur religion, et on permit à leurs prêtres ou *Rabbins* de rendre la justice ; mais dans chaque ville un quartier particulier leur fut assigné, avec défense d'aller se loger dans un autre ; on les obligea de prendre des vêtements de couleur foncée, pour les distinguer des musulmans. La coutume de se couvrir le visage fut interdite aux femmes ; on défendit aux hommes de monter à cheval et de porter des armes, et toutes les fois qu'il se trouvait quelque part un musulman, le Juif devait lui céder le pas ou la place d'honneur. Le despotisme militaire qui, avec le temps, opprima aussi bien les Maures et les Arabes que les Israélites, devint surtout extrêmement rude pour ceux-ci. Souvent, lorsque des janissaires les apercevaient dans les rues, ils les accablaient de coups, sous le moindre prétexte, sans qu'ils osassent se défendre; leur seule ressource était la fuite. S'ils s'avisaient de se plaindre, le kadi ou le bey faisait appeler les janissaires, et leur demandait pourquoi ils avaient frappé le Juif : « — Parce qu'il a mal parlé de notre sainte religion ! » répondaient les agresseurs ; et sur cette déclaration, dénuée de preuves, le Juif était presque toujours condamné à mort, exécuté sur-le-champ, et l'état confisquait ses biens. Lorsqu'un Juif se présentait à une fontaine publique, il était obligé d'attendre que tous les musulmans fussent partis, même ceux venus longtemps après lui, pour pouvoir puiser de l'eau. Sous peine de mort, il était interdit aux hommes de monter sur les terrasses de leurs maisons. Celui qui, en passant devant une mosquée dont la porte était ouverte, avait le malheur de détourner la tête pour regarder ce qui s'y passait, fût-ce sans s'arrêter, payait souvent de sa vie cette imprudence. S'il rencontrait un Turc dans la rue, il était obligé de se courber en le saluant ; s'il y manquait, l'autre le frappait à outrance. Les janissaires entraient dans les maisons des Israélites, comme du reste dans celles des Maures et des Arabes de la campagne ; ils buvaient, mangeaient, et prenaient tout ce qui était à leur guise, sans que le maître du logis osât murmurer une plainte. Avilis sous un joug aussi honteux, les Juifs se consolaient par les profits du commerce qu'ils avaient su centraliser entre leurs mains ; la plupart jouissaient de fortunes considérables et devenaient les créanciers de leurs oppresseurs ; ils achetaient aussi la protection du dey ou de ses lieutenants par de riches cadeaux ; l'or les vengeait du mépris, et parvenait à rendre leur existence supportable. L'amour de ce précieux métal enfante bien des crimes parmi les peuples; chez les Juifs il engendre l'usure et la mauvaise foi. Il a pénétré aussi chez les Arabes, mais sans les dégrader. Ceux-ci le désirent pour acheter de beaux chevaux, des armes de prix, de splendides vêtements. Ils ont les goûts des peuples enfants, leurs défauts, mais aussi leurs vertus généreuses. C'est un peuple bien intéressant, dont j'entends dire ici tant de mal, qu'il doit s'y mêler quelque exagération; et c'est de vous, cher père, que j'attends un jugement éclairé, de peur de hasarder le mien sur des préventions dont j'ignore la valeur.

Pour finir cette lettre déjà longue, je veux vous raconter une histoire simple et naïve qu'on croirait détachée des *Mille et une Nuits*. J'étais allé, naguère, visiter un village mauresque bâti sur le coteau de Koléah, à quelques lieues ouest d'Alger. De cette hauteur on aperçoit, à quatre lieues plus loin, un vieux monument composé de pierres énormes superposées et garnies de liens de fer. Ce monument, haut de vingt pieds sur une base du diamètre de quatre-vingt-dix, porte en arabe le nom de *Koubber-el-Roumiah* (Tombeau de la Chrétienne). A cause de sa forme tronquée, et des chroniques anciennes qui le disaient élevé sur un trésor, les Turcs l'appelaient *le Trésor du pain de sucre*. La légende s'en est emparée, comme de tous les vestiges du passé dont l'origine est incertaine. J'ai ouï dire que c'était la sépulture de la princesse Cava, dont le père avait attiré l'invasion arabe sur les rivages de l'Espagne, en 710, à l'époque où le roi goth Rodéric était maître de cette péninsule. Quoi qu'il en soit, je laisse à part cette tradition trop difficile à vérifier, mais voici le conte arabe auquel elle a donné lieu.

Il y avait jadis, au pays des Hadjoutes, un certain Youssef-ben-Kassem, riche et heureux dans sa maison ; sa compagne était douce comme le miel, et paisible comme l'étoile du soir ; ses enfants, bien faits et robustes dès leur jeune âge, obéissaient à un signe de ses yeux. Que pouvait-il désirer de plus ? mais combien peu de gens ici-bas savent se contenter du bien-être que Dieu même semble avoir mis auprès d'eux ! Youssef-ben-Kassem, jaloux des guerriers de sa tribu, se dit un beau jour, qu'il pourrait comme un autre acquérir un peu de gloire. Il monta à cheval, armé d'un long fusil tout orné de ciselures incrustées de nacre et de corail ; mais l'éclat des dehors ne donne pas la victoire aux guerriers, et malgré sa bravoure, Youssef-ben-Kassem fut pris par les chrétiens, dès la première affaire. Ceux-ci le conduisirent dans leur pays et le vendirent comme esclave. Quoique son maître le traitât sans inhumanité, son âme était pleine de tristesse au souvenir de sa famille et des biens qu'il avait perdus.

Un jour qu'il travaillait dans les champs, il se sentit plus abattu qu'à l'ordinaire, et après avoir terminé sa tâche, il se coucha sous un arbre, et s'abandonna aux plus douloureuses réflexions. — Hélas ! se disait-il, pendant que je cultive ici les champs d'un maître, qui est-ce qui cultive les miens ? Que deviennent ma femme et mes enfants ? Suis-je donc condamné à ne plus les revoir, et à mourir dans le pays des infidèles !

Comme il faisait entendre ces tristes plaintes, il vit venir à lui un homme grave, qui portait le costume des savants et des chefs de la prière parmi les chrétiens. Cet homme s'approcha de l'esclave, et lui dit : — Arabe, de quelle tribu es-tu?

— Je suis Hadjoute, répondit Ben-Kassem.

— En ce cas, reprit le chrétien, tu dois connaître le Koubber-el-Roumiah.

— Si je le connais! s'écria le pauvre captif; hélas! ma ferme, où j'ai laissé tous les objets de ma tendresse, n'est qu'à une heure de marche de ce monument!

— Serais-tu bien aise de le revoir et de retourner au milieu des tiens?

— Pouvez-vous me faire une pareille question? Dieu sait que tous mes vœux s'envolent vers mon pays. Mais à quoi sert de former des vœux que rien ne peut réaliser!

— Je le puis, moi, repartit le chrétien. Je puis t'ouvrir le chemin de ta patrie, et te rendre aux embrassements de ta famille; mais j'exige de toi service pour service. Te sens-tu disposé à faire ce que j'attends de toi?

— Parlez. Il n'est rien que je ne tente pour sortir de ma malheureuse position, pourvu toutefois que vous n'exigiez de moi rien qui puisse compromettre le salut de mon âme.

— Ne crains rien à cet égard, répliqua le chrétien. Voici de quoi il s'agit. Je vais, de ce pas, te racheter à ton maître, et je te fournirai les moyens de te rendre à Alger. Quand tu seras de retour au pays des Hadjoutes, tu passeras trois jours à te réjouir avec ta famille et tes amis: à l'aurore du quatrième, tu te rendras auprès du Koubber-el-Roumiah; tu allumeras un petit feu à sept pas du monument, et tu brûleras dans ce feu le parchemin que je vais te donner. Jure de faire ce que je te demande, ta liberté est à ce prix.

Youssef-ben-Kassem prêta le serment qu'exigeait le chrétien. Celui-ci lui remit un sachet couvert de caractères magiques dont il ne put découvrir le sens. Le même jour la liberté promise fut rendue au pauvre captif, et son bienfaiteur le conduisit dans un port de mer où il s'embarqua pour Alger. Il ne resta que quelques instants dans cette ville, tant il avait hâte de revoir sa femme et ses enfants, et se rendit le plus promptement possible dans sa tribu. Je laisse à deviner la joie de sa famille et la sienne! Ses amis vinrent aussi se réjouir avec lui, et pendant trois jours son haouch fut plein de visiteurs.

Le quatrième jour, Ben-Kassem se rappela ce qu'il avait promis à son libérateur, et s'achemina, dès l'aube, vers le Koubber-el-Roumiah. Arrivé au pied de ce monument, il alluma du feu et brûla le parchemin, comme le chrétien le lui avait prescrit. Mais à peine la flamme eut-elle dévoré la dernière parcelle de cet écrit, qu'il vit, avec une surprise inexprimable, des pièces d'or et d'argent sortir par milliers à travers les pierres de l'édifice; on aurait dit une ruche d'abeilles effrayées par quelque bruit inaccoutumé. Toutes ces pièces, après avoir tourbillonné un instant autour de la pyramide, prenaient la direction du pays des chrétiens avec une extrême rapidité, et en formant une spirale d'une longueur infinie. Ben-Kassem voyait toutes ces richesses passer au-dessus de sa tête; il sautait du mieux qu'il pouvait, et cherchait avec ses mains à en saisir quelques faibles parties. Après s'être épuisé ainsi en vains efforts, il s'avisa d'ôter son bernous et de le jeter le plus haut possible. Cet expédient lui réussit, et il parvint à faire tomber à ses pieds une vingtaine de pièces d'or et une centaine de pièces d'argent; mais à peine ces pièces eurent-elles touché le sol qu'il n'en sortit plus de nouvelles, et que tout rentra dans l'ordre ordinaire.

Le Hadjoute n'avait confié cette aventure qu'à quelques amis. Cependant le bruit en arriva jusqu'aux oreilles du pacha d'Alger, qui envoya des ouvriers pour démolir le Koubber-el-Roumiah, afin de s'emparer des richesses qu'il renfermait encore. Ceux-ci se mirent à l'œuvre avec beaucoup d'ardeur; mais, aux premiers coups de marteau, un fantôme, sous la forme d'une femme, parut au sommet de la pyramide et s'écria : « El-Loulah! El-Louah! viens à mon secours! » Aussitôt des guêpes énormes, aussi grosses que des rats, sortirent du lac voisin et mirent les ouvriers en fuite par leurs cruelles piqûres. Depuis ce jour-là, toutes les tentatives que l'on a faites pour ouvrir le Koubber-el-Roumiah ont été infructueuses, et les savants algériens ont déclaré qu'il n'y a qu'un chrétien qui puisse quelque jour s'emparer des richesses qu'il renferme.

Je ne crois pas, cher père, que les Français démolissent jamais cette ruine pour y chercher des monnaies du temps des Goths. Tous les antiquaires du monde crieraient au vandalisme, et les gens sensés se moqueraient à bon droit des chercheurs de trésors. Mais il en est un, plus précieux à mes yeux et que je voudrais posséder, c'est le tableau de l'histoire du pays où je vis*. Je rapporterai de meilleurs fruits de ce voyage, quand j'aurai mieux compris ce qui m'entoure, et surtout lorsque, à chaque pas, il me semblera que je cause avec vous, en relisant vos paternels entretiens.

* Voyez les notes à la fin du volume.

Recevez les vœux de votre affectionné fils d'adoption, qui ne demande à Dieu d'autre bonheur ici-bas que celui de vous revoir, et de ne plus vous quitter.

Jean-Ferdinand.

CHAPITRE IV.

UNE LEÇON D'HISTOIRE.

La réponse du capitaine Josselin ne se fit pas attendre. — Cette fois, se dit en la recevant notre jeune ami, mon père adoptif ne me traite plus en enfant, et si je savais l'arabe, j'étonnerais bien les savants indigènes de ce pays, en leur racontant les annales de leurs ancêtres et les révolutions de leur race; car je crois que les *Marabouts* et les *Talebs* les plus fameux, bornés à faire entre eux assaut de mémoire pour réciter le Koran, ne seraient pas de force à lutter contre mon érudition.

Par le conseil du capitaine, il se procura une carte de l'Algérie, afin de suivre, de point en point, la trace des lieux et des faits sur lesquels son intelligence allait s'exercer; puis il résolut de consacrer à l'étude ses loisirs du jour et les veillées du soir. Pour mieux fixer dans ses souvenirs l'enseignement contenu dans le volumineux envoi de M. Josselin, il adopta une méthode aussi simple que fructueuse; après avoir lu attentivement et à plusieurs reprises quelques pages du précieux manuscrit, il laissait reposer son esprit jusqu'au lendemain ; et avant de continuer sa lecture, il s'appliquait à reproduire, par une analyse écrite, les faits qui l'avaient le plus frappé. Si nos aimables lecteurs veulent imiter Jean-Ferdinand, ils recueilleront comme lui les doux fruits d'un savoir acquis sans fatigue, et qu'ils compléteront plus tard, au moyen des bons livres et des entretiens de famille.

COUP D'OEIL HISTORIQUE SUR L'ALGÉRIE

DEPUIS L'ANTIQUITÉ JUSQU'A LA CONQUÊTE FRANÇAISE.

Les anciens connaissaient peu l'Afrique septentrionale avant la conquête romaine, et ne nous ont laissé aucune histoire des peuples primitifs de ces contrées, que la mythologie du vieux monde remplissait de mystères. Le géographe Pomponius Mela, réunissant les fables des voyageurs, nous parle des *Atlantes*, montagnards de l'Atlas, qui maudissent le soleil à son lever et à son coucher, parce que ses brûlants rayons les désolent aussi bien que leurs champs. « Ces êtres sauvages, ajoute-t-il,

MAURESQUE D'ALGER.
(Chez elle)

ne se distinguent pas entre eux par des noms individuels; ils ne mangent point la chair des animaux, et n'ont pas de rêves nocturnes, comme les autres hommes.
— Les *Troglodytes*, dénués de tout, ne s'expriment que par une sorte de sifflement; ils habitent des cavernes, des grottes souterraines, et se nourrissent de serpents.
— Les *Garamantes* possèdent des troupeaux de gros bétail; mais ces bêtes sont obligées de paître en tournant la tête sur le côté, parce que leurs cornes, pointées en bas et démesurément longues, les empêchent de brouter.
— Les *Augiles* ne reconnaissent d'autres divinités que les âmes des morts; ils ne jurent que par elles, et les consultent comme des oracles. Après leur avoir exposé leurs vœux, ils se couchent sur quelques tombeaux, et croient recevoir en songe la réponse de leurs aïeux. — Les *Gamphasantes* ignorent l'usage des vêtements et des armes; ils fuient tous les étrangers qu'ils rencontrent, et ne vivent ou ne s'entretiennent avec personne qui ne soit de leur nation. — Les *Blémyens* n'ont pas de tête; leur visage est placé sur leur poitrine. — Enfin, les *Satyres* n'ont de l'homme que la figure, avec un corps velu et des pieds de bouc. »

L'historien Strabon, plus raisonnable que Pomponius, dit que l'Afrique trace la forme d'une panthère couchée; que son territoire, couvert de lieux habités, a pour limite un désert incalculable. — Pline le naturaliste peuple d'êtres fantastiques les solitudes du mont Atlas; et nous sommes obligés d'ouvrir les pages de Salluste, qui fut gouverneur de l'Afrique romaine sous la dictature de César, pour trouver des notions un peu plus sérieuses. Il nous représente en peu de mots cette région comme un sol très-fertile, nourrissant des troupeaux nombreux, mais dénué d'arbres, à cause de la rareté des pluies et des grandes rivières. On a voulu, de nos jours, prendre à la lettre cette opinion du célèbre historien; mais il est permis de penser que Salluste n'appliquait son jugement qu'à la partie du pays qu'il avait eu occasion d'explorer. Il avait fixé sa résidence à Stora, sur la côte orientale de l'Algérie actuelle; âpre à l'abus du gouvernement militaire dont il était investi, ce proconsul fut plus occupé du soin de pressurer, par mille exactions, les indigènes placés sous son autorité, que d'étudier les ressources du pays. N'oublions pas que sa courte carrière publique finit avec la vie de son protecteur, égorgé en plein sénat, au pied de la statue de Pompée. C'est alors, qu'emportant dans sa retraite le chagrin d'une perte à laquelle il survécut peu d'années, Salluste écrivit à Rome, sous les ombrages de son palais du Quirinal, le beau drame des guerres de Jugurtha. Malgré les immenses richesses qu'il avait rapportées d'Afrique, les tristesses de l'isolement et les regrets cuisants de l'ambition déçue l'empêchèrent de dire toute la vérité sur un pays dont les souvenirs s'alliaient à sa disgrâce.

Tels sont les vagues renseignements que nous offrait l'antiquité; mais les savants du moyen âge et les voyageurs modernes ont éclairé d'une plus vive lumière la connaissance du nord de l'Afrique.

Le géographe arabe Abou-el-Feddah donne le nom général de *Moghreb* (pays du couchant), à cette saillie que forment, au nord-ouest, les contrées africaines, à partir du 33° degré de latitude. Il divise cet espace en trois régions : 1° le *Moghreb-el-Aksa* (extrême région de l'ouest), qui s'étend du couchant au levant, depuis la mer Atlantique jusqu'à Tlemcen ; — 2° le *Moghreb-el-Aousat* (région intermédiaire de l'ouest), depuis Tlemcen jusqu'à l'extrémité orientale de l'ancien royaume de Bougie ; — et enfin, l'*Afrikea* (du mot phénicien *Fériké*, terre des épis), qui régnait depuis Bougie jusqu'au delà du territoire actuel de la régence de Tunis.

La domination romaine avait été lente à se fonder par la conquête ; sa durée fut pleine de troubles. Les Numides vaincus ne cessèrent point de protester contre le conquérant par des révoltes multipliées ; et cependant, malgré tant de difficultés, nous voyons à cette grande époque le sol africain chargé d'un réseau de colonies, de villes tributaires, de forteresses et de communications stratégiques. Toutefois cette puissance n'était que fictive ; le pays était subjugué, mais non soumis ; les légions latines avaient sans cesse les armes à la main pour comprimer, sur tous les points, des insurrections toujours renaissantes. Au cinquième siècle de notre ère, l'empire romain touchait au dernier période de sa décadence ; l'invasion des Vandales, après avoir saccagé Rome pendant quatorze jours, se rua sur la province africaine. Bélisaire le Byzantin vint écraser à leur tour ces farouches vainqueurs ; mais ce triomphe passager ne put imposer aux indigènes la soumission ni la paix ; et, deux siècles plus tard, apparut l'immense émigration des Arabes d'Orient, qui balaya les vainqueurs et les vaincus.

Les faits qui précédèrent ce dernier événement méritent qu'on les étudie.

Au seuil du merveilleux Orient, vieille patrie de la féerie et de civilisation perdues dans la nuit des âges, règne, entre les grèves de la mer Rouge et du golfe Persique, une vaste oasis que des plaines de sable séparent de la fertile Asie. Nœud de trois continents, et berceau d'un grand peuple qui s'étendit par la conquête depuis les fleuves de l'Inde jusqu'aux rivages atlantiques, l'Arabie eut pour premiers habitants quelques familles de pasteurs, campées à l'ombre des palmiers. Les traditions bibliques leur donnent pour père commun le patriarche Abraham, qui, après avoir porté ses tentes en Mésopotamie, revint se fixer et mourir au milieu de sa nombreuse postérité, dans ces vallons solitaires où la vie errante n'avait encore à redouter ni le joug de la force, ni les menaces de la tyrannie.

Lorsque les empires de l'antiquité se formèrent, le puissant voisinage de l'Assyrie, de la Perse et de l'Égypte, ne changea point les mœurs des enfants du désert. L'Arabe, passionné pour son indépendance, et affranchi de nos besoins factices, dont la satisfaction coûte si cher, méprisa l'éclat d'une existence achetée au prix de la liberté. Son ardente organisation et sa vie peu occupée le disposaient surtout à ces contemplations mystiques où l'esprit de l'homme, se dégageant des liens matériels, s'égare avec ravissement dans le monde des rêves. Heureux de son insouciance, ayant pour lit les fleurs de l'Yémen sous un dôme d'azur, et pour spectacle les splendeurs infinies de l'espace et des cieux, il s'endormait, bercé par sa pensée vagabonde, sans souci de la veille, sans appréhension du lendemain. — Quand, plus tard, les expéditions d'Alexandre projetèrent au loin sur l'Asie un reflet de la civilisation grecque, l'Arabie sembla reculer dans ses déserts pour en éviter le contact, et les aigles de Rome conquérante s'arrêtèrent devant sa limite.

Mais les événements du passé ne devaient pas rester sans influence sur le développement d'un peuple en qui germait un immense avenir. Des caravanes d'émigrants, chassés par l'effroi des dominations étrangères, descendirent un jour des hautes régions d'Asie, et vinrent successivement chercher sur le sol arabe un asile pour leurs dieux exilés, une patrie pour leur liberté fugitive. Ces familles apportaient avec elles les traditions de leur pays natal en échange de l'hospitalité du désert : elles y trouvèrent un accueil fraternel. Les hommes simples qui leur faisaient place écoutèrent avec ravissement les récits de la terre lointaine ; l'aspect des restes d'une opulence inconnue leur révéla des besoins nouveaux, et ils comprirent alors qu'on pouvait combattre pour autre chose que la possession d'un puits dans les sables, ou d'un pâturage découvert dans le pli d'une double colline. La tribu voyageuse admira aussi les filles des exilés ; les joies naïves du mariage primitif rapprochèrent par des liens sympathiques ceux qui pleuraient la patrie perdue, et ceux pour qui les horizons sans fin et le changement de lieux étaient la condition du bonheur. Les années passèrent sur cette alliance, et confondirent peu à peu les races diverses en une race unique, dont le type a traversé les âges sans s'altérer.

Mais de cette fusion naquit un phénomène moral qui retarda la croissance d'un état social auquel manquaient encore l'unité qui crée la force, et la foi qui cimente l'unité. Les idoles de la Perse et les fétiches indiens étaient venus s'installer au foyer de l'Arabe, avec leur cortége de poétiques légendes, leurs mystères tour à tour gracieux ou redoutables. Ces cultes nouveaux ne tardèrent pas à séduire les mobiles imaginations du peuple hospitalier. L'autel de pierre où s'offraient au Dieu d'Abraham les prémices de la terre et les premiers nés du troupeau, fut assez large pour contenir les images des dieux humains ; et peu à peu, de cette corruption de la croyance patriarcale, l'Arabe imitateur passa aux erreurs des peuples enfants. Tout ce qui frappait ses sens de terreur ou de joie revêtit à ses yeux un prisme divin, et lui offrit une idole nouvelle : l'orage, le feu, le vent, les astres personnifièrent tour à tour, par leurs effets, les génies du bien et du mal devant lesquels il s'agenouilla, pour les bénir ou les conjurer. Le ciel et la terre s'emplirent de puissances invisibles, tantôt favorables ou funestes ; l'ignorance attacha des fantômes à chaque secret de la nature, et la faiblesse de la raison ne put sauver l'esprit du naufrage des vérités primitives.

La destruction du judaïsme par les Romains rejeta en Arabie, au commencement de l'ère chrétienne, quelques débris des anciennes races patriarcales qui avaient gardé le culte du vrai Dieu ; mais cette religion sans mystères et sans pompes se mêla encore, sans les détruire, aux superstitions importées d'Orient par l'émigration, et le christianisme lui-même, avec ses miracles naissants, sa foi vivace et son apostolat fondé sur le martyre, n'avait pu trouver accès dans les temples voués par l'Arabe à ses divinités adoptives.

Les mœurs des émigrés de la haute Asie, transplantées chez les tribus nomades, introduisirent l'usage des villes au milieu des campements du désert. Le commerce et l'industrie se développèrent, mais bientôt la rivalité commença. Les populations errantes prirent en aversion celles qui s'entouraient de murailles, et formèrent une ligue offensive qui propagea tous les maux de l'état de guerre enfanté par une imparfaite civilisation.

Ainsi vivaient les races arabes, lorsque Mohammed, que nous appelons vulgairement *Mahomet*, parut au milieu d'elles. Cet homme extraordinaire naquit à la Mecque, le 10 novembre de l'an 571 après Jésus-Christ. Son père se nommait Abdallah, de la famille de Hachem, et sa mère Amina. Orphelin dès son bas âge, il n'hérita que de cinq chameaux et d'une esclave éthiopienne. Un de ses oncles, Abou Taleb, fut le tuteur de sa jeunesse, et dirigea ses goûts et son étude vers le négoce, en y joignant l'exercice des armes, fort utile en ces temps où les tribus arabes se livraient à tout propos des luttes acharnées. Il dut plus tard sa fortune à une riche veuve, nommée Khadidjah, sa parente éloignée, qui, faisant un grand commerce, l'associa d'abord à ses intérêts, et l'épousa ensuite. Mais au milieu des préoccupations du trafic, l'esprit observateur de Mohammed étudiait profondément les mœurs de ses compatriotes, comprenait leur génie caché, et rêvait pour eux de hautes destinées. Dispensé par son aisance de se livrer à un travail sans répit, il se retirait du monde de temps à autre, pour aller dans une caverne du mont Héra, préparer les éléments de la grande mission à laquelle il se sentait appelé. Procédant de proche en proche, il fit de sa femme Khadidjah son premier disciple, et rallia peu à peu à ses idées Saïd, son esclave, qu'il affranchit; Ali, son cousin, fils d'Abou-Taleb, et un de ses voisins, Abou-Bekr, qui devint son ami le plus fidèle et le continuateur de ses projets.

La doctrine de Mohammed n'était rien moins que la régénération des croyances du peuple arabe, et son retour au dogme de l'unité de Dieu. En 622, après trois années de patients efforts et d'enseignements particuliers, il n'avait encore réuni que quatorze disciples; mais pressé de commencer son œuvre au grand jour, il assembla, l'année suivante, quarante membres de la famille de Hachem, et proclamant tout à coup son rôle de *prophète*, il leur parla, avec un enthousiasme ineffable, de l'avenir qu'il pressentait, et leur promit tous les trésors de la terre avec le bonheur de la vie future, s'ils voulaient embrasser sa foi : — Dieu m'a commandé, leur dit-il en finissant, de vous appeler à son service; quel est celui d'entre vous qui veut me seconder?

Au milieu du silence et de la stupeur des assistants, Ali, fils d'Abou-Taleb, enfant de quatorze ans, se leva seul, et s'écria :—O prophète, c'est moi! je serai ton lieutenant!...

Cette scène inattendue produisit dans l'auditoire une étrange sensation. Les parents de Mohammed se divisèrent; les uns, dominés par l'éloquence persuasive du novateur, crurent aussi que la voix de Dieu venait de se manifester par la bouche du jeune Ali, et se rangèrent du côté du prophète; les autres quittèrent l'assemblée en tumulte, et répandirent dans la Mecque le bruit que Mohammed avait perdu l'esprit. Le scandale fut tel, qu'après d'énergiques mais vaines représentations, faites auprès de Khadidjah pour l'engager au divorce, les anciens de la ville eurent recours aux menaces, puis à la persécution. Mohammed et ses partisans furent exilés; les chefs de sa tribu le condamnèrent lui-même à mort, par un arrêt unanime, et s'il n'était parvenu à se soustraire par la fuite au sort qui l'attendait, les Arabes seraient peut-être restés à jamais confinés sur le petit coin du monde qui avait été leur berceau.

C'est de la fuite de Mohammed que date l'*Hégire*, ère musulmane, qui correspond à l'an 622 de l'ère chrétienne. (Le mot *Hégire*, en arabe, veut dire *fuite*.)

La proscription engendre des martyrs, et Mohammed lui dut de nombreux sectateurs que sa parole n'eût peut-être ralliés que bien lentement. Sa nouvelle religion se fonda par une guerre acharnée contre la foule des dissidents. Les succès, malgré l'inégalité de la lutte, furent d'abord partagés; mais si le prophète ne triomphait pas toujours par la force des armes, il faisait des progrès plus certains par sa générosité et sa grandeur d'âme envers ses adversaires. Au milieu d'hostilités incessantes avec les Arabes, et qui durèrent plus de vingt ans, il eut besoin de ressources matérielles, attaqua les Juifs, ses voisins, les réduisit en captivité, et s'empara de leurs trésors. Sa fortune ainsi assurée pour un long avenir, il s'éleva rapidement à l'apogée de son rôle, traita d'égal à égal avec les souverains d'Orient et d'Occident, envoya, en son nom et *au nom de Dieu*, des députés au roi de Perse, à l'empereur des Romains, au prince des Cophtes, au roi d'Abyssinie, et à plusieurs autres chefs de peuples. Un grand nombre, dit Abou-el-Feddah, son historien, reçurent avec respect ses messagers, et adoptèrent la foi de l'*Islam*. Ce mot, dont nous avons fait *Islamisme*, signifie *abandon de soi-même à la volonté de Dieu*. Les sectateurs de Mohammed se sont appelés *Mouslim* (musulmans), c'est-à-dire *soumis à Dieu.* Leur livre sacré, qui contient la doctrine et les préceptes du prophète, se nomme *El-Koran* (la lecture), parce qu'il se compose de chapitres et de sentences détachées.

Peu de temps après sa victoire sur les Juifs, Mohammed s'empara de la Mecque, renversa les idoles, abolit l'ancien culte arabe, et fit de cette ville le siége de sa puissance. Du haut des marches d'un temple rendu à la foi du vrai Dieu, le prophète triomphant agite sa bannière :
— Frères, dit-il au peuple étonné, le glaive est la clef du ciel et de l'enfer! Une goutte de sang versée pour la cause de Dieu, une nuit passée sous les armes, seront plus comptées aux fidèles que deux mois de jeûnes et de prières! Celui qui périra dans une bataille obtiendra le pardon de ses péchés; au dernier jour, ses blessures seront éclatantes comme le vermillon, parfumées comme l'ambre et le musc; des ailes de chérubin remplaceront les membres qu'il aura perdus!.....

A cette poétique promesse, les imaginations s'exaltent; les armes brillent de toutes parts, et trente mille cavaliers se rassemblent pour aller planter, aux frontières de l'empire grec, le premier drapeau de la conquête arabe. Mais la trahison veille à la même heure au chevet du prophète : une esclave juive, nouvelle Judith, verse dans ses veines un secret poison; il meurt à Médine, le 8 juin 632, léguant à ses fidèles disciples l'héritage de sa pensée.

Mohammed avait fondé la nationalité des Arabes sans nuire à leur indépendance; et nous trouvons dans le Koran un code complet de la plus saine morale, avec une législation civile capable de suffire aux besoins d'un peuple simple et libre. Un savant religieux chrétien du dix-septième siècle, qui a donné la réfutation en même temps que la traduction du Koran, et dont, par conséquent, le témoignage ne peut être suspect, ne craint pas d'affirmer que Mohammed a conservé tout ce qu'on trouve de plus excellent dans la religion chrétienne, avec tout ce qui nous paraît de plus conforme à la loi et à la lumière de la nature. Quoi qu'en aient dit des historiens mal instruits ou partiaux, le législateur arabe ne fut pas ambitieux du pouvoir temporel; il n'agissait sur ses compatriotes que par la persuasion, par l'austérité de ses mœurs et l'exemple de ses vertus. Tout s'était accordé dans sa vie pour prêter à sa mission l'appui d'une influence irrésistible; il unissait la beauté physique à l'énergie de l'âme, et ces précieuses qualités se rehaussaient d'une charité ardente et communicative. Adressant à Dieu de fréquentes prières, il était très-sobre de discours futiles. Ses parents ou les étrangers, les puissants et les faibles trouvaient en lui une justice égale. Il aimait les humbles et ne méprisait pas le pauvre à cause de sa misère, comme il n'honorait pas le riche à cause de ses trésors. Les légendes contemporaines de cet homme remarquable disent qu'il sortit de ce monde sans s'être une seule fois rassasié de pain d'orge. Il vivait avec sa famille de dattes et d'eau, et parfois il était obligé, pour tromper sa faim, de se serrer avec sa ceinture une pierre sur le ventre. Que Mohammed se soit cru réellement inspiré, ou qu'il ait agi dans un but purement humain, son passage sur la terre n'en a pas moins été le signal d'une œuvre merveilleuse; sa religion fut, pour ainsi dire, une transaction entre le spiritualisme chrétien et les dogmes matériels des anciens Arabes ; et la pensée de rattacher par le lien religieux les éléments épars d'un grand peuple suffirait pour le placer au premier rang parmi les génies de tous les âges, quand même le succès n'aurait pas couronné ses desseins. Mais l'avenir appartient aux idées populaires; tout leur sert de moyen : la guerre et la paix, le commerce et la science, l'avidité des intérêts matériels et l'ambition de l'esprit humain. L'idée chrétienne s'était développée par le sacrifice, l'idée musulmane s'épanouit par la conquête ; autour du tombeau de Médine se dressent tout à coup les drapeaux de l'invasion.

Quelques années après la mort de Mohammed, ses disciples brisent la digue qui contenait la fougue de ce torrent; ses flots débordent sur le vieux monde. Mais Abou-Bekr, le second chef de l'Islam, et le plus intime confident de la pensée du prophète, disait à ses soldats, en prenant le glaive : — Allez, et songez qu'en combattant pour la religion vous obéissez à Dieu même. Ayez donc soin de faire ce qui est juste et équitable ; ceux qui se conduisent autrement ne prospéreront pas. Quand vous rencontrerez vos ennemis, comportez-vous en vaillants hommes ; et si vous êtes victorieux, ne faites point de mal aux petits enfants, ni aux femmes, ni aux vieillards; ne détruisez point les palmiers, ne brûlez point les blés, ne coupez point les arbres, et n'égorgez point le bétail, à l'exception de ce que vous tuerez pour la nourriture des fidèles ; enfin, soyez exacts à tenir la parole donnée.

A ces mots, les Arabes se répandirent sur la terre. L'an du Christ 640, l'Égypte était soumise par Amrouben-el-Aâsi, qui jeta les fondements du Kaire et prit la ville d'Alexandrie. — Sept ans après, un nouveau chef, Abdallah-ben-Saïd, s'avance jusqu'aux frontières de l'antique Numidie, disperse une armée de 120,000 Grecs commandés par le patrice Grégoire, et s'empare de Tripoli; mais bientôt, épuisé par les fatigues et les maladies de ses troupes, il regagne l'Égypte, après quinze mois de campagne. En 653, une seconde invasion, composée des plus braves guerriers d'Orient, est attirée par les indigènes africains eux-mêmes, lassés du joug des proconsuls de Byzance; elle renverse tous les obstacles et parvient à Cyrène; mais au milieu de ses succès, une insurrection éclate en Égypte et en Syrie, et le *Khalife* (lieutenant du prophète) Mohawiah rappelle ses soldats victorieux, pour défendre son pouvoir. — En 655, Okbah-ben-Nâfy relève l'étendard des conquêtes lointaines, et, suivi de quarante mille combattants, franchit les déserts de sable, les monts arides, les plaines ignorées, et, comme si Dieu même l'eût conduit par la main, ce génie du moyen âge arrive à *Tingis* (le *Tanger* actuel) aux bords de l'Atlantique : — Allah! s'écrie-t-il avec orgueil en poussant son cheval dans l'Océan, Allah! les flots m'arrêtent; ouvre-les devant moi, et j'irai porter ton nom jusqu'aux royaumes inconnus du Couchant! — Mais quand il voulut revenir sur ses pas, les Mauritaniens indigènes et les populations romaine et byzantine de l'Afrique, que son audace avait frappés de stupeur, s'étaient refermés derrière lui; l'armée arabe et son chef, cernés de toutes parts, furent anéantis. — Les Arabes d'Égypte, inquiets du sort de leurs frères, envoyèrent une autre armée à leur recherche, pour partager leur prospérité, s'ils avaient trouvé des terres heureuses, ou pour venger leur défaite. Zobéir, brave comme Okbah, subit comme lui les désastres d'une invasion aventureuse, et périt avec tous ses compagnons.

Ces quatre expéditions apprirent aux Arabes qu'ils ne pourraient s'implanter dans les contrées d'Occident qu'en fondant leur puissance sur des établissements successifs. Ils marchent cette fois avec précaution, occupent la terre, absorbent dans leurs masses les habitants qui se soumettent, et refoulent les autres, ou les détruisent par la guerre. En 670, ils fondent *Kheïr-Ouan* (Kairouan), et leur domination s'y met à l'abri des révoltes. En 692, ils renversent Carthage ; les Grecs byzantins abandonnent l'Afrique ; le christianisme en est banni comme eux, et l'invasion musulmane emporte désormais, dans son cours irrésistible, tout ce qui restait encore de la fortune de Rome. Les Arabes triomphent partout des insurrections mauritaniennes, et devenus bientôt trop nombreux, par les renforts continuels que l'Orient leur envoie, ils se jettent sur l'Espagne, en 710. Les Goths, possesseurs énervés de ce beau pays, n'étaient plus alors ces terribles barbares qui, après avoir humilié l'orgueil de Rome et s'être enrichis de ses dépouilles, avaient étendu leurs victoires du Danube à l'Atlantique. Séparés du reste de l'Europe par la chaîne des Pyrénées, les successeurs d'Alaric s'épuisaient dans la mollesse d'une longue paix ; les remparts de leurs villes tombaient en ruines, et la discorde achevait d'user leur état social. Huit années suffirent aux Arabes pour faire de l'Espagne l'avant-garde d'une puissance dont l'ambition convoitait les limites du monde. Mais un succès si prompt reposait sur d'autres bases que le gain des batailles ; fidèles à la loi du Prophète, les conquérants nouveaux apportaient avec eux la tolérance et la justice. La condition des vaincus devint si douce, dit un chroniqueur espagnol, qu'au lieu de l'oppression qu'ils craignaient, ils se félicitaient d'appartenir à des maîtres qui leur laissaient le libre exercice de leur religion et la jouissance de leur liberté, n'exigeant d'eux qu'un tribut modique et l'obéissance aux lois générales établies dans l'intérêt commun.

Le règne des émirs d'Espagne fut une époque de gloire et de prospérité. Ces souverains, tout à la fois religieux et guerriers, loin de se montrer ennemis des races chrétiennes, ne virent plus autour d'eux qu'un seul peuple. Amenés par une invasion, ils adoucirent par leur sagesse la barbarie des races qu'ils étaient venus dompter; rendus maîtres d'une terre féconde, ils s'appliquèrent à l'enrichir de tout ce qui peut augmenter le bien-être humain. Des lois rigides, mais justes, des arts utiles parce qu'ils créaient des jouissances; l'agriculture encouragée et devenue le premier état qui anoblit l'homme, produisirent, avec l'aide du temps, une prospérité qui devait faire envie à plusieurs états chrétiens. En s'entourant des pompes orientales, les Arabes contribuèrent à développer, dans l'Europe encore sauvage, les goûts de la vie confortable, et les besoins du bien-être matériel que peut réaliser l'opulence. Les artistes chrétiens venaient apprendre des secrets merveilleux au sein des populations musulmanes; les écoliers de tout pays accouraient en foule aux universités de Tolède, de Cordoue, de Séville et de Grenade, pour y puiser les trésors de science que renfermaient ces villes célèbres; et les guerriers du Nord s'y formèrent, dans les premiers tournois, aux nobles vertus des temps chevaleresques. Les princes maures qui ont laissé dans l'histoire un nom fameux, ceux qui étendirent ou stabilisèrent la puissance arabe, se signalent par leur humanité et leur justice, plus encore que par leur génie militaire. C'est le portrait qu'en font les auteurs arabes, qui, sans doute, rapportent comme un éloge ce qu'ils avaient appris à juger comme une vertu. Exécutant eux-mêmes les grands travaux d'utilité publique auxquels l'agriculture et le commerce durent un si large essor, les émirs appelèrent les gens de toute nation qui pouvaient féconder le développement des sciences, et faire renaître les industries du passé. C'est ainsi qu'ils transformèrent l'Espagne sauvage en paradis terrestre, ses peuplades vagabondes en nation éclairée, laborieuse et progressive. Leur habile politique, base glorieuse d'une domination de huit siècles, s'usa néanmoins comme toutes les puissances de ce monde ; mais le motif de sa ruine ne fut pas, comme on l'a dit, l'horreur qu'inspirait aux chrétiens la religion musulmane ; c'est que, peu satisfaits d'occuper les plus fertiles provinces de l'Espagne, les émirs, soit en voulant essayer la conquête de la France, soit en luttant contre des intrigues rivales, oublièrent les âpres montagnes des Asturies, et y laissèrent se rallier une race indépendante qu'ils crurent d'abord méprisable, avec laquelle ils traitèrent ensuite. Cette race grandit, à la faveur de leur indifférence ou de leur oubli, et s'éleva peu à peu jusqu'au degré de force qui lui permit de vaincre et de chasser les Arabes.

L'invasion musulmane avait occupé Marseille, Avignon, Narbonne, Arles, Saint-Tropez, Fréjus ; elle menaçait le cœur de la France ; mais l'épée de Charles Martel l'arrêta dans les plaines de Poitiers, en 732, et, après une victoire mémorable, rejeta les conquérants au delà des Pyrénées. Affaibli par des dissensions intestines, l'émirat d'Espagne se démembra : la perte de l'unité livra ses fractions à des luttes sanglantes ; et quand ses éléments furent en pleine dissolution, les armes chrétiennes achevèrent cette décadence. Les provinces mauresques retombèrent, l'une après l'autre, au pouvoir des races d'Occident ; et l'Islamisme, qui avait ouvert un filon d'or au seuil du monde de fer du moyen âge européen, arraché par une dernière secousse du sol où il avait fleuri, retourna languir et s'étioler dans le désert africain. A la fin du quinzième siècle, Ferdinand le Catholique avait reconquis dans Grenade le dernier lambeau de la conquête musulmane ; mais ce roi fanatique souilla sa victoire par d'odieux sévices. Trompés par des capitulations déloyales, les Arabes virent bientôt leur foi proscrite, leurs enfants baptisés par violence, et l'asile du foyer domestique indignement profané. Le costume d'Orient fut couvert d'avanies, le voile des femmes arraché comme un signe d'hérésie, et les malheureux vaincus cherchèrent un vain abri dans les montagnes. La chasse aux hommes s'organisa contre eux ; les prisonniers furent livrés aux bûchers, et les derniers fugitifs, échappés à tant de désastres, demandèrent à l'Afrique une retraite où l'horreur du nom chrétien s'est perpétuée jusqu'au jour de la conquête française.

L'ancienne renommée de la civilisation arabe est attestée par une foule de souvenirs. L'âge d'or des lettres et des sciences s'annonce chez eux, vers l'an 755 de notre ère, sous le règne du khalife El-Mansour. Tandis que l'empereur grec Léon l'Isaurien brûlait les livres et les auteurs, El-Mansour se montrait, à Bagdad, l'assidu protecteur de la science au berceau. La théologie, la jurisprudence, l'astronomie et la poésie furent encouragées et cultivées par lui, et Georges Baktishua, médecin chrétien de l'Inde, traduisait par son ordre les ouvrages médicaux grecs, syriaques et persans. Le petit-fils d'El-Mansour, le fameux Haroun-el-Raschid, surpassa encore son aïeul dans la protection éclairée qu'il assurait aux lettres; il ne voyageait jamais, dit le chroniqueur El-Macin, sans un cortége d'une centaine de savants, qui l'accompagnaient même à la guerre. C'est à lui qu'on doit ce touchant usage des Arabes, qui veut qu'une école gratuite s'élève toujours à côté d'une mosquée ; aussi l'instruction se répandit-elle, du haut de son trône, dans toutes les classes de la société. Malgré ses préventions religieuses contre les chrétiens, Haroun finit par confier à Ebn-Meshua, profondément versé dans la littérature grecque, le soin de diriger les écoles de son empire. Il appela également auprès de lui un moine de Nisabour, dans le Khorassan, pays qui semble être le siége d'une culture intellectuelle fort ancienne. — Les moines exercèrent une grande influence sur les origines de la civilisation arabe. Dès les premiers siècles de l'ère chrétienne nous voyons ces pieux lettrés, pacifiques précurseurs de Mohammed, pénétrer dans la Perse, dans l'Inde et jusqu'au fond de la Chine, propageant la foi du Christ à l'aide des bienfaits de la science humaine, tandis qu'à l'autre extrémité de notre hémisphère, le moine Nicolas traduisait pour les Arabes d'Andalousie les œuvres de

Dioscoride. Les Juifs d'Orient, alors célèbres par leur savoir, peuvent aussi revendiquer, même avant les chrétiens, l'honneur d'avoir initié les Arabes aux sciences profanes de l'antiquité. La médecine était surtout cultivée par les Hébreux, qui l'enseignèrent aux Arabes, et ceux-ci la perfectionnèrent encore, avec cette sagacité pénétrante et cet esprit de patiente observation qui les caractérisent. Mais avec le déclin de la civilisation musulmane, des pratiques superstitieuses remplacèrent peu à peu l'étude et l'observation, et ce qui était une science devint une jonglerie grossière.

L'éclat du règne de Haroun-el-Raschid fut encore surpassé par celui d'El-Mamoun, son fils, de 813 à 833. A Bagdad, comme plus tard à Cordoue, les premières dignités de l'état furent l'apanage exclusif du mérite et de la science. Des familles entières, les femmes comprises, se vouèrent au métier de traduire les œuvres étrangères, quoique, par un étrange caprice, les originaux, une fois traduits, fussent brûlés par ordre d'El-Mamoun, qui, vainqueur des Grecs, exigeait d'eux des manuscrits pour tribut. Honaïm, savant chrétien, traduisit pour ce khalife les ouvrages d'Euclide, de Ptolémée, d'Aristote, d'Hippocrate et de Galien; aussi l'avait-on surnommé l'*Interprète*; El-Mansour lui payait ses traductions au poids de l'or. Le même khalife faisait élever à ses frais six mille écoliers, dans un seul collége de Bagdad. Passés, presque sans transition, de la barbarie à la civilisation la plus raffinée, les Arabes se portèrent vers l'étude avec la même ardeur que vers la conquête; arrivés trop tard pour créer, ils prirent les sciences toutes faites aux mains des peuples qu'ils avaient vaincus, et imitèrent ce qu'ils ne pouvaient plus inventer. De là cette rapide croissance, et ce déclin non moins rapide de leur civilisation éclose à la hâte, sans culture préalable, et trop vite développée pour ne pas se passer bientôt. Toutes leurs connaissances sont des emprunts : — l'alchimie, cultivée par eux avec tant de crédulité et d'amour, leur vient de l'Égypte ; — l'astronomie et la géométrie, des Grecs, leurs premiers maîtres ; — la philosophie et l'histoire naturelle, d'Aristote, qui régna sur eux comme sur le moyen âge européen ; — la médecine, des Hébreux, et l'algèbre de l'Inde ; — la boussole, imparfaite, il est vrai, des Chinois, qui la possédaient dès le premier siècle de l'ère chrétienne ; — enfin, le papier leur fut importé d'Asie, et la poudre à canon, du pays des Mongols. — Avides de toute espèce de connaissances, les Arabes, à défaut d'invention, semblent avoir été doués de la faculté de s'approprier, pour les perfectionner, les découvertes des autres peuples, et d'en faire, en les propageant dans leur vaste empire, le patrimoine du genre humain. La seule chose qui leur appartienne en propre, dans toute cette culture de seconde main, c'est leur littérature, produit indigène de leur sol et de leur génie, et qui est bien à eux par ses qualités, et surtout par ses défauts. Mais le grand et réel service qu'ils ont rendu au monde, ce n'est point d'avoir créé les sciences, c'est de ne pas les avoir laissées périr.

Les continuels voyages des savants arabes, à travers l'immense étendue des pays soumis à la loi de l'Islam, ont fait éclore d'excellents travaux d'histoire, de géographie et de statistique. La plupart des traités que nous possédons encore sur ces matières ont été composés par ordre des khalifes de Bagdad et de Cordoue. Aben-Isa-el-Gazhani a laissé une description scientifique de l'Égypte. Au douzième siècle, le chériff Édris, qui fit pour Roger II, roi de Sicile, le fameux globe céleste en argent, dont le moyen âge a tant parlé, a compris dans sa volumineuse géographie, dont nous ne possédons qu'un fragment, une description détaillée de l'Espagne. Dès les premiers temps de la conquête de cette contrée, l'émir El-Samah avait dressé lui-même une statistique de la péninsule soumise, avec le tableau des impôts qu'elle devait acquitter. D'autres savants ont écrit, à différentes époques, toute l'histoire de la domination des émirs, résumée au dix-septième siècle dans une compilation générale, qui est l'œuvre d'Ahmed-el-Mokri, savant lettré de Tlemcen, en Algérie.

Quant à la philosophie, j'ai dit que les doctrines d'Aristote furent la base des études arabes. Averroës de Cordoue a fait lui seul plus de vingt volumes de commentaires sur les écrits de ce Grec illustre; mais l'orthodoxie musulmane se souleva bientôt contre des travaux dont les conséquences, en propageant l'esprit de libre discussion, menaçaient d'étendre son audace jusqu'au livre sacré du Prophète. Toutefois cette étude abstraite trouva des adeptes distingués, parmi lesquels on doit citer Ebn-Sina (*Avicenne*), mort en 1037, philosophe et médecin de renom; El-Farabi, mort en 950, qui parlait, dit-on, soixante-dix idiomes, et qui a laissé sur toutes les sciences de son époque une vaste encyclopédie; El-Ghazali, mort en 1343, qui a appliqué la philosophie à la théologie; Ebn-Toufaïl, le premier auteur de cette fiction, si souvent répétée depuis, de l'enfant jeté dans une île déserte, et à qui la nature révèle par degrés tout un système de métaphysique ; enfin, au début du onzième siècle, Ebn-Kindi, le plus grand philosophe, médecin et astrologue de cette brillante époque, et qui n'a pas laissé moins de deux cents ouvrages.

Mais la science eût été stérile aux yeux des Arabes, si elle n'avait armé d'un pouvoir surnaturel celui qui creusait ses mystères. De là vint l'alchimie ; et si l'art de transformer en or tous les métaux, si l'invention de l'élixir d'*immortalité* ne couronnèrent point leurs patients efforts, il faut reconnaître néanmoins qu'ils étendirent fort loin le domaine de la chimie. El-Geber, de Séville, qui a donné son nom à l'algèbre, inventée dans l'Inde longtemps avant lui, a écrit plusieurs traités sur l'*alchimie* et la *chimie*, qu'il confond souvent l'une avec l'autre ; Ebn-Meshua et El-Kazi partagent avec ce savant l'honneur d'avoir transmis et développé des connaissances dont la source remonte aux anciens Grecs et aux Indiens. Les autres branches de l'histoire naturelle doivent encore aux Arabes un souvenir reconnaissant ; Ebn-Kadi-Schiaba et Abou-Othman ont écrit l'histoire des animaux ; Abd-el-Kihan-el-Biouni traita celle du règne minéral ; Ebn-el-Beythar, de Malaga, mort en 1248, explora toutes les parties du monde connu des musulmans, depuis les bords du Gange jusqu'aux rives de l'Océan atlantique, et recueillit d'immenses trésors d'observations.

Mais l'art dans lequel excellèrent surtout les Arabes fut la médecine. La fameuse école de Salerne comptait des musulmans parmi ses professeurs les plus renommés. On trouve dans les écrits d'El-Zaharaoui, chirurgien éminent, mort en l'an 50 de l'hégire, le détail de plusieurs instruments déjà perfectionnés et l'application du *moxa* contre la goutte ; on admire même la hardiesse de certaines opérations de cet art encore dans l'enfance. La pharmacie ne restait pas en arrière ; le savant Aben-Zoar, de Séville, a donné son nom au *bézoar :* la première pharmacopée qui ait été publiée est due aux Arabes, vers la fin du neuvième siècle, et beaucoup de noms pharmaceutiques, dont on use aujourd'hui, sont tirés de leur langue.

C'est du même peuple que nous vient la substitution des chiffres simples de notre arithmétique au système compliqué des Romains. Thébith-ben-Korah et Mohammed-ben-Mouça poussèrent les mathématiques jusqu'à la solution des *équations du second degré ;* et l'on conserve, dans l'université de Leyde, un traité manuscrit de Ben-Omar sur les *équations cubiques*. Thébith avait traduit les œuvres d'Archimède, et les *sections coniques* d'Apollonius, dont une partie a été restituée par lui. Toutes les œuvres des géomètres grecs passèrent également dans la langue arabe, et l'aptitude de ce peuple pour ce genre d'étude explique ses talents incontestables en architecture et en mécanique.

Le khalife El-Mamoun avait donné l'impulsion aux recherches astronomiques. Sous son règne, dit Abou-el-Feddah, la circonférence de la terre fut fixée à neuf mille lieues (le chiffre arabe correspond à l'étendue de nos lieues de France). Bien que la découverte du système solaire ne dût appartenir qu'aux siècles postérieurs, les mouvements des astres, le disque du soleil et les éclipses furent étudiés avec soin, et la science moderne a profité de ces travaux du passé. La fameuse tour *Gi-*

ralda, de Séville, fut élevée en 1196, par El-Geber, et c'est peut-être le plus ancien, et à coup sûr le plus bel observatoire du monde.

Les écoles publiques, placées à côté des mosquées, n'enseignaient d'abord que la grammaire et le Koran; mais plus tard, de vastes colléges s'ouvrirent pour toutes les sciences. On y subissait des examens comme dans nos universités modernes; ces séances étaient des jours solennels, et grâce à l'esprit de tolérance des émirs, on vit même des Juifs figurer au sein de leur corps enseignant.

Tel était le vaste édifice scientifique que la religion musulmane avait bâti, après deux siècles d'existence conquérante. A l'impulsion brutale du glaive avait succédé un élan non moins fécond vers les conquêtes de l'esprit. Le Kaire, en Égypte, Kheïr-Ouan, près des ruines de Carthage, et Fez dans les états de Maroc (*Moghreb-el-Aksa*), le disputaient à l'Orient et à l'Espagne mauresque, pour le nombre et la splendeur de leurs établissements. Le nord de l'Afrique, sorte d'appendice où Rome avait porté sa civilisation à la suite de la conquête, renaissait à une vie nouvelle, et oubliait, sous des maîtres plus lettrés, les ravages des Vandales et ceux des grossiers disciples de Mohammed. Quand l'empire des Arabes d'Espagne s'écroula, Fez ouvrit un asile passager aux derniers savants de l'Andalousie, puis il ne resta de cette grande tradition que des souvenirs errants parmi des ruines.

Revenons à l'Algérie.

Cette partie du Moghreb africain occupe un parcours de deux cent cinquante lieues de l'est à l'ouest, et de trente, quarante à soixante, du nord au sud. Elle se partage en deux zônes distinctes, l'une maritime, l'autre intérieure : toutes deux sont parallèles à la mer. Le mont *Dyris* ou *Atlas* les partage dans toute leur longueur. Entre sa ligne de faîte et la Méditerranée, règnent plusieurs chaînes secondaires, qui courent dans le même sens ; leur hauteur diminue à mesure que l'on s'éloigne du centre du continent ; elles forment alors des plateaux successifs qui s'abaissent, comme des gradins, les uns au-dessous des autres. La première série de ces montagnes intermédiaires, et la plus rapprochée du littoral, communément appelée le *Petit-Atlas*, longe la Méditerranée et vient se terminer à l'ouest de Bone. Quoique différentes, ces montagnes secondaires ne sont pas indépendantes les unes des autres, mais elles se relient par plusieurs contreforts qui, se détachant du *Grand-Atlas*, se dirigent vers le nord, traversent les chaînes parallèles et vont finir à la côte qui, sur ce point, se dessine en falaises. Le mont *Djerjerah* (*mons ferratus* des Romains) en est un exemple remarquable.

Cette disposition de groupes montagneux divise l'Algérie en un grand nombre de bassins, sillonnés par des cours d'eau dont la pente et la direction varient à l'infini. Lorsque le versant est très-rapproché de la mer, les rivières sont torrentueuses, et leur lit reste souvent à sec ; mais lorsqu'elles prennent naissance sur un des grands plateaux intérieurs, elles suivent d'abord le prolongement général de la chaîne atlantique, de l'est à l'ouest. Arrêtées par la barrière que leur oppose la chaîne inférieure, elles la minent peu à peu, et finissent par se frayer un passage : ainsi le Chéliff, la Chiffa et le Rummel n'arrivent à la mer qu'après avoir brisé les digues du Petit-Atlas.

Considérée physiquement, la zône maritime présente, surtout vers l'ouest, un système de configuration pareil à celui de l'Espagne. Les Romains désignaient souvent par le nom d'*Hispania transfretana* (Espagne d'au delà du détroit) la Mauritanie Tingitane que les Arabes ont appelée depuis *El-Moghreb-el-Aksa* (l'extrême région du couchant), vulgairement désignée par les géographes modernes sous le titre d'*empire de Maroc*. L'Andalousie offre des analogies frappantes avec le sol barbaresque ; les montagnes, chauves et pelées, n'y attirent plus les nuages et la pluie ; les plaines et les vallées sont arides ; partout où la main de l'homme ne rencontre point des eaux fertilisantes, le désert se partage ces régions où l'œil se perd, où la pensée s'attriste, au milieu de solitudes ardentes. Quand on s'élève au sommet de quelques *Sierras*, on n'aperçoit au loin, sous le ciel, que des plateaux incultes et des pentes nues, dont rien de vivant n'adoucit l'uniformité ; seulement, au fond des vallées serpente, çà et là, une rivière ou un ruisseau, traçant une lisière de verdure où reparaissent les moissons, les vergers et les habitations d'un peuple indolent. Les cimes culminantes de l'Atlas correspondent parfaitement aux montagnes neigeuses de la *Sierra Nevada*, situées vis-à-vis, dans l'Andalousie et l'ancien royaume de Grenade ; les deux systèmes ne diffèrent que par leurs dépressions. Le plateau d'Espagne a sa principale pente dans les vastes plaines de l'ouest, tandis que sa dépression vers la Méditerranée est beaucoup moins prolongée et plus escarpée ; en Afrique, au contraire, les grandes plaines se dirigent à l'est. Toutefois le littoral algérien est parsemé de vallées d'une précieuse fécondité ; les plaines de Métidjah, près d'Alger, comme celles de Constantine, comme la Bou-Djima, près de Bone, les terroirs du Chéliff, le bassin de l'Habra, et d'autres espaces plus resserrés, aux environs de la Calle, de Philippeville, d'Oran, d'Arzew, de Mostaghanem, de Maskara, de Tlemcen, assuraient de riches produits aux Arabes, malgré l'imperfection de leurs cultures.

La zône intérieure de l'Algérie, ou le *Tell*, comprend toutes les terres arables, depuis les approches de la côte jusqu'aux limites naturelles marquées, au sud, par le Grand Atlas. Sur plusieurs de ces points, on se croit arrivé au terme de la végétation et de la vie ; les notions du moyen âge ne vont pas plus loin, et les voyageurs modernes n'hésitaient pas, jusqu'ici, à déclarer infranchissables ces espaces ignorés. Mais la conquête française a favorisé les investigations de la science, et nous avons appris qu'il n'existe pas un véritable *désert* au delà des pentes méridionales de l'Atlas. Ce vaste espace, que les géographes laissaient en blanc sur les cartes d'Afrique, commence à se remplir, et c'est à la France qu'appartiendra la gloire d'avoir découvert un nouveau monde dans l'immensité du Sahara.

L'étymologie du mot *Sahara* vient de *Sehaur*, terme par lequel les Arabes désignent le moment presque insaisissable qui précède le point du jour, où l'on peut, suivant leur expression, *distinguer un fil blanc d'un fil noir*, et où commence le jeûne prescrit à certaines époques par la loi religieuse ; et comme cet instant est plus facilement appréciable pour les habitants de la plaine, que pour ceux dont les montagnes rétrécissent l'horizon, le nom de Sahara (*pays du Schaur*) fut donné, disent les lettrés musulmans, à la région des plaines sans fin. Au surplus, le mot *Sahara*, que nous avons traduit par celui de *désert*, n'entraîne pas, en Afrique, l'idée de dépopulation. Les Arabes, selon ses aspects, le partagent en trois régions. La première, qu'ils appellent *Fiafi*, contient les habitations groupées sur l'oasis, au bord des eaux, à l'ombre des palmiers. La seconde, *Kifar*, est la plaine qui produit, après les pluies d'hiver, l'herbe que vont paître les troupeaux des nomades. La dernière, *Falat,* est la *mer de sable*, tour à tour agitée ou immobile, par les temps d'orage ou de calme, et sur laquelle flottent les caravanes. — Etudié dans son ensemble, le Sahara paraît très-accidenté; on y rencontre des villes, des bourgades, des hameaux et des camps de peuplades errantes. Les montagnes, toujours parallèles à la Méditerranée, sont, au nord et à l'est, raides et crénelées; puis, fuyant vers l'ouest, elles se fondent en dunes mouvantes, et viennent mourir au sud dans les sables. L'hiver, une infinité de torrents s'en échappent; l'été, c'est un réseau d'anfractuosités où s'égarent quelques flaques saumâtres. La partie septentrionale du Sahara nourrit des centres de population considérables; mais ces oasis sont souvent séparées par des espaces dont la traversée exige plusieurs jours de marche; quelques puits en marquent l'itinéraire et les points de station. Sur chaque grande oasis, des *Ksours* ou villages nombreux s'abritent dans le rayon d'une ville principale; et au delà campent, sous la tente, les tribus alliées qui vont, à la belle saison, échanger contre les grains du Tell les produits de l'industrie locale ou du commerce des caravanes. On s'étonnera sans doute de rencontrer dans le *désert* des populations sédentaires agglomérées dans des centres, la plupart fortifiés, et menant une vie qui, pour être exceptionnelle, offre néanmoins des sujets aussi variés qu'intéressants d'études physiologiques et politiques.

Un coup d'œil sur l'histoire des révolutions africaines donne le mot de cette énigme.

Deux races autochthones bien distinctes occupaient, aux temps les plus reculés, les zônes du nord de l'Afrique. Les Numides ou *Nomades*, peuple pasteur, parcouraient la région des grandes plaines ; une race d'agriculteurs couvrait les vallées ; le littoral attirait les colonies étrangères. A l'arrivée de ces nombreuses émigrations, les habitants primitifs refluèrent peu à peu dans les zônes méridionales, jusqu'au désert. Les pasteurs, refoulés dans la mer de sable, conservèrent, par leur mobilité, la jouissance de l'espace ; l'état nomade les protégea mieux que n'eût fait la résistance. Ceux qui vivaient du labeur agricole gagnèrent pied à pied les hauteurs ; étouffés dans la plaine envahie, ils se relevèrent sur l'Atlas. Les conquérants romains et vandales traitèrent de barbares ces fugitifs ; puis, quand au septième siècle de notre ère, les Arabes, venus d'Orient, inondèrent les profondeurs du Moghreb, et dispersèrent aux vents du ciel les débris des puissances du passé ; quand leur innombrable cavalerie, succédant aux cavaliers numides, fut maîtresse du plat pays, les retraites de la montagne, où la défense était plus aisée, où la nature elle-même protégeait les vaincus, abritèrent dans leurs forts de granit ce qui restait des Vandales, et les familles indigènes échappées aux fléaux de la guerre. Le flot arabe brisa sa fougue au milieu des mille crêtes de l'Atlas, et l'immense blocus des montagnards s'est immobilisé jusqu'à nos jours, en Algérie, comme la haine qui se perpétuait entre la race conquérante et la race exilée. — Aux habitants réfugiés dans les fraîches oasis des régions méridionales se joignirent plus tard les Arabes eux-mêmes, attirés par leurs instincts vagabonds qui devaient trouver à se satisfaire sur un sol aussi bizarrement tourmenté. Il fallait à leurs mœurs indépendantes et sauvages une liberté sans bornes ; ils trouvèrent dans le Sahara une patrie nouvelle, et riches de leurs troupeaux voyageurs, ils affectèrent bientôt de mépriser ceux d'entre leurs compatriotes qui s'occupaient de jardinage ou de grande culture. Forcés toutefois de se mettre en contact par des besoins ou des inimitiés, l'intérêt commun les réunit en petits états, dont les centres s'armèrent de remparts, pour tenir à l'abri de toute attaque les provisions des familles et les réserves publiques. Une double solidarité cimenta ces confédérations. Les dattes, fruit spécial du sol saharien, ne suffisant pas aux conditions de l'alimentation humaine, il fallut recourir aux grains du Tell, et les caravanes s'organisèrent. Les gens des villes en font partie comme ceux de la plaine ; les premiers exportent les objets manufacturés, tels que bernous, haïks, pelleteries, parfums, armes et ustensiles, épices, ivoire, plumes d'autruche, etc. Les seconds échangent leurs bestiaux contre des céréales, puis tous reprennent la route du désert. Les blés sont déposés dans des *Silos*, ou dans les magasins des bourgades ; et les articles achetés aux marchands d'Europe se débitent sur toute la surface du Sahara, jusqu'aux archipels inconnus du Soudân.

Les tribus du Sahara oriental sont particulièrement agricoles ; celles du centre et de l'ouest paraissent plus guerrières ; les unes et les autres obéissent à un gouvernement composé d'une assemblée de notables qui ne peut rien décider sans l'avis du chef de la religion, dont la volonté a force de loi. Cette assemblée se nomme *Djemâ*. Il arrive quelquefois qu'à la mort d'un chef les membres de la Djemâ se dispensent de procéder à l'élection de son successeur, et gouvernent par eux-mêmes. Dans d'autres circonstances, lorsque le chef ne remplit pas le vœu populaire, se fait haïr, ou ne convient plus aux notables, sa déchéance a lieu sans secousse et sans révolte, et s'exécute par une sorte d'accord tacite que l'usage a sanctionné. A l'heure de la prière publique, quand sa musique joue, un membre de la Djemâ fait signe aux musiciens de se taire : sans autre formalité, le chef n'est plus qu'un simple particulier, et rentre de lui-même dans la vie commune.

La plus célèbre des tribus sahariennes est celle des Ouled-Sidi-Cheïkh. Le village qu'elle habite entoure le dôme blanc d'un marabout dans lequel reposent ses ancêtres. De semblables édifices se rencontrent à peu de distance ; la piété naïve des Arabes les enrichit d'offrandes et d'*ex-voto*. Cette puissante tribu, qui se divise en fractions de l'est et de l'ouest, habite sous des tentes qui ont la forme d'un vaisseau renversé, et panaché de bouquets de plumes d'autruche, plus ou moins gros, selon le rang et les richesses de chaque famille. Trafiquants par instinct, les Ouled-Sidi-Cheïkh fréquentent les marchés lointains du désert. Leurs deux chefs suprêmes se prétendent issus en ligne droite du premier *Khalifa* (lieutenant) du Prophète, Sidi-Abou-Bekr-Seddik. La réputation de sainteté dont jouissent les membres de cette tribu leur a attaché de temps immémorial un grand nombre de peuplades qui s'intitulent avec orgueil leurs serviteurs, et dont le dévouement fidèle accroît leur puissance. Aussi sont-ils souvent invoqués comme juges conciliateurs des querelles qui s'allument entre les tribus voisines. Ils mènent au désert une vie splendide, aiment les vêtements chargés d'or, les armes brillantes et les équipages de chasse ; ils courent la gazelle et l'autruche avec des meutes de lévriers qu'ils font voyager à dos de chameau. Les montagnes de leur territoire sont peuplées de beaux villages, qui, petits ou grands, se ressemblent par leur situation, tantôt dans une gorge, tantôt sur un mamelon, et la plupart sans autre défense que leur assiette naturelle.

Au delà des oasis et des espaces habités par les tribus nomades ou sédentaires, règnent les *Touareg*. Il est difficile de circonscrire exactement leur pays, la vie exceptionnelle que mènent ces pillards errants. On les aperçoit partout dans cet immense périmètre cerclé par une ligne qui, partant de la ville d'Insalah, à deux cents lieues sud-ouest d'Alger, descend vers la cité mystérieuse de Timbektou, longe le Niger de l'ouest à l'est, et remonte par le Fezzân jusqu'à R'dhamès, le point extrême de la régence de Tripoli. C'est là le véritable *désert*, l'océan de sables dont les Touareg se sont faits les pirates. Un grand archipel montagneux, égaré vers le centre à peu près de cette immense cité, et qu'on appelle le *Djebel-Hoggar*, est le repaire de ces hommes de proie qui prétendent tirer leur origine des Turcs, et affectent de traiter les Arabes en peuple vaincu. Quelques fractions des Touareg campent vers le nord du Sahara ; les autres jalonnent le centre ; les derniers, postés au sud, en avant de Timbektou, tiennent cette ville dans un état de blocus perpétuel; ils gardent à la fois les portes occidentales du désert et celles du Soudân, prélèvent sur les caravanes un droit de sortie, un tribut de passage, et pillent à l'improviste celles qui pensaient se soustraire à leur surveillance. Ces peuplades, même celles qui avoisinent Timbektou, sont de race blanche ; mais autour des autres villes du Soudân, leur sang est mêlé par l'alliance avec les races nègres. Population vigoureuse, d'une énergie et d'une sobriété à toute épreuve, les Touareg vivent de dattes et de lait de chamelles ; ils passeraient deux ou trois jours sans nourriture plutôt que de manquer l'occasion d'une razzia. Leur costume consiste en une robe noire très-ample ; sous ce vêtement ils portent un pantalon à l'européenne, que soutient sur les hanches une ceinture de laine. Leur tête est rasée, à l'exception d'une touffe de cheveux qu'ils ne coupent jamais, et qui devient parfois si longue qu'ils sont obligés de la tresser. Quoique musulmans, ils prient fort peu, ne jeûnent jamais, et se dispensent de toute pratique de culte extérieur. Les caravanes qui se mettent en route au printemps cherchent à garantir leur sécurité en achetant, à prix d'or, la protection des chefs les plus voisins de ces bandits. Celles qui, fortes de leur nombre, veulent forcer le passage, tombent tôt ou tard dans des embuscades de douze à quinze cents hommes, qui, montés sur des chameaux de la race la plus agile, appelée *Mahari*, sillonnent les plaines et les dunes de sable, avec une rare adresse à dérober leurs mouvements derrière les moindres plis de terrain. Dès que l'occasion d'attaquer leur semble favorable, les Touareg, armés de lances, de sabres à deux tranchants, et d'un bouclier de peau d'éléphant, poussent un cri de guerre effroyable, et fondent avec une audace irrésistible sur les voyageurs surpris. Le pillage succède au meurtre, et les vaincus, morts ou criblés de blessures, sont abandonnés au milieu des solitudes. Quand l'époque des caravanes est passée, les Touareg viennent effrontément vendre leur butin sur les marchés du nord. Il n'y a au reste qu'une voix parmi les Arabes sur leur compte : « Ils n'ont point d'amis, vous disent-ils ; il n'y a de bon chez eux que leurs tentes et leurs chameaux. Braves, rusés, patients comme tous les animaux de proie, ne vous fiez jamais à eux, car ils sont de mauvaise parole. Si vous recevez l'hospitalité chez l'un d'eux, vous n'avez rien à craindre de lui sous sa tente, ni quand vous serez parti ; mais il préviendra ses amis, qui se mettront à votre poursuite, et ils se partageront vos dépouilles. »

Voilà, mon cher Ferdinand, les véritables *brigands Bédouins*, dont parlent avec effroi les relations de tant de voyageurs. Il ne faut pas les confondre avec les Arabes, qui nous sont connus depuis peu de temps, il est vrai, mais sur lesquels des officiers français distingués, et qui ont eu l'occasion de les étudier de près, en allant vivre au milieu d'eux, se sont empressés de porter un témoignage bien plus favorable, et aussi impartial qu'éclairé.

Le fanatisme est moins enraciné chez les Arabes qu'on ne le croit généralement. Quoique attachés à leurs croyances, ils sont assez disposés à s'affranchir des pratiques extérieures ; mais dans ce qu'elle a d'essentiel, leur foi est vive et en même temps tolérante. Je ne t'en

Imp. J. Rigo et Cie.

ARABE DE LA PLAINE.

donnerai qu'un exemple. A l'époque de nos luttes les plus acharnées avec l'émir Abd-el-Kader, dont je te raconterai plus tard l'histoire intéressante, un prêtre français, courageux et dévoué, osa se risquer au milieu des tribus ennemies pour aller demander à Abd-el-Kader la liberté de cinquante-six soldats prisonniers. Ce missionnaire de la charité rencontra presque à chaque pas des tribus fugitives qu'Abd-el-Kader faisait émigrer à l'approche des troupes françaises. Tous ces exilés, hommes, femmes, enfants même, le saluaient avec respect. Les plus curieux venaient lui demander quel motif l'attirait au milieu de leurs solitudes, et sur sa réponse, qu'il allait chercher nos prisonniers au camp de l'émir, ils lui disaient : Que Dieu t'accorde bon voyage et plein succès! Sa pieuse mission réussit en effet, et Abd-el-Kader lui rendit nos soldats, sans accepter de rançon. La conséquence naturelle d'un fait si remarquable, c'est que nous parviendrons un jour, en Afrique, à faire succéder aux maux inséparables de la guerre les bienfaits de la civilisation.

Supposons que, dans cinquante ans d'ici, les Arabes fournissent des généraux à nos armées, des organes à nos lois, des députés à nos chambres législatives, des écrivains à la science, des peintres à nos ateliers, des poëtes à nos gloires, ce changement serait-il plus surprenant que celui qui s'est opéré entre la France de 1780 et la France de 1830? Combien de fils des sauvages des Pyrénées, de l'Aveyron, de la Bretagne, ne brillent-ils pas maintenant parmi nos notabilités sociales? Pourquoi donc les fils des sauvages de l'Atlas ne parviendraient-ils pas avec le temps à ce degré de progrès? On a trop souvent considéré la race arabe comme n'ayant rien changé à ses anciennes habitudes de fanatisme et de barbarie ; ce jugement erroné est devenu une croyance fixe, même pour un grand nombre d'esprits sérieux ; et cependant il faudrait fermer les yeux à toute vérité historique, pour ne pas reconnaître avec quelle étonnante facilité cette race spirituelle, intelligente et vive, a subi plusieurs fois les transformations les plus brillantes et le contact d'une civilisation très-avancée. Il faudrait oublier que l'empire arabe, que la résidence des khalifes ont été longtemps le foyer des lumières, quand elles étaient éteintes dans notre Occident ; il faudrait nier que les Maures, venus de cette même Afrique après avoir conquis l'Espagne, lui rendirent les plus beaux jours de la domination romaine; qu'à Cordoue il y avait des savants, quand chez nous les clercs seuls savaient lire et copier; que les Arabes venus d'Afrique, les montagnards kebaïles eux-mêmes (car ceux-ci sont aussi venus en Espagne au secours de leurs frères contre les armées chrétiennes), que les Arabes, dis-je, étaient un peuple ami des arts, qui a laissé des traces magnifiques de son passage, et à qui les mathématiques, l'astronomie, la médecine, la chimie, n'étaient pas étrangères, puisque nos ancêtres les étudièrent dans leurs livres et dans leurs écoles. Ne soyons point injustes envers eux; les Romains et les Grecs avaient été leurs maîtres ès-sciences ; ils furent les nôtres à leur tour ; le moyen âge leur doit la plus grandiose de ses institutions, la chevalerie; leurs mœurs étaient polies, quand nous étions encore aussi barbares qu'ils le sont maintenant. Les races humaines sont longtemps, toujours reconnaissables, et le beau type arabe était trop fortement prononcé pour s'être effacé. L'Arabe avec nous peut redevenir ce qu'il fut; il peut apprendre comme apprirent ses aïeux. Sans doute il est déchu, mais pas autant que bien d'autres peuples; il pourra se relever comme homme, comme être doué d'intelligence, animé du souffle divin ; il est aussi disposé qu'autrefois aux grandes choses, et son développement ne s'est stérilisé en Afrique, que sous le joug avilissant de la domination turque, qui imposa au sol conquis trois siècles de ravages et d'oppression. Je vais, mon ami, te retracer en quelques mots les principaux événements de cette période historique.

L'histoire de l'Algérie, comme celle des autres états barbaresques, n'acquiert une véritable importance qu'au commencement du seizième siècle.

Vers l'an 1482 de notre ère, sous le règne de Bajazet II, sultan des Turcs, un *Spahis* ou cavalier de Roumélie, nommé Yakoub d'Yenidjewardar, s'était fixé dans l'île de Métélin, l'ancienne Lesbos, où il avait épousé la veuve d'un prêtre grec. De ce mariage il eut d'abord trois filles qui furent élevées dans la religion chrétienne, et dont l'une se fit même religieuse; puis quatre fils, Élias, Isahac, Haroudj et Kheïr-Eddin. Leur père, qui avait occupé autrefois un poste assez élevé dans la marine de Bajazet, s'étant expatrié pour se soustraire au châtiment de quelque délit, avait acheté une barque à Métélin pour faire un petit commerce dans l'archipel. Après sa mort, qui ne leur laissait aucune fortune, ses fils embrassèrent des états différents : Élias voulut étudier le Koran pour devenir marabout; Isahac se fit charpentier, Haroudj matelot, et Kheïr-Eddin potier.

Haroudj, doué d'une ardente imagination, et supportant difficilement la pauvreté, se rendit d'abord à Constantinople, où il parvint à se faire employer en qualité de *comite* (surveillant des forçats) sur une galère turque. Dans une rencontre avec les chevaliers de Saint-Jean de Jérusalem, possesseurs de l'île de Rhodes, il fut pris à la hauteur de l'île de Candie; son frère Élias, qui l'accompagnait, périt dans le combat. Esclave pendant deux ans sur le banc des rameurs, Haroudj fit le muet, et les chrétiens, ignorant son nom, l'avaient surnommé *Barberousse*, à cause de la couleur de sa barbe et de ses cheveux. Il parvint à s'échapper une nuit, à la faveur d'un violent orage qui surprit le navire dans les parages de Caramanie, et regagna Constantinople, où la misère le réduisit au métier de portefaix. Quelque temps après, il réussit à se faire admettre, comme timonier, sur un petit bâtiment que deux marchands turcs armaient en corsaire. Profitant de cette occasion pour insinuer à ses compagnons les projets de fortune qu'il rêvait de nouveau, il s'assure du concours de la majorité, épie le moment favorable pour faire éclater une révolte, tue le chef du navire d'un coup de hache, et s'empare du commandement. Mais comme, après ce meurtre, il n'osait plus reparaître dans la capitale de l'empire turc, il se dirigea vers les côtes d'Afrique, en passant par Métélin, sa patrie, pour revoir sa mère qui vivait dans une extrême indigence. A la vue des poignées d'or qu'il lui laissait, avec la promesse de l'enrichir un jour, Isahac le charpentier, et Kheïr-Eddin le potier, abandonnèrent leur état pour le suivre. Il fit du premier son lieutenant, et promit à l'autre, dont l'énergie lui plaisait, le commandement de sa prochaine prise. A peine eut-il remis à la voile, que son brigantin se trouva, près de Nègrepont, en face d'une galiote turque dont le capitaine se rendit sans combattre. Kheïr-Eddin y porta son pavillon, et les trois frères, naviguant de conserve, gagnèrent les côtes de Sicile, où ils capturèrent, après une lutte sanglante, un gros navire qui conduisait à Naples trois cents Espagnols, parmi lesquels se trouvaient soixante personnages de distinction.

Possesseur de trois bâtiments et d'un riche butin, Haroudj vogua vers Tunis et entra en triomphe dans le port de la Goulette, au bruit des acclamations du peuple. Son premier soin fut de composer un riche présent qui devait lui valoir la faveur et la protection du sultan Muley-Ahmed. Ce prince accueillit en effet Haroudj et Kheïr-Eddin avec une extrême joie, et pour leur témoigner sa gratitude, il mit à leur disposition le meilleur de ses vaisseaux. Haroudj, pressé d'offrir à son protecteur une preuve de son audace, résolut de s'emparer de Bougie, et parut devant cette place, au commencement de 1514. Au moment où il débarquait avec cinquante Turcs d'élite, pour étudier de près le point le plus favorable à une attaque, la garnison espagnole dirigea sur ce groupe une pièce d'artillerie, dont le premier boulet lui fracassa le bras. Contraint de renoncer, pour le moment, à son entreprise, il remit le commandement à Kheïr-Eddin, et faillit succomber aux suites de l'amputation qu'avait nécessitée sa blessure. Tombé dans un épuisement qui faisait craindre pour sa vie, il ne voulut pas rentrer à Tunis, et pria son frère de le conduire sur les côtes d'Espagne, où il espérait mourir au bruit d'un dernier combat. Après plusieurs expéditions heureuses, Kheïr-Eddin revint passer l'hiver à Tunis, chargé de riches dépouilles, dont il concéda politiquement la plus belle moitié à Muley-Ahmed, en échange des soins que réclamait la triste position d'Haroudj, qu'une fièvre lente consumait depuis plusieurs mois.

Au printemps de l'année suivante (1515), Haroudj, parfaitement guéri, sentit se réveiller l'amour des lointaines aventures. Au bras qu'il avait perdu, d'habiles chirurgiens d'Orient étaient parvenus à substituer un bras d'argent qui se mouvait par des ressorts artistement combinés. Quand on apprit en Europe, par les navires qui fréquentaient les marchés de Tunis, le rétablissement de ce pirate déjà fameux, l'effroi qu'inspirait son nom redoubla. Mais Haroudj avait conçu des projets plus sérieux que la vie errante à laquelle il s'était livré depuis dix ans ; son regard d'aigle couvait de nouveau la conquête de Bougie, qu'il espérait accomplir avec l'aide du sultan de Tunis, sauf à la garder pour lui s'il parvenait à s'y installer solidement. Cette expédition fut déconcertée par la belle résistance des Espagnols ; après un long siége qui épuisa ses munitions et ses vivres, il vit périr sous ses yeux son frère Isahac, coupé en deux par un boulet. Vivement affecté de cette perte, il se retira par terre à Djidjeli, avec les débris de la petite armée qu'il avait cru conduire à une victoire facile. C'est dans cette bourgade misérable qu'une singulière destinée allait venir chercher le pirate, à bout de courage et d'espérance, pour le faire tout à coup roi d'Alger !

Les Arabes d'Alger, fatigués d'être les tributaires de l'Espagne, s'étaient donnés pour chef un cheïkh de la plaine de Métidjah, nommé Sélim-Eutémy, personnage considérable par ses richesses et par l'ancienneté de sa famille. Sélim avait accepté le pouvoir, mais il ne se sentait pas l'audace nécessaire pour chasser les Espagnols de la citadelle qu'ils avaient bâtie sur l'îlot qui commande Alger du côté de la mer. Confiant et crédule, il envoya une députation à Djidjeli, pour exposer à Haroudj l'humiliation dans laquelle Alger était tombé, et lui représenter que les embarras suscités à l'Espagne par la mort du roi Ferdinand le Catholique lui offraient l'occasion de chasser la garnison du fort, en l'attaquant avec quelques vaisseaux, pendant que les Algériens soutiendraient par terre son mouvement. Cette démarche était accompagnée de présents magnifiques, et du titre de gouverneur d'Alger que Sélim adressait d'avance au pirate, pour prix de ses services.

Haroudj mesura d'un coup d'œil les chances d'avenir que son ardente ambition pouvait encore s'assurer ; mais de peur d'inspirer quelques soupçons, il sut cacher sa joie, et feignit de ne céder qu'à des sollicitations longtemps renouvelées. Avant de quitter Djidjeli, il dépêcha un exprès à Kheïr-Eddin, qui était resté à Tunis, pour lui apprendre le retour de sa fortune, et lui demander un renfort d'aventuriers déterminés, auxquels il s'engageait à payer une solde élevée. A son arrivée dans le port d'Alger, il fut accueilli par le peuple comme un libérateur, et Sélim voulut partager avec lui sa propre maison; les habitants s'empressèrent aussi de loger les Turcs et de les défrayer. Haroudj leur fit comprendre qu'il serait imprudent de commencer les hostilités contre le fort espagnol avant d'avoir reçu les soldats qu'il attendait de Tunis. Bientôt trois cents Turcs d'élite, munis de légers canons, débarquèrent de nuit au cap Matifoux, et se dirigèrent sur Alger par la plaine. Cette troupe annonçait l'arrivée prochaine de nouvelles bandes aventureuses, que l'éclat du nom d'Haroudj recrutait sur tous les points du littoral africain, et un mois après, le pirate se trouvait à la tête de forces imposantes. Pour mieux abuser les Algériens sur ses projets, Haroudj caressait habilement leur crédulité, et semblait ne vouloir rien prendre sur lui pour la direction des opérations futures sans l'avis de Selim-Eutémy, qui, pour lui faire honneur, lui donnait à son tour plein pouvoir d'agir à sa guise. Assuré, par cette manœuvre astucieuse, de l'entière confiance dont il était l'objet, il fit construire une batterie destinée à canonner la citadelle espagnole, l'arma de toutes les pièces que possédait la ville, l'entoura d'une enceinte, et se fit céder les maisons voisines, pour y mettre, disait-il, ses troupes de réserve à l'abri du feu de l'ennemi. Quand ces préparatifs furent achevés, on abattit, par son ordre, les bannières de Castille et d'Aragon, qui flottaient sur les remparts en signe de soumission à l'Espagne; puis le feu s'ouvrit, au milieu des cris de joie des Algériens. Mais la pensée d'Haroudj était bien moins de chasser la garnison étrangère, dont le petit nombre ne l'effrayait pas, que de gagner du temps pour se rendre maître d'Alger. Les canonniers turcs, instruits d'une partie de ses desseins, brûlèrent beaucoup de poudre pendant vingt jours, sans faire grand dégât aux fortifications espagnoles. Haroudj s'était attribué peu à peu une dictature complète qui annulait l'autorité de Sélim; et lorsqu'il vit les habitants de la ville accoutumés à subir la rigueur de ses mesures, qui n'avaient que leur bien pour prétexte, il se rendit secrètement chez Sélim avec quelques affidés, le surprit dans le bain, et l'étrangla.

La nouvelle de cet événement, attribué à une prétendue asphyxie, trouva peu de gens crédules. Ouvrant trop tard les yeux sur l'hôte dangereux auquel ils s'étaient livrés, et voyant dans leurs murs une armée turque maîtresse des remparts, et dont chaque soldat pouvait devenir un bourreau, les Algériens, consternés, s'enfermèrent dans leurs maisons, sans oser faire entendre un murmure, ni tenter la moindre révolte. Haroudj monta à cheval, parcourut la ville au milieu d'une garde nombreuse, et fit ouvrir les portes à ses auxiliaires, qui le saluèrent de bruyantes acclamations, en lui donnant le titre de sultan. A peine assuré de son pouvoir, il fit rassembler les notables d'Alger, et s'efforça de les séduire par des promesses captieuses, auxquelles ceux-ci ne répondirent que par le silence de la stupeur et de l'effroi. Sentant bien alors qu'il ne pouvait se fier à ses nouveaux sujets, il se hâta d'écrire à Kheïr-Eddin pour l'appeler auprès de lui, et fit augmenter par des travaux rapides les fortifications de la Kasbah, qu'il hérissa de canons pour tenir la ville en respect.

Au mois de septembre 1516, une flotte espagnole parut en vue d'Alger pour chasser l'usurpateur; Haroudj attira cette armée dans un piége, et la mit en pièces. Ce succès porta au comble la renommée du pirate-roi, dont les vues ambitieuses embrassaient la conquête de tout le territoire africain. Ses drapeaux, victorieux jusqu'à Tlemcen, auraient peut-être pénétré dans le Maroc, si la fortune ne s'était lassée de lui rester fidèle. Assiégé dans cette place par une armée espagnole sortie d'Oran, menacé d'une révolte des indigènes qu'il ne maintenait qu'à force de terreur, il crut trouver son salut dans une retraite plus audacieuse que n'eût été une stérile défense. Cent Turcs se dévouent à sa destinée chancelante ; il leur confie ses trésors, et gagne en plein jour une poterne ouverte sur la route des états de Maroc. Mais à peine a-t-il franchi l'enceinte de Tlemcen, qu'un détachement de cavalerie espagnole, informé de sa fuite par des transfuges, le poursuit à outrance, et après une chasse de trente heures, l'atteint dans un petit désert, où Haroudj se retranche derrière quelques ruines. Cerné de toute part, il se défend avec le courage du lion aux abois ; ses compagnons lui font un dernier rempart de leurs corps ; enfin, cloué à terre d'un coup de lance, il résistait encore, lorsqu'un porte-enseigne espagnol, Don Garcia de Tinéo, le saisit par derrière et lui trancha la tête.

Telle fut, en mai 1518, à l'âge de quarante-quatre ans, après quatorze ans d'une vie aventureuse et vingt mois de règne, la fin du célèbre Haroudj, désigné dans les annales modernes sous le nom de Barberousse Ier, et qui, de simple portefaix à Constantinople, était devenu sultan d'Alger. L'Europe chrétienne respira un moment. Mais tout le sang de Barberousse n'avait pas coulé sous le fer de Garcia de Tinéo ; le potier Kheïr-Eddin, héritier du génie de son frère et plus heureux que lui, allait devenir le vainqueur de Charles-Quint, le bras droit de l'empire turc, et l'allié de François Ier, ce glorieux roi de France.

En apprenant la mort tragique d'Haroudj, Kheïr-Eddin était tombé dans une profonde consternation ; il croyait voir déjà les Espagnols victorieux aux portes d'Alger, et se demanda un moment s'il ne devait pas chercher son propre salut dans une fuite prochaine, avec les débris de ses aventuriers levantins, et les vingt-deux navires composant sa flottille. Mais les conseils hardis de ses lieutenants, et plus encore peut-être le secret pressentiment de sa fortune, changèrent bientôt ses irrésolutions en immuable volonté de dominer les événements. Attaqué plusieurs fois par les Espagnols, il sut triompher de forces nombreuses; mais comprenant bien que, malgré ses succès, son indomptable courage et les ressources de son génie guerrier, il lui manquait un point d'appui dont il pût tirer des secours continuels contre les révoltes de ses sujets et contre les entreprises des chrétiens, il songea à se mettre sous la protection de l'empire turc. Sacrifiant aux intérêts de sa sûreté le vain prestige d'une indépendance que le moindre revers pouvait compromettre, il chercha le moyen de faire oublier aux populations de l'Afrique et à ses compagnons eux-mêmes son origine aventureuse et son humble qualité de pirate parvenu.

Sélim Ier régnait alors à Constantinople, et venait de détruire en Égypte l'empire des Mameluks. Il accueillit avec empressement les députés de Kheïr-Eddin, et lui adressa un *Firman* (ordonnance impériale) qui le nommait lieutenant de l'empire musulman d'Afrique, et qui autorisait les Turcs de Constantinople et d'Asie à venir s'établir à Alger, avec tous les priviléges dont peut jouir, en terre conquise, le peuple dominateur. Des fêtes publiques célébrèrent, pendant trois jours et trois nuits, cet heureux événement qui élevait Alger au rang d'état politique, et sans gêner son indépendance, lui assurait, en cas de revers, un abri respecté sous les couleurs musulmanes. A partir de ce jour, les Arabes et les Maures furent hors d'état de résister aux conquérants turcs. Chaque année amenait à Alger des renforts considérables ; peu à peu leur nombre devint assez puissant pour fournir à la fois à l'entretien d'une armée de terre et à l'armement des vaisseaux, et les ports de la Barbarie centrale vomirent bientôt sur toutes les routes de la Méditerranée, non plus des galères isolées, mais des escadres, des flottilles. L'Italie et l'Espagne surtout ne tardèrent point à subir tous les fléaux de la piraterie organisée.

Haroudj n'avait pu enlever aux Espagnols le fort bâti par eux sur l'îlot d'Alger. Kheïr-Eddin le détruisit, le 21 mai 1529 ; ses ruines furent rasées jusqu'au sol, et une digue, qu'on voit encore, réunit la ville au rocher. Trois mille esclaves chrétiens, appliqués sans relâche à ce grand travail, l'achevèrent en moins de trois ans.

Quelques années après, de graves événements s'amoncelèrent du côté de l'Orient ; le sultan Sélim avait perdu plusieurs places importantes sur la Méditerranée. Kheïr-Eddin, dont les richesses et la puissance grandissaient de jour en jour, mit à la voile au mois d'avril 1534, et se rendit à Constantinople, avec quarante vaisseaux, pour offrir ses services à son suzerain. Sélim lui donna le titre d'amiral (*Capitan-pacha*) de ses flottes, avec une autorité sans limites. Pendant l'absence de Kheïr-Eddin, un renégat sarde, nommé Hassan-Agha fut chargé de gouverner Alger. Le pape Paul III, effrayé des continuels ravages des pirates d'Afrique, avait supplié le roi d'Espagne, Charles-Quint, de prendre la défense de la chrétienté. Cette expédition à laquelle se mêla quelque chose de l'esprit poétique, chevaleresque et religieux des anciennes croisades, est un des épisodes les plus dramatiques de l'histoire algérienne.

Une flotte de trois cent soixante bâtiments, sortie du port de Carthagène avec vingt-cinq mille hommes de troupes choisies, vint se rallier, le 18 octobre 1541, à Majorque, la plus grande des îles Baléares, et mouilla le 20, à deux lieues d'Alger, près du cap Matifoux. Le premier acte de Charles-Quint fut d'envoyer un parlementaire à Hassan-Agha, pour le sommer de livrer la ville. La terreur y régnait. Huit cents Turcs et quatre mille Maures formaient pour le moment l'unique obstacle qu'on pût opposer aux assiégeants; les autres Turcs étaient en campagne, pour recueillir les impôts des tribus arabes. Hassan fut le seul qui se montra impassible devant le péril commun, et pendant que les Espagnols plantaient leurs drapeaux sur une colline au-dessus d'Alger, dressaient leur camp à couvert de l'artillerie des forts, et détournaient une source qui fournissait toute l'eau de la ville, il envoya des courriers à ses troupes absentes, pour hâter leur retour.

Cependant les Espagnols canonnaient les remparts avec une vigueur qui faisait craindre que la place ne pût résister longtemps, et les chefs turcs parlaient déjà de capituler, lorsqu'un nègre parut au milieu du conseil, et s'adressant au gouverneur : — Sidi-Hassan, lui dit-il, je suis le pauvre Youssef, l'esclave des esclaves, le plus abject de tous les musulmans, méprisé des grands et des marabouts, qui m'ont jusqu'à présent persécuté et fait passer pour fanatique. Le kadi, juge de la loi, m'a souvent fait bâtonner, et livré en spectacle au public avec des marques d'infamie, parce que Dieu seul, tout-puissant et incompréhensible, m'a dévoilé quelquefois l'avenir, et que j'ai parlé d'événements qui devaient arriver, mais qu'on n'a jamais voulu écouter. Je me suis tu, et il n'y a que quelques pauvres gens qui m'ont aidé dans ma misère, auxquels j'ai fait savoir certaines choses dont ils ont profité. Mais aujourd'hui, Hassan, écoute : le danger est pressant, et je ne puis plus me taire. Voilà une armée d'infidèles, venue si subitement, qu'il semble que les flots de la mer l'aient enfantée. Nous sommes, dit-on, dépourvus de tout pour lui résister, mais Dieu seul, qui conduit les destinées humaines, combattra pour notre salut. Avant que la lune de ce mois ait achevé son cours, nous verrons périr la flotte des chrétiens ; notre ville sera libre et triomphante, et bien peu d'entre nos ennemis porteront chez eux la nouvelle de leur désastre.

Le peuple accueillit avec enthousiasme la prédiction du pauvre nègre, et Hassan-Agha sut en profiter pour relever les courages abattus. Le 23 octobre, à neuf heures du soir, le vent du nord-est, accompagné d'une pluie battante, commença de soulever la rade. Au milieu de la nuit, le mauvais temps était devenu un véritable ouragan ; les soldats, dont les tentes n'étaient pas encore débarquées, passèrent une nuit affreuse. Au point du jour suivant, les Algériens firent une sortie dans laquelle ils tuèrent d'abord beaucoup de monde ; repoussés ensuite avec énergie, ils se replièrent dans la ville, dont ils eurent à peine le temps de fermer les portes, serrés de si près, qu'un chevalier de Malte français vint planter son poignard dans la porte Bab-Azoun. Hassan-Agha, ne perdant point sa présence d'esprit, ordonna aussitôt une nouvelle sortie qui fut fatale aux chrétiens. Les Algériens avaient sur eux l'avantage d'une connaissance exacte du terrain ; mais Charles-Quint mit l'épée à la main pour rallier lui-même ses soldats, et les ramena contre l'ennemi, qui dut reculer à son tour et disparut. Cependant la tempête, loin de s'apaiser, devenait d'heure en heure plus furieuse; les navires, battus par les flots et poussés les uns contre les autres, se heurtaient et s'entre-brisaient avec fracas. Cent quarante sombrèrent en peu de temps, ou furent écrasés contre les rochers. Toute la côte, depuis Alger jusqu'à Cherchell, était couverte de mâts, de débris, de cadavres; les tribus kebaïles, descendues des montagnes, égorgeaient les naufragés. Le 26, Charles-Quint voyant ses équipages et ses munitions perdus, et sa flotte à moitié détruite, fit reculer ses troupes jusqu'au cap Matifoux. Les blessés furent placés au centre, et cette retraite s'effectua en ordre jusque sur les bords de l'Haratch, à travers des nuées d'Arabes. Les eaux de cette rivière, gonflées par les pluies, la rendaient inguéable ; il fallut camper sur ses bords. Charles-Quint traça son camp en forme de triangle, dont un seul côté faisait face à l'ennemi; les deux autres étaient couverts par la mer et par le lit de l'Haratch. Il fit recueillir les débris de ses navires, qui jonchaient la plage, pour en construire un pont ; mais le lendemain, les eaux ayant baissé, l'armée opéra son passage. A ce moment, les Turcs cessèrent la poursuite; on n'eut plus à tenir tête qu'aux Arabes. Le jour suivant, on rencontra l'Hamis, rivière profonde et fangeuse, sur laquelle il fallut jeter le pont; enfin, le 30 octobre, l'armée atteignit le cap Matifoux, et s'établit parmi des ruines romaines. Le 1er novembre, Charles-Quint fit embarquer ses soldats découragés; mais à peine la moitié de l'armée était-elle à bord, qu'une seconde tempête s'éleva, non moins terrible que la première. Les restes de la flotte se hâtèrent de gagner la haute mer, et parvinrent séparément, après des difficultés inouïes, sur différents points des côtes d'Italie, où la nouvelle de ce sinistre répandit la désolation.

Les Algériens prirent alors au sérieux la prédiction du nègre Youssef, et se persuadèrent que désormais la piraterie était pour eux un droit naturel, que le ciel même avait pris soin de consacrer. Tandis qu'ils ravageaient la mer, Hassan-Agha reprenait l'œuvre d'Haroudj, et ajoutait Tlemcen à sa domination. Au retour de cette expédition, il mourut à Alger, à l'âge de soixante-cinq ans.

Pendant ces événements, François Ier, rival de Charles-Quint, profitait de ses revers pour resserrer son alliance avec la Turquie, et le sultan lui envoyait, en 1543, une flotte de cent cinquante voiles, commandée par Kheïr-Eddin, et qui vint mouiller dans les ports de Marseille et de Toulon, pour prendre part aux prochaines opérations de nos guerres. Mais pendant que l'armée française gagnait en Italie la bataille de Cérisoles, les intrigues de Charles-Quint préparaient à François Ier de nouvelles complications d'embarras. En fin diplomate, à la diète de Spire il sut attaquer la conduite politique de son adversaire avec tant d'adresse et de violence tout à la fois, qu'il souleva contre lui l'Allemagne entière. Il accusa, comme un fait monstrueux, la présence dans un port français de ces mêmes Turcs qui menaçaient sans cesse l'empire germanique du côté de la Hongrie. Tous les esprits s'irritèrent; François Ier voulut en vain se justifier en envoyant une ambassade à la diète; ses députés furent repoussés, les Français proclamés ennemis publics, et un décret promulgua les peines les plus rigoureuses contre tout homme d'armes qui passerait à leur service. Charles-Quint, mettant à profit ces dispositions hostiles, s'unit avec le roi d'Angleterre, Henri VIII, et leurs armées coalisées envahirent la France. Après des luttes sanglantes, le premier s'était avancé jusqu'à Saint-Denis ; le second assiégeait Boulogne, et Paris voyait, presque à ses portes, deux ennemis également redoutables ; mais le manque de vivres et d'argent, plus encore que la saison, suspendit heureusement les progrès de Charles-Quint. Forcé de se retirer, il paralysa les opérations du roi d'Angleterre, et dut peut-être se trouver fort aise d'accepter la paix que lui proposa François Ier, et qui fut signée, le 18 septembre 1544, à Crespy, près de Soissons.

En apprenant cette conclusion des affaires, Kheïr-Eddin, toujours à Toulon, se plaignit de l'oisiveté dans laquelle on laissait ses forces, et exigea qu'on lui payât une somme de huit cent mille écus à titre d'indemnité. Le trésor était épuisé, mais toutes les provinces se cotisèrent pour obtenir à ce prix l'éloignement d'une armée étrangère, dont la licence menaçait de mettre la Provence au pillage. En retournant à Constantinople, Kheïr-Eddin leva des contributions sur la république de Gênes, saccagea les côtes de la Toscane et de la Sicile, et ramena sa flotte chargée de dépouilles et d'esclaves. Il fut accueilli comme un triomphateur ; mais deux ans après son retour, une fièvre maligne l'emporta en quelques jours, vers la fin du mois de mai 1544. Il était âgé de plus de quatre-vingts ans, et ne laissait qu'un fils,

Hassan-Pacha, qui lui succéda dans le gouvernement d'Alger.

A partir du règne des deux Barberousse, l'histoire d'Alger n'est qu'une longue histoire de pillages, de conspirations, d'exactions contre les Arabes et de révoltes contre les souverains de la régence. La protection que l'empire turc accordait aux pachas d'Alger les rendait invincibles; ils parvinrent à expulser les Espagnols de tous les établissements fortifiés que ceux-ci possédaient sur la côte d'Afrique, et leurs entreprises se seraient peut-être étendues jusqu'à la conquête des frontières méridionales de l'Europe, si, le 7 octobre 1571, la célèbre bataille navale de Lépante n'avait presque entièrement détruit la marine de guerre de Constantinople.

Les Turcs d'Alger profitèrent de ce désastre pour secouer peu à peu le joug des chefs que leur envoyait le sultan. Une solennelle députation vint remontrer, en 1627, à Amurat IV que, grâce aux concussions et à l'avarice des pachas, le trésor de la régence ne pouvait plus subvenir à l'entretien du port et des fortifications; que la milice, frustrée de sa paye, ou obligée de subir de longs délais, s'affaiblissait de jour en jour, et qu'infailliblement les Maures et les Arabes, pour peu qu'ils fussent encouragés et aidés par une puissance chrétienne, expulseraient tôt ou tard les Turcs, et enlèveraient à la Turquie une de ses plus belles possessions d'outre-mer. La milice demandait, en conséquence, qu'il lui fût permis à l'avenir de choisir ses chefs dans ses rangs; elle offrait de payer un tribut annuel pour prix de cette faveur, et proposait même d'admettre les pachas avec les mêmes honneurs que par le passé, mais en ne leur conservant que le droit de voter dans le conseil d'état, où ils représenteraient les intérêts du sultan. La véritable cause de cette démarche, c'est que les Algériens étaient mécontents de l'obligation, qui leur était imposée, de respecter les navires des nations avec lesquelles la Turquie concluait des traités de paix ou d'alliance. Amurat, préoccupé d'une guerre contre la Perse, et de nombreux embarras politiques avec plusieurs princes chrétiens, souscrivit au désir des Algériens. C'était ouvrir libre carrière à leurs déprédations. Ainsi commença pour Alger une nouvelle ère, celle de l'indépendance. En rejetant la suzeraineté de l'empire ottoman, les pirates turcs cessèrent de respecter les traités qui mettaient la marine française à l'abri de leurs attaques. Le vol et la piraterie, leurs seuls besoins, étaient devenus leur seule règle ; et la France affaiblie par des guerres civiles, ne pouvant surveiller ces événements lointains, son commerce diminua, de jour en jour, sur la Méditerranée.

Nos premières relations d'intérêts avec l'État d'Alger remontent vers le milieu du seizième siècle. Deux négociants de Marseille, Thomas Linche et Carlin Didier, avaient acheté, en 1561, de Hassan-Pacha la faveur d'établir un comptoir, pour la pêche du corail, à La Calle, près de la frontière orientale de la régence. En 1604, cet établissement fut dévasté. Quatre ans après, Henri IV obtint du sultan Mohammed III l'injonction, faite aux pachas d'Alger, d'avoir à respecter le pavillon français ; mais cette mesure fut repoussée par la milice, devenue déjà toute-puissante. En 1626, la France mit à profit des circonstances plus favorables ; Richelieu gouvernait sous le nom de Louis XIII ; un ambassadeur fut envoyé à

Alger, pour ouvrir des négociations directes avec les corsaires. Après de longues difficultés, un traité, signé le 19 septembre 1628, stipula la reddition mutuelle des esclaves, la sécurité de parcours pour nos navires, l'installation d'un consul français à Alger, et le rétablissement du comptoir de La Calle. Cette convention ayant été violée plus tard, en ce qui touchait la remise des captifs français, Louis XIII fit partir, au mois de novembre 1637, l'amiral de Manty avec treize bâtiments de guerre; mais une tempête dispersa cette escadre à sa sortie de Toulon, et le vaisseau amiral arriva seul en vue d'Alger. Ses menaces n'ayant produit aucun effet, et trop faible pour rien tenter, M. de Manty se retira en arborant à sa poupe le pavillon de guerre, et peu après un navire de sa flotte captura, près de la côte, deux felouques algériennes. A cette nouvelle, les corsaires arment cinq galères, vont piller les établissements français, et ramènent à Alger plus de trois cents prisonniers, avec un immense butin. Mais, l'année suivante, les Arabes du littoral et même les montagnards kebaïles, qui tiraient de grands bénéfices de leurs relations avec nos marchands, refusèrent tout à coup de payer l'impôt, alléguant pour motif que la destruction des comptoirs français les avait ruinés. Un corps de janissaires, envoyé contre eux, fut taillé en pièces; cette insurrection s'étendit de proche en proche, et devint si formidable, qu'Alger même était menacé, et n'obtint la paix qu'aux plus dures conditions. Les Arabes et les Kebaïles furent affranchis de l'impôt arriéré, et les Turcs prirent l'engagement de relever à leurs frais les établissements français, qu'aucun désastre n'atteignit plus dans la suite, malgré les guerres presque continuelles que Louis XIV fit aux corsaires. L'intérêt des Arabes protégeait mieux nos marchands que n'eût pu faire le canon de nos flottes ; ces tribus, dont on exagère aujourd'hui l'état sauvage, avaient fait de notre sécurité la condition rigoureuse du payement de leurs impôts ; et les Turcs sentaient la nécessité de ménager le calme autour d'eux, pour s'occuper des affaires extérieures.

Cependant des traités, souvent renouvelés et sans cesse violés, ne pouvaient contenir les pirates d'Alger et de Tunis. La plupart des états d'Europe, la France exceptée, payaient tribut à ces écumeurs de mer, et un fléau plus terrible que la guerre semblait devoir se perpétuer sur les côtes africaines : je veux parler de l'esclavage, et te citer, en passant, mon ami, trois hommes remarquables, un grand écrivain, un prêtre illustre et un savant d'élite, qui, à des époques différentes, ont subi plus ou moins longtemps le même sort.

Le premier se nommait Michel Cervantès, le romancier populaire de l'Espagne, l'auteur de *Don Quichotte*. Il s'était trouvé, le 7 octobre 1571, à la bataille de Lépante, où il avait perdu la main gauche. Déposé à Messine, pour guérir sa blessure, il s'était rendu à Naples aussitôt après son rétablissement. Le 26 septembre 1575, il avait quitté cette ville, sur la galère du roi *le Soleil*, pour retourner en Espagne. Ce navire fut capturé, pendant la traversée, par le fameux Arnaute Mami, un des corsaires les plus redoutables de son temps. La captivité à Alger, que les Espagnols regardaient alors comme le plus affreux de tous les malheurs, devenait cependant quelquefois supportable pour ceux qui tombaient entre les mains de maîtres assez humains, ou assez intéressés, pour ménager l'existence de leurs esclaves. Mais la fortune refusa cette triste consolation au malheureux Cervantès, car elle voulut qu'il échût en partage au terrible Arnaute lui-même. Ce pirate était un renégat albanais; ennemi mortel des chrétiens et surtout des Espagnols, il s'était signalé contre eux par tant d'atrocités que, même parmi les Algériens, il passait pour un maître impitoyable. Une situation si cruelle, et qui semblait ne laisser aucune ressource au courage le plus déterminé, n'affaiblit point cependant l'intrépide Cervantès. Loin d'être écrasé par le poids de ses fers, il trouva dans son âme assez d'énergie pour tenter de les briser.

Un Algérien, renégat grec, avait, à trois lieues d'Alger, un jardin qu'il faisait cultiver par un chrétien navarrais, son esclave. Ce Navarrais, après plusieurs années de travaux, était parvenu à creuser, dans l'endroit le moins fréquenté du jardin, un souterrain dont l'extrémité aboutissait au bord de la mer. Cervantès parvint à s'échapper de la maison de son maître, et se rendit le premier au souterrain, à la fin de février 1577. L'espoir de recouvrer la liberté y amena bientôt d'autres esclaves; à la fin du mois d'août de la même année, ils y étaient au nombre de quinze, tous Espagnols ou Majorquins, et tous hommes de cœur et de résolution. La sûreté, les moyens de subsistance, en un mot, le gouvernement de cette petite république, étaient confiés à la vigilance et à la sagesse de Cervantès, qui s'exposa souvent seul pour le salut de tous. Le Navarrais s'était chargé de surveiller au dehors et de donner l'alarme au moindre danger. Un autre esclave, qu'on nommait *le Doreur*, et qui, à raison de cet emploi chez son maître, pouvait aller et venir avec une certaine liberté, avait la commission de se procurer les vivres et de les porter secrètement au jardin. Il était d'ailleurs expressément défendu à tous les autres de se montrer, de jour, hors du souterrain ; ce n'était jamais qu'à la faveur des ténèbres de la nuit que ces infortunés pouvaient sortir, pendant quelques heures, des entrailles de la terre.

Au commencement de septembre, Cervantès apprit qu'un esclave majorquin, nommé Viane, devait bientôt retourner dans sa patrie. Ce Viane était homme d'honneur, courageux, excellent marin, et connaissant parfaitement les côtes d'Alger. Cervantès le décida à s'intéresser au sort de ses compagnons, et lui remit une lettre pour le vice-roi de Majorque, dans laquelle étaient exposées les souffrances des malheureux captifs. Viane s'engagea à revenir prendre Cervantès et ses amis sur un petit bâtiment qu'il espérait obtenir de la bienveillance du vice-roi. — Il tint parole ; car, de retour le 28 septembre au soir, il manœuvrait, à la hauteur d'Alger, avec un brigantin que le vice-roi s'était empressé de lui confier. A la chute du jour, il s'approcha de la côte et débarqua sans obstacles. Plein d'ardeur et de joie, il s'élançait sur le rivage pour voler au souterrain, lorsqu'il fut aperçu par quelques Maures. Ceux-ci donnèrent l'alarme et appelèrent les garde-côtes. Viane voyant échouer l'exécution de son projet, se hâta de reprendre le large, décidé toutefois à faire une autre tentative, quand l'alerte qu'il venait de produire serait apaisée. Pendant ce temps, Cervantès et ses compagnons, ignorant qu'il fût si près d'eux, l'attendaient avec confiance. Mais la fortune, par un second coup bien plus cruel encore, et qu'ils étaient loin de prévoir, allait les arracher au gîte de leur libérateur, au moment même où celui-ci croyait pouvoir enfin les sauver.

Le Doreur, cet esclave que Cervantès avait mis dans sa confidence, et qui avait d'abord témoigné tant de dévouement pour les intérêts communs, n'était malheureusement qu'un traître. Le lendemain du jour de l'apparition de Viane, cet esclave se présenta devant le pacha d'Alger, lui déclarant qu'il désirait embrasser la religion musulmane; et afin de manifester la sincérité de sa résolution, il dénonça les quinze esclaves chrétiens renfermés dans le souterrain. Le pacha envoya aussitôt une troupe de janissaires, avec ordre de ramener tous les esclaves, et de charger de chaînes leur chef, le malheureux Cervantès. Celui-ci, redoutant pour ses compagnons les premiers mouvements de la colère du pacha, résolut de risquer sa vie pour les sauver : — Si c'est un crime à tes yeux, lui dit-il avec une noble fierté, d'avoir cherché à briser nos fers, je suis le seul coupable. Épargne mes frères ; tu le dois, puisque c'est moi qui les ai séduits et livrés à la discrétion du traître qui nous a vendus. — Hassan-Pacha avait de la grandeur d'âme, et touché de la noble audace de Cervantès, il le retint dans son palais. Peut-être aussi espérait-il tirer une forte rançon d'un homme qui, se montrant si grand dans le malheur, ne pouvait manquer d'appartenir à une famille distinguée. Il l'acheta donc au corsaire Mami, moyennant cinq cents écus d'or, et il le traita toujours avec beaucoup d'égards.

Malgré ses efforts continuels pour briser ses chaînes, Cervantès n'avait point négligé le moyen beaucoup plus sûr de recouvrer sa liberté par voie de rachat. Par suite des démarches qu'il avait faites auprès de sa famille, sa mère, devenue veuve, et dona Andrea de Cervantès, sa sœur, vinrent, en juillet 1579, à Madrid, remettre aux Pères Juan Gil et Antonio de la Vella, religieux de l'ordre de la Trinité, chargés d'un prochain rachat de captifs à Alger, une somme de trois cents ducats qu'elles étaient parvenues à se procurer en vendant tout ce qu'elles possédaient. Aussitôt leur arrivée à Alger, ces deux religieux s'empressèrent de négocier la délivrance de Cervantès. Mais comme il appartenait au pacha, qui en demandait mille écus d'or, afin de doubler le prix qu'il avait payé au corsaire Mami, cette affaire souffrit beaucoup de difficultés : peut-être même aurait-elle échoué, sans une circonstance imprévue. Le grand seigneur venait de rappeler Hassan-Pacha, et avait confié le gouvernement d'Alger à Safer-Pacha. Hassan, pressé d'obéir aux ordres du sultan, réduisit à cinq cents écus la rançon de Cervantès. Mais pour montrer que c'était là son dernier mot, il feignit de vouloir l'emmener avec lui, et le fit embarquer sur sa galère. Alors le Père Juan Gil se décida à compléter la rançon exigée, au moyen de quelques fonds destinés à d'autres rachats qu'il prit sur lui de différer. Cervantès fut débarqué, et demeura à Alger en pleine liberté, jusqu'à la prochaine occasion qu'il trouva de passer en Espagne. Ce moment heureux arriva au bout de quelques mois, et il put remettre enfin le pied sur le sol natal, en janvier 1581, après être resté plus de onze ans absent de son pays, et en avoir passé cinq dans les bagnes algériens.

Les malheureux prisonniers faits par les corsaires se divisaient en deux classes. La première comprenait le capitaine du navire capturé, ses officiers et les passagers avec leurs femmes et leurs enfants. Cette première classe était soumise à un travail moins dur que celui des simples matelots, qu'on vendait à l'encan; les enfants étaient presque tous envoyés au palais du dey ou aux maisons des premières familles, et les femmes servaient les dames maures dans les harems. Quant au traitement des esclaves en général, les plus misérables étaient ceux qu'on employait aux travaux publics. Nourris de pain grossier, de gruau, d'huile rance et de quelques olives, il n'y avait que les plus adroits qui pouvaient par leur industrie, en travaillant pour leur compte, après le soleil couché, se procurer quelquefois une meilleure nourriture et un peu de vin. L'État leur accordait pour tout vêtement une chemise, une tunique de laine à longues manches et un manteau.

Dès le principe, il n'y eut qu'un seul bagne affecté au logement des esclaves, et il appartenait au pacha; mais bientôt les prises furent si nombreuses, qu'on en construisit cinq nouveaux. Chaque bagne formait un vaste édifice, distribué en cellules basses et sombres, qui contenaient chacune de quinze à seize esclaves. Une natte pour quelques-uns, et la terre humide pour le plus grand nombre, leur servait de lit. Ces lieux malsains étaient infestés de vermine, de scorpions et d'insectes. On y logeait quelquefois cinq ou six cents esclaves, et lorsque tous ne pouvaient pas être parqués dans les cellules, on les faisait coucher dans les cours ou sur les terrasses du bagne. C'était là qu'étaient tous les esclaves qu'on appelait *du Magasin*, c'est-à-dire esclaves appartenant à l'État. Ceux-ci étaient le plus à plaindre, car n'ayant pas de maîtres particuliers, avec lesquels on pût traiter de leur rachat, il leur était extrêmement difficile, même avec de l'argent, de recouvrer leur liberté. Un *Bachi* (gardien en chef) était chargé de les surveiller; il répondait d'eux; aussi exerçait-il souvent sa surveillance d'une manière cruelle. Les esclaves qui appartenaient aux particuliers étaient généralement assez bien traités, surtout ceux qu'on présumait rachetables. Ils servaient comme domestiques dans la ville, et travaillaient aux champs dans la campagne; quelquefois même on ne les forçait pas à travailler, à moins que leur rachat ne tardât trop à s'effectuer. Alors seulement, et dans le but de les obliger à presser leurs parents ou leurs amis, on les employait aux corvées les plus pénibles. Dans quelques circonstances, l'esclave chrétien obtenait la permission de tenir une taverne, moyennant une redevance qu'il payait à son maître; mais jusqu'à ce qu'il se fût racheté, il portait à sa jambe gauche, au-dessus de la cheville, un cercle de cuivre qui rappelait sa condition.

La vente des esclaves se faisait dans un *bazar* ou marché particulier, appelé le *Batistan*. La valeur vénale de chaque esclave dépendait de son âge, du lieu de sa naissance, de sa fortune présumée, de sa position sociale en Europe, de l'état de sa santé et de ses forces physiques. Leur rachat s'effectuait de trois manières. Il y avait, premièrement, la rédemption publique : c'était celle qui se faisait aux dépens de l'Etat, auquel appartenaient les esclaves. Il y avait ensuite le rachat, qui s'opérait par l'entremise des religieux de la Merci, lesquels faisaient des quêtes dont le montant était destiné à cette œuvre de charité; et enfin, le rachat qui se traitait directement avec les familles ou les amis des captifs. La rançon une fois payée au propriétaire de l'esclave, on exigeait ensuite une foule de redevances supplémentaires, à titres de droits divers, comme, par exemple, le droit de *Kaftan* du pacha, le droit du secrétaire d'état, le droit du capitaine du port, le droit du gardien des bagnes, et mille autres encore qui, réunis, finissaient par doubler le prix de la rançon convenue. Au reste, la sollicitude des Pères de la Merci ne se bornait pas à faire des quêtes dans les divers états de la chrétienté pour subvenir au rachat des malheureux esclaves ; ils visitaient, ils consolaient dans leur captivité ceux qu'ils n'avaient encore pu affranchir ; et lorsqu'ils étaient malades, ils les soignaient dans un petit hôpital qu'ils avaient élevé aux frais de l'ordre.

C'est ici le lieu de rappeler qu'en janvier de l'année 1605, un des prêtres les plus illustres dont s'honore l'église de France, Vincent de Paul, le père des enfants trouvés et le saint fondateur des *sœurs de charité,* fut traîné comme esclave dans les bagnes barbaresques. « Pendant son séjour à Marseille, écrit M. Léon Guérin, l'excellent biographe de ce bienfaiteur de l'humanité, un gentilhomme du Languedoc l'engagea à prendre avec lui la voie de mer jusqu'auprès de Narbonne, pour retourner à Toulouse. Ce fut le commencement des épreuves par où le saint devait passer ici-bas. A peine était-il en route, que trois corsaires turcs, croisant dans le golfe de Lyon pour s'y emparer de quelques-uns des navires marchands attirés par la foire de Beaucaire, attaquèrent tous ensemble le bâtiment où il se trouvait, et lui-même, Vincent de Paul, reçut un coup de flèche qui, selon son expression, devait lui *servir d'horloge* toute sa vie. La plupart des autres chrétiens étaient aussi blessés, et le bâtiment fut obligé de se rendre, pour ne pas périr corps et biens. Tous les chrétiens se virent incontinent mis aux fers, Vincent de Paul avec eux ; on les emmena à Tunis, où on les exposa pour être vendus sur le marché public. Après avoir été marchandés, éprouvés au sujet de leur force et de leurs qualités physiques, comme des bêtes de somme, ils devinrent la propriété de différents musulmans. Vincent de Paul échut à un pêcheur, qui bientôt se vit contraint de se défaire de lui, ne le trouvant pas bon au service de mer. Il passa à une sorte de médecin et d'alchimiste qui avait usé cinquante années de sa vie à la recherche de la pierre philosophale, mais qui avait un grand fonds de bon sens et d'humanité. Celui-ci étant mort, Vincent de Paul retomba en des mains plus ou moins traitables, entre autres, dans celles d'un renégat natif du comté de Nice, qu'il sut rendre à la croyance de son enfance. Le nouveau converti le ramena en France sur un frêle esquif, et le débarqua à Aigues-Mortes, le 28 juin 1606, après dix-huit mois de captivité, et après avoir eu toutes les peines du monde à échapper, dans cette fuite périlleuse, à d'autres corsaires musulmans. »

A une époque plus rapprochée de nous, le gouvernement français avait chargé deux savants, M. Biot et M. Arago, de se rendre aux îles Baléares, pour y faire un travail astronomique destiné à fixer la mesure exacte de l'arc du méridien terrestre. Au mois d'avril 1807, les principales opérations se trouvant terminées, M. Biot, chef de l'expédition scientifique, revint à Paris pour coordonner les calculs recueillis. M. Arago se transporta à Majorque, et s'établit sur le sommet de la montagne de

Galatzo, afin de communiquer avec l'île d'Iviça, et de mesurer l'arc du parallèle compris entre ces deux stations. Cependant, la guerre venait d'éclater tout à coup entre l'Espagne et la France ; et tandis qu'Arago poursuivait tranquillement ses études, le bruit se répandit parmi le peuple que les signaux du jeune savant et de ses collaborateurs avaient pour objet d'appeler l'ennemi. Les Majorquins se soulèvent et courent en armes vers Galatzo, en poussant des cris de mort. Arago n'eut que le temps de se déguiser en paysan, et d'emporter les papiers contenant ses observations; puis, grâce au concours de quelques amis, il parvint à passer à Alger, où il se rendit avec son bagage d'astronome, sur une barque de pêcheur conduite par un seul matelot. — Le consul de France à Alger, M. Dubois Thainville, accueillit Arago avec la plus touchante sympathie, et obtint en sa faveur le passage à bord d'une frégate algérienne qui faisait voile pour Marseille. On était déjà en vue des côtes de France, lorsqu'un corsaire espagnol, qui croisait dans ces parages, joint la frégate, s'en empare, et conduit prisonniers en Espagne tous ceux qui étaient à bord. Cependant, le dey d'Alger, à la nouvelle de l'insulte faite à son pavillon, exige et finit par obtenir qu'on rende la liberté à l'équipage; et quelques jours après cette sommation, le navire algérien faisait voile pour l'Afrique. Tout à coup une affreuse tempête du nord-ouest le surprend et le jette sur les côtes de la Sardaigne. Nouveau péril, car à cette époque les Sardes et les Algériens étaient en guerre : aborder, c'eût été retomber dans une nouvelle captivité. On se décide alors, malgré une voie d'eau considérable qui vient de se déclarer, à affronter toutes les fureurs de la mer et à se diriger à tout prix vers l'Afrique. Le vaisseau, désemparé et près de couler bas, fut enfin jeté sur la plage de Bougie. Là M. Arago apprit que le dey, qui l'avait assez bien accueilli la première fois, venait d'être tué dans une émeute. Il se trouvait seul et sans appui au milieu des Turcs et des Arabes; on s'empare des caisses qui renferment ses instruments, on les brise, parce qu'on les croit pleines d'or; on le fouille lui-même, on le menace, on exerce sur lui les plus mauvais traitements, et peut-être va-t-il servir de victime aux musulmans, lorsqu'un marabout le prend sous sa protection, et le conduit par terre à Alger. Couvert du bernous des Arabes, M. Arago traverse à pied l'Atlas sous la sauvegarde de son libérateur. Lorsqu'ils arrivèrent à Alger, le nouveau dey était en discussion avec le gouvernement français; il refuse de protéger l'infortuné savant, le fait inscrire sur la liste des esclaves, et l'envoie servir à bord d'un bâtiment corsaire, en qualité d'interprète. M. Nordesling, consul de Suède, obtint quelque temps après la permission de recueillir chez lui M. Arago, et le fit embarquer enfin, le 1ᵉʳ juillet 1809.

Reprenons maintenant, mon ami, le cours des faits historiques. Je t'ai dit que Louis XIV avait déclaré une rude guerre aux pirates turcs. En 1662, la marine française n'était pas assez considérable pour prendre part aux grandes luttes qui divisaient alors l'Angleterre et la Hollande; mais elle pouvait protéger notre commerce, réprimer les agressions des pirates sur les côtes de la Provence, et se préparer ainsi à un plus brillant essor. Alger et Tunis étaient les repaires les plus redoutés de la piraterie; Louis XIV voulut s'emparer d'une position intermédiaire d'où il pût, au besoin, diriger ses forces contre l'une ou l'autre de ces villes. Le duc de Beaufort fut chargé d'occuper Djidjeli, où sa flotte arriva le 22 juillet 1664. A son approche, les habitants arabes s'enfuirent dans les montagnes voisines; mais les Turcs d'Alger vinrent l'assiéger, et après trois mois de combats, le général français reconnut la nécessité d'évacuer un point qui n'offrait aucune ressource, et dont l'insalubrité lui avait déjà fait perdre deux mille hommes. Mais pendant cinq années, il donna une rude chasse aux pirates, et après avoir écrasé ceux de Tunis, il réduisit ceux d'Alger à demander la paix. Le marquis de Martel, commandant l'escadre de la Méditerranée, en dicta les conditions, au mois de février 1670 ; tous les esclaves français furent délivrés, et les navires capturés rendus à leurs maîtres.

Onze ans plus tard, un dey monté au pouvoir par l'assassinat de son prédécesseur, Baba-Hassan renouvela les hostilités. Pour se rendre agréable aux janissaires, son premier soin avait été de faire construire une nouvelle escadre, et de préparer des armements considérables; puis il fit appeler le consul de France, et du haut des terrasses de son palais, lui montrant ses navires prêts à appareiller : « La paix avec ton pays est rompue : malheur à ton maître, lui dit-il ; dans quelques jours sa marine sera détruite et son commerce anéanti. « Cette insolente provocation fit décider l'expédition de Duquesne. — L'Angleterre se hâta de profiter de cet état de guerre entre la France et la régence d'Alger pour obtenir, en 1682, un traité que le Père Levacher, notre consul, qualifie du mot *honteux* dans sa correspondance diplomatique. En effet, l'amiral Herbert se désista de

FEMME MAURESQUE

toute prétention sur les trois cent cinquante bâtiments de commerce que les Algériens avaient pris aux Anglais; il rendit sans rançon tous les prisonniers turcs enchaînés sur sa flotte, sans réclamer en échange ses compatriotes esclaves dans les bagnes d'Alger; enfin, il livra aux ennemis de la chrétienté un matériel de guerre considérable.

Louis XIV était alors à l'apogée de sa gloire; il venait de conclure, après des guerres brillantes, le fameux traité de Nimègue; il avait une armée nombreuse et aguerrie; et ses flottes, commandées par d'Estrées, Martel, Vivonne, Duquesne, Tourville, s'étaient couvertes de gloire dans plusieurs batailles navales. Il ne pouvait donc ajourner le châtiment mérité par les pirates d'Afrique. L'expédition, confiée à l'illustre Duquesne, se composait de onze vaisseaux de guerre, quinze galères, cinq galiotes à bombes, deux brûlots et quelques tartanes. C'était la première fois qu'on allait essayer sur mer l'usage des mortiers à bombes. La proposition en avait été faite par un jeune officier, nommé Renaud d'Éliçagaray. On n'avait pas d'idée, dit Voltaire, que des mortiers pussent n'être pas posés sur un terrain solide. Sa proposition révolta les amis de la routine. Renaud essuya les contradictions et les railleries que tout inventeur doit attendre quand il n'est pas secondé par la fortune ou par un grand nom; mais sa fermeté et son éloquence déterminèrent le roi à permettre l'essai de cette nouveauté. Les galiotes proposées par Renaud étaient des bâtiments de la force des vaisseaux de cinquante canons; mais ils avaient un fond plat, et étaient fortement garnis de bois et de fer, pour résister à la réaction de la bombe.

Chacune de ces galiotes était armée de deux mortiers placés en avant du grand mât, et de huit pièces de canon braquées sur l'arrière, quatre à tribord, et quatre à babord. Dans le combat, elles présentaient la pointe à l'ennemi, de manière à offrir une moindre surface à ses coups. Les mortiers, de douze ou quinze pouces, étaient établis sur une plate-forme de bois, supportée par des couches de madriers et des câbles.

La flotte de Duquesne parut devant Alger vers la fin d'août 1682; mais la grosse mer empêcha l'attaque pendant quelques jours; il fallut attendre le calme, pour que les vaisseaux pussent prendre leur poste de combat. Le feu s'ouvrit alors : mal dirigé d'abord, il fit peu de mal à l'ennemi; un mortier, chargé d'une bombe, laissa même tomber son projectile enflammé dans l'intérieur du navire d'où il devait être lancé. Duquesne ordonna aux galiotes de se rapprocher de la ville, et le tir recommença, avec plus de justesse et de vivacité que la première fois. Cette attaque dura pendant toute la nuit, et causa des dégâts considérables à Alger et dans le port. Le jour suivant, le mauvais temps força l'amiral français à rompre ses lignes; mais, le 3 septembre, il y eut un nouveau bombardement, plus terrible que les précédents. Le lendemain, on vit le Père Levacher, vicaire apostolique, qui remplissait à Alger les fonctions de consul de France, s'approcher du vaisseau amiral pour faire des propositions de paix. Duquesne ne voulut pas le recevoir : « Si les Algériens, lui dit-il, désirent la paix, ils n'ont qu'à venir à bord eux-mêmes pour la demander. » Et le bombardement fut repris avec une nouvelle vigueur. Le 5, des envoyés du dey se présentèrent; l'amiral exigea qu'au préalable tous les esclaves français seraient rendus, condition qui ne fut pas acceptée. Mais le mauvais temps s'étant déclaré, et la saison se trouvant fort avancée, Duquesne quitta Alger, le 12 septembre, pour rentrer dans le port de Toulon. Cette expédition, dont le succès était loin d'être complet, eut néanmoins un grand retentissement en Europe, tant à cause de l'innovation des mortiers employés à bord des galiotes qu'à cause des désastres essuyés par les Algériens, car leur ville était, pour ainsi dire, entièrement détruite; cependant leur audace ne les abandonnait point encore; ils se vantaient d'être assez riches pour en rebâtir une nouvelle. Louis XIV résolut donc de renouveler l'attaque au printemps de l'année suivante; l'hiver fut employé à radouber les vaisseaux et à perfectionner les galiotes.

La nouvelle expédition prit la mer vers la fin de juin 1683. A son arrivée devant Alger, elle rallia cinq vaisseaux de ligne commandés par le marquis d'Amfreville. Le 28 juin, les galiotes, s'étant embossées près de la ville, commencèrent le bombardement et jetèrent un grand nombre de projectiles dans les rues. La consternation des Algériens fut si grande, que le divan envoya aussitôt le Père Levacher pour solliciter la paix. Celui-ci, que l'amiral avait refusé de recevoir à son bord l'année précédente, était cette fois accompagné d'un Turc et d'un interprète. Duquesne demanda, avant d'entamer aucune négociation, que tous les esclaves, français et étrangers, pris à bord des bâtiments français, lui fussent livrés, menaçant de recommencer le feu si cette condition préliminaire n'était pas acceptée. Le divan, auquel l'envoyé turc transmit la demande de l'amiral, s'empressa d'y faire droit, et dans la matinée du jour suivant, une partie des esclaves français qui étaient à Alger furent rendus. Duquesne demanda ensuite que Mezzomorte, amiral de la flotte algérienne, et Ali, reïs de la marine, lui fussent livrés comme otages. Cette condition fut encore accueillie avec d'autant plus d'empressement que le dey était jaloux de l'influence de Mezzomorte. La condition la plus rigoureuse pour les Algériens était le payement d'une indemnité de 1,500,000 francs que Duquesne réclamait, en outre, pour les prises faites sur ses compatriotes. Baba-Hassan déclara à l'amiral français qu'il lui était impossible de satisfaire à cette dernière exigence; mais Mezzomorte, qui voulait à tout prix sortir de la position où il se trouvait, engagea Duquesne à le laisser aller à terre, en lui disant : « Dans une heure j'en ferai plus que Baba-Hassan en quinze jours. » Duquesne, ne comprenant pas le double sens de ces paroles, lui accorda la faveur qu'il sollicitait. Au moment où il quittait le vaisseau français, Mezzomorte toucha la main de l'amiral en lui promettant des nouvelles rapides. En effet, dès qu'il fut à terre, il se rendit auprès du dey, et le fit poignarder par quatre de ses affidés; il endossa son kaftan, fit annoncer son élection au peuple, ordonna d'arborer les drapeaux rouges sur tous les forts, et de tirer le canon de toutes les batteries contre la flotte ennemie; puis il envoya un négociant français à Duquesne, avec recommandation de lui signifier que s'il lançait encore des bombes, le dey ferait mettre les chrétiens à la bouche des canons d'Alger.

Les négociations étant rompues, le bombardement recommença; mais les nouveaux ravages que faisaient les galiotes exaspérèrent à tel point la milice et le peuple, qu'un Anglais, homme influent, en profita pour provoquer les sanglantes exécutions dont Mezzomorte avait menacé Duquesne. Les domestiques du Père Levacher ayant mis du linge à sécher sur la terrasse de la maison consulaire, l'Anglais fit accroire au peuple que c'étaient des signaux qu'on faisait à la flotte. Les portes du consulat furent aussitôt enfoncées; on pilla tout ce qui s'y trouvait. Le consul était perclus de tous ses membres depuis qu'il avait eu la peste à Tunis; les forcenés le lièrent sur sa chaise, et, l'ayant porté sur le môle, le dos tourné à la mer, ils chargèrent de poudre un canon, attachèrent le serviteur de Dieu à la bouche, lui firent subir mille outrages, et le sacrifièrent enfin à leur rage et à leur désespoir. Le canon creva, mais il avait produit tout l'effet que ces misérables en avaient attendu, car il consuma la plus grande partie de leur victime; les restes de son corps et de ses habits furent ramassés par des chrétiens qui les conservèrent comme de précieuses reliques; il y eut même des Turcs qui en voulurent avoir, pour se ressouvenir d'un homme dont les vertus les avaient charmés pendant leur vie. Ce meurtre fut suivi de celui de vingt-deux autres chrétiens, qui périrent de la même manière. Il y avait, parmi les prisonniers que l'on conduisait au lieu du supplice, un jeune homme appelé Choiseul, plein de calme et de résignation. Dans des temps plus heureux, il avait capturé un reïs algérien, et lui avait témoigné beaucoup d'égards. Celui-ci redevenu libre conserva le souvenir de ces bons traitements, et au moment où Choiseul fut mis à la bouche d'un canon, il le reconnut. Aussitôt il s'élança pour embrasser le malheureux Français, déclarant qu'il mourrait avec lui si on ne lui faisait pas grâce. Cet acte de fraternel dévouement aurait dû les sauver tous deux, mais la férocité des Algériens était tellement excitée par le carnage, qu'ils n'écoutèrent même pas les prières de leur compatriote, et, au lieu d'une victime, le même coup de canon en fit deux.

Tel était l'état des choses, lorsque les bombes vinrent à manquer aux Français. Une soixantaine de maisons et quelques mosquées avaient été renversées; les rues étaient pleines de décombres, quatre cents personnes avaient péri, et trois grands navires corsaires avaient coulé dans le port; mais les Algériens résistaient encore et ne faisaient pas de propositions. M. de Seignelay envoya M. Dussault auprès du dey pour sonder ses dispositions. Celui-ci déclara que l'amiral Duquesne n'ayant pas traité après la remise des esclaves, il s'ensevelirait sous les ruines d'Alger, plutôt que d'entamer de nouvelles négociations avec lui. L'escadre française ayant épuisé ses munitions, et se trouvant hors d'état d'agir, dut remettre à la voile et rentra à Toulon, le 25 octobre, ramenant un grand nombre de captifs délivrés.

L'année suivante, M. Dussault fut renvoyé à Alger pour prendre des arrangements avec Mezzomorte; celui-ci était alors en butte à diverses conspirations, et avait été grièvement blessé à la figure, dans une émeute provoquée par les agents du bey de Tunis. Il était tellement disposé à faire la paix, qu'il déclara à M. Dussault que *si le roi de France la voulait une fois, lui la voulait dix;* mais le divan entravait toujours les négociations. Enfin, le 1ᵉʳ avril, M. de Tourville arriva devant Alger avec une nombreuse escadre, pour presser la conclusion du traité. Après vingt-trois jours de pourparlers, on s'entendit sur les conditions, et la paix fut signée le 25 avril 1684, au grand dépit des Anglais et des Hollandais, qui avaient mis en jeu toutes sortes d'intrigues pour perpétuer les hostilités. Les esclaves furent rendus de part et d'autre, et le dey envoya un ambassadeur à Paris. Mais les corsaires ne pouvaient aisément se résigner à l'inaction ; quelques mois après la paix, ils couraient déjà sur les navires anglais, et, dès 1686, ils capturaient de nouveau, sans le moindre scrupule, les bâtiments français. Vers la fin de la même année, leurs expéditions devinrent si nombreuses, et les pertes de notre commerce si considérables, que le ministre de la marine fut obligé d'ordonner une chasse à outrance contre tout pirate algérien qui serait rencontré dans la Méditerranée. Le pacha qui régnait alors fit piller, à titre de représailles, la maison consulaire de France, et le consul, M. Piolle, fut jeté dans les bagnes. Mezzomorte se préparait à la guerre ; il fit commencer la construction d'un fort au cap Matifoux, et, afin de gagner du temps, il écrivait à M. de Vauvré, intendant de la marine à Toulon, pour faire des ouvertures de paix ; mais la France ne fut pas dupe du stratagème. Lorsque ses lettres arrivèrent, une escadre allait mettre à la voile sous le commandement du maréchal d'Estrées, et rien n'en suspendit le départ ; elle mouilla en vue d'Alger, à la fin du mois de juin 1588. Le maréchal adressa aussitôt au pacha la déclaration suivante : « Le maréchal d'Estrées, vice-amiral de France, vice-roi d'Amérique, déclare aux puissances et milices du royaume d'Alger que si, dans le cours de cette guerre, on exerce les mêmes cruautés qui ont été ci-devant pratiquées contre les sujets du roi son maître, il en usera de même avec ceux d'Alger, à commencer par les personnages les plus considérables qu'il a entre les mains, et qu'il a eu ordre d'amener pour cet effet avec lui. » — Il paraît que l'emploi des bombes avait singulièrement frappé les Algériens, car Mezzomorte répondit de sa main, sur le revers de cet écrit : « Vous dites que si nous mettons les chrétiens à la bouche du canon, vous mettrez les nôtres à la bombe; eh bien, si vous tirez des bombes, nous mettrons le *roi* des vôtres au canon; et si vous me dites: Qui est le *roi?* c'est le consul. Ce n'est pas parce que nous avons la guerre que j'agirai ainsi; c'est parce que vous tirez des bombes incendiaires. Si vous avez du cœur, venez à terre, ou bornez-vous à tirer le canon de vos vaisseaux. »

Pendant quinze jours, le feu des galiotes ne discontinua pas, et causa des maux affreux dans Alger. Dix mille bombes furent lancées; elles avaient renversé un grand nombre de maisons, tué beaucoup d'habitants, coulé cinq navires, démantelé la plupart des batteries et rasé la tour du Fanal. Mezzomorte fut atteint lui-même d'un éclat de mitraille à la tête. Ces ravages, au lieu de faire fléchir les Algériens, amenèrent de nouveaux actes de cruauté. Le Père Montmasson, vicaire apostolique, ancien curé de Versailles, fut leur première victime; puis on immola successivement, à la bouche des canons, le consul Piolle, un religieux, sept capitaines et trente matelots français. En apprenant ces scènes de carnage, le maréchal d'Estrées ne put contenir son indignation, et fit mettre à mort dix-sept des principaux Turcs qu'il avait à bord; leurs cadavres furent ensuite placés sur un radeau que l'on dirigea vers le port; puis il reprit, avec son escadre, le chemin de Toulon. Cependant, ces échanges de cruautés étaient loin d'amener la paix et la sécurité que réclamait si vivement notre commerce maritime. Le gouvernement français le sentait bien ; aussi, l'année suivante, se prévalant des lettres écrites à l'intendant de la marine à Toulon, fit-il de nouvelles tentatives qui eurent, cette fois, un plein succès. Un traité de paix fut conclu, et Mohammed-Emin-Kodjia se rendit à Paris, au mois de juillet 1690, en qualité d'ambassadeur du dey, avec la mission de demander au roi la ratification de ce traité.

Quelque temps après, Mezzomorte, fatigué du pouvoir que lui disputaient des conspirations incessantes, et n'osant abdiquer, quitta furtivement la régence d'Alger. Son successeur Châaban écrivit au gouvernement français, pour l'assurer de ses bonnes dispositions. A cette époque de troubles et d'agitations en Europe, la France chercha un point d'appui à Alger; elle voulait que le nouveau dey déclarât la guerre à la Hollande et à l'Angleterre; mais le consul anglais se montra si habile, et répandit l'or avec tant d'à-propos, que M. de Seignelay ne put obtenir du divan qu'une rupture avec la Hollande, et l'assurance que ses corsaires captureraient tous les navires anglais qui ne seraient pas munis d'un passeport de Jacques II. La coopération d'Alger ne s'étendit pas plus loin ; cette régence était d'ailleurs préoccupée d'un projet d'expédition pour agrandir son territoire.

En 1698, la paix se rétablit avec l'Angleterre, sous le

règne de Hassan-Chiaouch, qui continua soigneusement les rapports d'amitié avec la France.

Les deys se succédaient, dans la régence d'Alger, au gré de la turbulence des janissaires, toujours prêts à former un complot pour se débarrasser de celui qui voulait comprimer leurs excès. Pendant tout le règne de Louis XV, les pirates continuèrent leurs déprédations. Le 16 janvier 1764, le chevalier de Fabry, chef d'escadre, conclut avec eux un traité portant que tous les griefs passés seraient oubliés; qu'un délai de trois mois serait accordé aux Français résidant à Alger, pour se mettre à l'abri, s'il survenait dans l'avenir quelque nouvelle collision. Ces conventions, et quelques autres relatives à des questions de détail, n'avaient pas une grande valeur; mais, à défaut d'expéditions décisives, c'était le seul moyen qu'on pût employer pour tenir les forbans en respect. En 1770, le Danemarck, pour se soustraire au payement d'un tribut arbitraire que lui avait imposé le dey régnant, envoya une flotte assez considérable; mais ses attaques échouèrent complétement, et le gouvernement danois fut obligé d'acheter la paix, moyennant le don de cent mille écus et de deux navires chargés de munitions de guerre. La plupart des États qui, à cette époque, entretenaient des consuls à Alger, étaient soumis à des redevances de différentes espèces envers la régence. Ainsi, le royaume des Deux-Siciles payait au dey un tribu annuel de vingt-quatre mille piastres, et faisait en outre des présents pour une valeur de vingt mille piastes; la Toscane n'était soumise à aucun tribut, mais à un présent de vingt-cinq mille piastres à chaque renouvellement de consul; la Sardaigne avait obtenu, par la médiation de l'Angleterre, le même privilége; les états du Pape le devaient à la protection de la France; le Portugal était traité comme les Deux-Siciles; l'Autriche, appuyée par la Turquie, fournissait des présents annuels; et l'Angleterre elle-même, après le bombardement d'Alger par lord Exmouth, en 1816, fut obligée de consentir à un présent de six cents livres sterling (15,000 fr.), à chaque renouvellement de consul. La Hollande, par suite de sa coopération au bombardement de 1816, fut comprise dans les stipulations du même traité; les États-Unis, le Hanovre et les états de Brême adoptèrent les mêmes arrangements que l'Angleterre; enfin la Suède et le Danemarck étaient assujettis à un tribut annuel assez considérable, qui se payait en munitions de guerre. Tous ces différents états soldaient en outre, de dix ans en dix ans, à l'époque du renouvellement des traités, un présent de dix mille piastres, et leurs consuls n'entraient en fonctions que chargés de présents pour tous les ministres de la régence.

La France seule, au milieu de cet avilissement des drapeaux européens, portait haut son pavillon, et ses lettres de traité constatent qu'elle ne devait rien, à quelque titre que ce fût.

Malgré tous ces traités, tous ces tributs, tous ces présents, l'état d'Alger semblait toujours insatiable; et les pirates poussaient à outrance l'audace de leurs agressions, dont la marine espagnole avait à souffrir plus que les autres. Les choses en vinrent à tel point, que sous le règne de Charles III, une grande expédition fut décidée contre Alger. Un officier de fortune irlandais, nommé O'Reilly, et qui avait servi avec quelque distinction dans les armées de France et d'Autriche, en reçut le commandement, et se présenta devant la cité barbaresque, le 1ᵉʳ juillet 1775. Sa flotte se composait de plus de trois cents bâtiments de toute grandeur ; elle portait vingt-deux mille hommes de troupes de débarquement et un matériel de siége considérable. Au lieu de verser immédiatement son armée sur la côte, O'Reilly fit parader sa flotte pendant huit jours, devant Alger, pour intimider l'ennemi. Les beys de Constantine, de Médéah et de Maskara mirent à profit ce temps perdu en inutiles démonstrations, pour accourir avec leurs contingents au secours d'Alger. Enfin, le 8 juillet, le débarquement s'opère ; les Algériens n'opposent d'abord aucune résistance ; ils semblent fuir devant les Espagnols, les laissent s'engager au milieu des chemins couverts qui sillonnent la campagne, et lorsque toute l'armée se trouve disséminée, hors d'état de se rallier, ils fondent sur elle et la déciment. Une seule journée suffit pour dégoûter les Espagnols de leur entreprise. O'Reilly et son conseil décidèrent que l'armée se rembarquerait le lendemain. On abandonna à l'ennemi le matériel, ainsi que les malades et les blessés qui ne purent regagner les vaisseaux. Le gouvernement espagnol voulut réparer cet échec, et de nouvelles tentatives de bombardement succédèrent à la fatale expédition de 1775 ; mais ces velléités n'eurent aucun résultat, et l'Espagne fut obligée de conclure avec Alger, en 1785, une paix qui ne la mit jamais à l'abri de ses insultes.

Du 8 au 9 octobre 1790, un affreux tremblement de terre bouleversa Oran, qu'occupait encore à cette époque une garnison espagnole ; les églises, les maisons, les remparts s'écroulèrent; un tiers des troupes périt sous les décombres; le reste se trouvait sans vivres ni munitions, et dépourvu de tentes et de fournitures d'hôpitaux pour les blessés. A la nouvelle de ce sinistre, le bey de Maskara, profitant de la consternation générale, se présenta devant Oran avec trente mille hommes; la ville se défendit, au milieu des ruines, jusqu'au mois d'août de l'année suivante. Des négociations furent alors ouvertes, et, en 1772, une convention stipula qu'Oran serait cédé par l'Espagne au dey d'Alger, mais que les Espagnols emporteraient leurs canons de bronze et leurs approvisionnements. Cet abandon prouve l'abaissement dans lequel était tombée la marine espagnole. Voilà donc les Turcs maîtres absolus de l'Algérie; aucune puissance extérieure ne leur dispute la possession de cette côte redoutable; il n'y a que les Arabes indigènes, dont la résistance et les révoltes protestent de temps en temps contre la tyrannie du peuple dominateur. Trois siècles d'établissement n'ont pas suffi pour légitimer et consolider le pouvoir turc. Ce dernier conquérant de la plage africaine doit subir la loi qui a constamment pesé sur les dominateurs du passé. Carthaginois, Romains, Vandales, Byzantins n'avaient pu s'y maintenir qu'au prix de luttes incessantes...

La révolution française de 1789 n'apporta d'abord aucun changement dans les rapports de la France avec la régence d'Alger; les traités de paix et d'amitié furent renouvelés en 1791 et 1793. Mais, lors de l'expédition d'Égypte, les corsaires algériens, pour se conformer aux ordres du sultan de Constantinople, non comme leur suzerain temporel, puisqu'ils ne lui reconnaissaient plus qu'une autorité nominale, mais comme chef de l'Islamisme menacé, firent une guerre acharnée à notre marine et à notre commerce. En 1800, la Turquie ayant accédé au traité d'Amiens, fit rentrer les corsaires dans leurs ports, et un nouveau traité de paix et de commerce intervint, le 30 septembre, entre la régence d'Alger et la république française. En 1803, Bonaparte, premier consul, obtint de Mustapha-Pacha de nouvelles concessions; mais quand le désastre de Trafalgar eut porté le dernier coup à notre marine et à notre commerce, le pavillon français ne parut plus qu'à de rares intervalles dans la Méditerranée, et l'Angleterre devint maîtresse de Malte. A l'instigation de cette puissance, le bey de Constantine admit, en 1806, la concurrence des Maltais, des Juifs, des Espagnols, sur les marchés du littoral où nous avions acquis le droit exclusif de commercer avec les Arabes. Bientôt, ne nous voyant pas en mesure de réprimer cette violation des traités, le dey d'Alger nous enleva, en 1807, nos concessions, les vendit aux Anglais, moyennant une rente annuelle de 200,000 francs, et plus tard expulsa le consul de France. — Le génie de Napoléon s'émut de ce conflit; une haute pensée dominait toute sa vie, celle d'abaisser cette féodalité britannique dont les chefs, au quinzième siècle, avaient porté la main sur la couronne de France. Des mémoires furent préparés, des reconnaissances exécutées; le ministère étudiait, en 1808, la question barbaresque, et si l'empereur avait possédé le secret de la vapeur, l'Algérie serait aujourd'hui française depuis plus de trente ans.

Les plénipotentiaires réunis au congrès de Vienne en 1815, après la chute de l'empire, portèrent leur attention sur l'Algérie, et témoignèrent le désir de s'unir pour opposer une digue aux déprédations des corsaires. L'Angleterre seule, qui craignait que cette répression ne rendît à la France l'influence qu'elle avait précédemment exercée sur les Barbaresques, s'y opposa. Dans ce moment même, une escadre américaine, composée de trois frégates et de plusieurs autres bâtiments inférieurs, sous les ordres du capitaine Décatur, se dirigeait vers Alger; elle venait relever les États-Unis d'un honteux tribut que le dey Omar avait prétendu leur imposer. Avant même de se montrer devant la ville, les Américains capturèrent trois navires algériens. Une si énergique attitude déconcerta le divan, qui souscrivit, presque sans conteste, à tout ce qu'exigeaient des ennemis si déterminés à faire triompher leur bon droit. Le succès de cette expédition ramena bientôt l'attention des puissances européennes sur Alger, et dès ce moment elles résolurent d'abolir l'esclavage dans les états barbaresques.

Au mois d'avril 1816, l'amiral Exmouth fut chargé par son gouvernement de négocier avec les différentes régences d'Afrique pour arriver à ce résultat. Vingt-six vaisseaux de guerre accompagnaient le plénipotentiaire anglais, dont la mission réussit assez facilement à Tripoli et à Tunis. Mais Alger se montra intraitable. Le dey Omar déclara qu'il ne consentirait jamais à se dessaisir du droit de charger de fers tout ennemi qui tomberait entre ses mains; il offrait, au reste, de déférer au sultan de Constantinople la solution de cette question. Lord Exmouth, avant d'ouvrir les hostilités, consentit à l'envoi d'un député algérien auprès du gouvernement de la Porte; et en attendant son retour, il croisa dans les parages voisins. L'envoyé revint sans réponse satisfaisante; sur ces entrefaites, le consul d'Angleterre avait été outragé dans les rues d'Alger; à Oran et à Bone, plusieurs navires anglais avaient été pillés, au mépris de la trêve; lord Exmouth reparut devant Alger le 26 août 1816, avec toute sa flotte, augmentée de six frégates hollandaises. Après avoir signifié son *ultimatum* pour obtenir dans le plus bref délai, du gouvernement turc, toute sorte de satisfactions et d'indemnités, le bombardement fut décidé. Une manœuvre hardie, au moyen de laquelle les Anglais parvinrent à tourner le môle et à s'embosser à l'entrée du port, jeta la consternation parmi les Algériens; le feu de la flotte causa d'affreux ravages; bientôt l'incendie se communiqua dans le port, et consuma une partie des navires qu'il renfermait. Lord Exmouth écrivit alors au dey qu'il allait continuer le bombardement, si l'on ne se hâtait d'adhérer aux conditions déjà proposées. Omar, qui, pendant toute la durée du combat, avait déployé le plus grand courage, refusa d'abord de se soumettre; mais les officiers des janissaires, voyant que la résistance devenait impossible, le déterminèrent à entrer en arrangement.

Bientôt après le départ de la flotte anglo-hollandaise, une sourde conspiration se trama contre le chef de la régence; les janissaires l'accusaient de trahison, de lâcheté, lui qui, s'il n'eût écouté que son courage, se fût volontiers enseveli sous les ruines d'Alger; lui qui, au au moment où l'on complotait contre sa vie, s'occupait activement de faire construire de nouveaux vaisseaux et de réparer les fortifications, de manière à mettre Alger à l'abri d'une nouvelle attaque. L'habileté d'Omar et ses bonnes intentions furent impuissantes pour conjurer l'orage ; attaqué à l'improviste, au sein de son palais, il périt étranglé.

Son rival, qui devint son successeur, se nommait Ali-Kodjia, nom resté fameux dans la régence par le caractère impitoyable de celui qui le portait. Les consuls étrangers qui se rendaient auprès de lui dans les cérémonies publiques, n'arrivaient à la salle d'audience qu'après avoir passé sur les cadavres des Turcs ou des Maures sacrifiés à son avarice ou à ses haines secrètes. Entouré de gardes et magnifiquement vêtu, il affectait de tenir toujours un livre à la main. Livré aux vices les plus odieux, nul frein n'était capable de modérer ses cruelles passions. Après avoir fait tomber plus de quinze cents têtes, dans le court espace de quelques mois qu'avait duré son règne, ce monstre mourut de la peste. Sa vigilance était extrême, et il suivait d'un œil inquiet tous les complots des janissaires. Ce fut lui qui fit transporter le trésor public dans la Kasbah, et qui y établit ensuite sa résidence. Lorsqu'il fut installé dans cette citadelle, il s'écria : D'aujourd'hui je suis maître d'Alger. En effet, les janissaires qui voulurent dès lors témoigner quelque mécontentement furent mitraillés. Depuis cette époque, une garde particulière, composée de nègres, fut attachée à la personne du souverain.

Ali-Kodjia fut remplacé par Hussein-Pacha, qui fut le dernier dey d'Alger. On croit qu'il était né à Vourla ou à Smyrne, dans l'Asie-Mineure. Son père, officier d'artillerie au service de la Porte ottomane, avait pris un soin particulier de son éducation, et l'avait envoyé de bonne heure à Constantinople, pour qu'il s'y enrôlât dans le corps des *Tobjis*, ou canonniers du sultan. Par son aptitude, par son zèle à accomplir tous les détails du service, le jeune Hussein n'avait pas tardé à se faire aimer de ses chefs, et bientôt il obtint un grade élevé dans cette arme. Mais il était opiniâtre, irascible; ses défauts, qu'il ne pouvait dompter, vinrent l'arrêter dans sa carrière militaire, tout en lui ouvrant, sans qu'il s'en doutât encore, les voies de sa future grandeur. Un jour qu'ayant violé la discipline militaire, il s'était attiré un sévère châtiment, il résolut de s'y soustraire, et partit secrètement pour Alger, où il s'enrôla parmi les janissaires. Dès qu'un individu faisait partie de cette milice, la justice turque n'avait plus aucun pouvoir sur lui. Le plus grand coupable, un assassin même, étant poursuivi, parvenait-il à s'introduire chez un recruteur de la régence, et à lui dire : « Je m'engage! » il était sauvé à l'instant même; il pouvait aussitôt se présenter dans la rue et dire à ceux qui le poursuivaient : « Je suis janissaire d'Alger; » on le laissait libre, il devenait inviolable. Dès que Hussein eut endossé l'uniforme de la milice, il renonça à la gloire des armes, pour se livrer au commerce et se créer une position indépendante. Tout milicien appartenant à l'Odjak avait l'autorisation d'utiliser ses loisirs; il lui était permis d'exercer un métier s'il en avait un, et il pouvait même s'absenter, pourvu qu'il fût toujours prêt lorsque le service de l'État réclamait sa présence. Hussein commença par tenir une boutique de fripier dans la partie basse de la ville. L'activité, l'ordre et l'économie qu'il sut mettre dans son négoce lui firent bientôt réaliser des bénéfices considérables, qui lui permirent de solliciter et d'obtenir la place de directeur de l'entrepôt du blé. Dans cette position nouvelle, Hussein montra toute l'aptitude et toute l'habileté dont il était doué pour l'administration des affaires. Omar-Pacha, alors dey d'Alger, le distingua et l'appela aux fonctions de secrétaire du gouvernement ; il lui confia ensuite la surveillance de tous les domaines appartenant à l'État, avec le rang de *Kodja-el-Key* (ministre des propriétés nationales), et de membre du divan. Ali, successeur d'Omar, montra les mêmes dispositions bienveillantes à l'égard de Hussein, et ajouta de nouveaux honneurs à ceux qui lui avaient été déjà conférés. En mourant, il lui légua le pouvoir, comme au seul homme de la régence qui fût capable et digne de le remplacer ; et je laisse à penser quelle fut la surprise de Hussein lorsque le divan eut ratifié les dernières volontés d'Ali. Quelques historiens expliquent d'une autre manière son élévation ; ils prétendent que Hussein parvint au poste de chef suprême de l'Odjak en tenant la mort d'Ali secrète pendant quelques jours, et en se frayant, durant ce court interrègne, les voies qui devaient le conduire au pouvoir. On ne saurait se prononcer pour l'une ou pour l'autre de ces deux versions, dont la première fut toutefois confirmée par le témoignage de Hussein lui-même ; mais quoi qu'il en soit, il faut bien reconnaître que le dernier dey d'Alger ne dut qu'à d'éminentes capacités la faveur de s'élever au trône, et de s'y maintenir pendant douze ans. Les Algériens et les consuls étrangers qui l'ont approché assurent que son administration se distingua par un caractère de justice et de fermeté que n'eurent point les précédentes. Il professait une vive admiration pour le sultan Mahmoud et pour Méhémet-Ali, le régénérateur de l'Egypte ; il étudiait les progrès de la civilisation européenne, et se proposait, dit-on, d'initier la régence d'Alger à quelques-uns de ses bienfaits. Peut-être aurait-il réussi dans sa tâche, sans l'accident imprévu qui renversa son règne.

L'organisation du gouvernement turc formait à Alger une république militaire d'environ six à huit mille hommes, dont le chef n'était qu'un soldat élu par ses pairs, ou conduit au pouvoir à la suite d'une révolution. Ce corps de troupes se recrutait de tous les aventuriers, musulmans ou renégats, que lui envoyaient chaque année Constantinople, Smyrne, les autres états levantins, et plusieurs régions européennes du littoral de la Méditerranée. Les Turcs se partageaient tous les emplois politiques, et traitaient les Maures et les Arabes en sujets ou alliés, selon le plus ou le moins d'action que les distances et leur force numérique leur permettaient d'exercer sur le territoire africain. Ils avaient partagé l'Algérie en quatre divisions politiques. La province de Constantine, à l'est, et celle d'Oran, à l'ouest, étaient régies chacune par un *Bey*, espèce de gouverneur général, qui avait sous ses ordres les autres fonctionnaires. Le centre de la régence formait deux provinces : le *Beylik* de Tittery, et le territoire d'Alger soumis à l'autorité immédiate du dey. Chaque province était subdivisée, pour l'administration et le gouvernement, en districts nommés *Outhans*, confiés à des chefs nommés *Kaïds*. Il y avait deux kaïds par outhan ; le premier, choisi parmi les Turcs, réunissait les pouvoirs civil et militaire ; le second, nommé *Kaïd-el-Achour*, était le collecteur de l'impôt levé sur les récoltes. Il y avait aussi un kaïd pour les Arabes du désert de Sahara, qui venaient à certaines époques séjourner en Algérie, et le *Kaïd-el-Gharb*, ou de l'ouest, pour les Marocains qui se trouvaient dans le même cas. Les noms des outhans, ou districts algériens, sont le plus souvent des noms d'hommes qui, dans des temps reculés, ont joui d'une haute renommée, ou d'une puissante influence, soit personnelle, soit de famille. Dans chaque outhan, les tribus qui le composaient avaient à leur tête des *Cheïkhs* (anciens, notables de la peuplade) commissionnés par le dey, sur la présentation faite au kaïd par les principaux habitants du district, et soumise par le kaïd à la sanction du souverain de la régence. Ces cheïkhs pouvaient être révoqués sur les plaintes qui arrivaient des tribus, comme l'étaient les kaïds et les beys eux-mêmes. Mais les chefs supérieurs qui encouraient la disgrâce du dey étaient presque toujours étranglés ; on craignait que s'étant fait dans leur gouvernement des partisans et des créatures, ils n'y fomentassent, après leur chute, des révoltes contre leur successeur.

Le beylik de Tittery comptait environ quatorze outhans ; il y en avait neuf dans le cercle d'Alger, dont cinq dans les montagnes et quatre dans la plaine. La grande province de Constantine en possédait de trente à quarante ; celle d'Oran en proportion. Les kaïds habitaient communément dans la capitale, auprès du bey, dont ils formaient la cour et qu'ils assistaient de leurs avis ; ils se rendaient à des époques fixes dans les outhans, pour y faire une tournée d'inspection et de surveillance.

Le petit nombre de villes qui existent dans la régence possédait une organisation plus complexe, à raison de la réunion des diverses classes d'habitants, et des différentes professions industrielles ou commerciales qu'on y exerçait. L'administration en était réglée sur le modèle de celle d'Alger.

Les affaires locales de cette capitale étaient confiées à des magistrats choisis parmi les Maures. Le premier de ces fonctionnaires avait le titre de *Cheïkh-el-Beled* (chef du pays). Il percevait une contribution hebdomadaire sur les boutiques et les métiers, fournissait par voie de réquisition les mulets et les chevaux de transport pour les sorties des troupes turques, et défrayait pendant leur séjour les envoyés du dehors. Un autre fonctionnaire était le *Beit-el-Mal* (administrateur des successions), chargé de recueillir, au profit du dey, l'héritage des condamnés à mort, et des habitants décédés sans frères ou sans enfants. Lorsqu'il y avait des héritiers, le beit-el-mal opérait avec l'assistance d'un conseil présidé par un *Uléma* (homme de loi), qui vérifiait les titres de propriété et statuait sur les partages. Un troisième magistrat, nommé *El-Matheb*, avait la police des marchés, à l'exception de celui des grains que le dey faisait lui-même surveiller pour la perception des droits qu'il en retirait. Le même employé était chargé de l'entretien de la voie publique. Le *Mézouar* présidait à l'exécution des jugements criminels. Un chef des fontaines (*Amin-el-Aïoun*) recevait les revenus appliqués à cette branche des travaux d'utilité générale. — Les divers métiers, réunis en corporations, comme ceux de la France et de l'Europe au moyen âge, avaient chacun leur *Amin* ou syndic, soumis à la juridiction du cheïkh-el-beled. — Deux employés supérieurs veillaient au maintien de la police publique ; le premier (*Kaïa*, lieutenant) fonctionnait pendant le jour ; le second, toujours choisi parmi les Turcs, faisait les rondes de nuit ; on le nommait *Agha-*

Imp. J Rigo et Cie

CADI.
(Juge)

el-Koul. Tous ces fonctionnaires obéissaient dans Alger au *Kazenhadji*, ministre de l'intérieur et trésorier du dey; dans les villes provinciales, ils étaient soumis au bey ou à ses *Khalifas* (lieutenants).

Le gouvernement turc se concentrait à Alger même, dans un conseil suprême ou *Divan*, composé de soixante chefs des compagnies de la milice, et des principaux dignitaires de l'État. Dans les temps ordinaires, ce conseil procédait à l'élection du dey, ou prononçait sa déchéance. Aux jours de révolte, le pouvoir était conquis par le plus brave; chaque mutation de souverain était annoncée au sultan de Constantinople, qui la sanctionnait par un décret d'investiture, accompagné du titre de *Pacha* et de l'envoi d'un *Kaftan* ou veste d'honneur, avec d'autres riches présents.

Le dey gouvernait despotiquement, et rendait la justice en matière criminelle. Ses ministres immédiats étaient le *Kazenhadji*, chargé des affaires intérieures de la régence et du trésor; l'*Agha*, ministre de la guerre; le *Kodjia-el-Kril*, chef du domaine de l'État; l'*Oukil-el-Hardji*, ministre de la marine et des relations extérieures; enfin, le *Cheïkh-el-Islam* ou *Mufti-el-Hanéfi*, chef de la religion et de la justice. La législation en matière civile était appliquée dans chaque province par deux *Kadis*, l'un dit *El-Hanéfi*, pour les Turcs, l'autre *El-Maléki*, pour les Maures et Arabes. Chaque outhan avait en outre son kadi particulier pour la justice civile. Les affaires criminelles étaient jugées par l'agha ou par les kaïds qu'il déléguait; mais l'agha seul pouvait infliger la peine de mort.

Les *Hanéfis* et les *Malékis* forment deux sectes musulmanes qui diffèrent sur quelques pratiques du culte, et sur quelques interprétations de la jurisprudence tracée par le Koran. Du reste, elles vivent en bonne intelligence, et ne se damnent point mutuellement, comme certaines sectes d'autres religions. Les Turcs appartiennent tous à la première, qui a pour chef un docteur nommé *Haneefah*, natif de Corfou, et mort à Bagdad, au deuxième siècle de l'hégire. C'était un sage éclairé et celui, de tous les commentateurs du Koran, qui a su faire la part la plus large à la raison humaine, et aux lois de l'équité naturelle. Tous les musulmans d'Afrique, Maures, Arabes et Nègres se rallient à la seconde secte, dont la doctrine, œuvre de *Malek*, florissait à Médine, a dominé dans toute l'Espagne musulmane, et règne encore sur tout le Moghreb. A l'inverse de celle d'Haneefah, elle écrase la raison de l'homme sous l'autorité sans examen de la tradition. Les malékites reconnaissent aujourd'hui pour chef spirituel l'empereur ou chériff de Maroc; le sultan de Constantinople est celui des hanéfites.

C'est au moyen de ces simples rouages administratifs que le pouvoir turc s'est maintenu en Algérie depuis sa conquête, au commencement du seizième siècle, jusqu'à nos jours. Son action militaire s'exerçait par la milice, ou *Odjak*. Ce mot turc signifie littéralement le *foyer*, le lieu où l'on suspend la marmite. Au figuré, il est devenu le terme vulgaire par lequel se dénommait le gouvernement turc; on le prenait aussi pour désigner la milice elle-même. Celle-ci se divisait en compagnies ou *Ortas*; chaque orta, composée d'un nombre illimité de janissaires (en arabe *Joldach, Yencheri, Inkichari*), se partageait en *Sofra* (chambrées, ou plus littéralement *tables*); le sofra comportait, avec dix-huit simples soldats, un *Orta-Bachi* (chef de chambrée), et un *Oukil-el-Hardji*, payeur de la solde. Cette petite armée, dont l'effectif ne dépassait pas, en 1830 sept à huit mille hommes, était placée sous les ordres de l'agha; les grades appartenaient à l'ancienneté, ou récompensaient les actions d'éclat. Chaque chef ou soldat recevait une ration de pain par jour, et une solde minime dont le taux variait selon les années de service, sans dépasser toutefois 30 centimes par jour. Mais il était permis aux janissaires de se marier, et d'exercer dans la ville une industrie quelconque, à la charge de prendre les armes dès qu'ils en recevaient l'ordre. Un grand nombre d'entre eux faisaient leur fortune, soit en exerçant des fonctions publiques, soit par leurs alliances avec les riches familles mauresques ou arabes. Les enfants issus de ces mariages se nommaient *Koulouglis* (*Koul-Oghlis*, fils de soldats) et formaient une classe à part; ils pouvaient servir dans la milice, mais seulement dans les grades inférieurs, et la loi les excluait, comme les indigènes maures ou arabes, de toute participation et de tout droit au pouvoir. A l'âge de cinquante ans, l'obligation de porter les armes cessait pour les janissaires et les koulouglis. — A cette force militaire se joignaient, comme auxiliaires, des cavaliers fournis par les tribus arabes qui vivaient autour d'Alger; et sur plusieurs points des provinces ou beyliks, se trouvaient cantonnés dans des forts, de petites garnisons composées ordinairement d'aventuriers, renégats de tous pays, dont la régence tirait d'utiles services pour maintenir sa domination. — L'agha, chef de la milice, investi d'une autorité presque égale à celle du dey, exerçait sur tous les indigènes une sorte de juridiction prévôtale et terrible.

Il avait formé, sous le nom de *Spahis*, un corps de cavalerie dans lequel tout Arabe possédant un cheval et un fusil pouvait être admis, en payant à l'agha un présent de 40 *Sultanis* (200 francs). Cet enrôlement était fort recherché, parce qu'il affranchissait de tout impôt; les spahis constituaient une sorte de milice héréditaire. Cinquante d'entre eux étaient casernés à Alger, et formaient la garde de l'agha. Les autres, attirés par l'appât du butin, ne manquaient jamais à l'appel, quand il s'agissait d'aller en course. Au retour, ils rentraient chez eux jusqu'à nouvel ordre.

Le gouvernement turc trouva sa ruine dans ses excès; la licence turbulente de la milice en altéra les formes; puis, du jour où elle put renverser avec impunité un pacha de la Porte, et lui substituer un de ses membres, toutes les ambitions rivales éclatèrent. La perfidie ou la force ouverte détrônèrent tour à tour les souverains qu'elle se donna, et dont elle fit un hochet qu'une révolte ou un complot brisait à son premier caprice. Les deys, sans cesse menacés, réduisirent peu à peu à l'emploi d'instruments les membres du conseil qui avaient jusque-là balancé leur pouvoir. Le despotisme, arrivé à son faîte, croula enfin dans l'anarchie, et la Kasbah d'Alger était, depuis douze ans, une prison plutôt qu'un palais, quand Hussein-Pacha, son dernier habitant, fut affranchi de son règne périlleux par l'expédition française de **1830**.

CHAPITRE V.

VICTOIRES ET CONQUÊTES DES FRANÇAIS,

DEPUIS 1830 JUSQU'A LA PRISE DE CONSTANTINE (1837).

Des causes lointaines ont préparé la chute du pouvoir algérien sous les armes françaises. La régence nous avait expédié, de 1793 à 1798, des quantités de grains considérables, pour approvisionner nos départements du midi, et pour le ravitaillement des expéditions d'Italie et d'Égypte. Le payement de ces fournitures, suspendu par l'épuisement du trésor public, et surtout par la nécessité de refuser une forte partie de grains avariés, dont l'envoi constituait une fraude véritable au préjudice du gouvernement français, fut l'objet de vives réclamations de la part du dey Mustapha. Pour éviter une guerre à laquelle il n'était point préparé, Napoléon fit solder plusieurs à-compte successifs au souverain d'Alger. Louis XVIII, à son avénement, ordonna de terminer cette affaire, pour rétablir entre les deux pays la bonne intelligence que réclamaient les intérêts commerciaux de nos provinces méridionales. Une transaction, acceptée dans les premiers jours d'avril 1820, réduisit de moitié la somme de quatorze millions que réclamait le dernier dey. Il faut observer que le monopole des grains, formant un des principaux revenus des chefs de la régence, Hussein-Pacha se trouvait créancier des juifs Busnach et Bacri, pour une somme de soixante-dix mille piastres, sur la valeur des fournitures exportées en France, et que ces deux négociants avaient tirées des magasins de l'État. Busnach et Bacri étant eux-mêmes débiteurs de plusieurs sujets français, le gouvernement avait stipulé, d'accord avec le dey, que leurs dettes seraient payées sur le montant des sept millions revenant à la régence d'Alger. Cette somme entière se trouva dévorée par les créanciers, et Hussein-Pacha se crut fondé à croire que, par suite des intrigues de Busnach et Bacri, des créances supposées l'avaient frustré de ses droits personnels. Il écrivit plusieurs fois aux ministres du roi de France, tant pour obtenir justice que pour se faire livrer ses deux sujets. On lui répondit que les clauses de la transaction étant formelles, il n'avait aucune plainte à élever, et que quant à ses sujets, Bacri s'était fait naturaliser Français, et Busnach habitait Livourne. De nouvelles démarches, dans lesquelles le consul de Sardaigne intervint, furent accueillies par un silence dédaigneux. Le dey cacha son ressentiment jusqu'au 30 avril 1827.

Chaque année, à cette époque, il était d'usage qu'après les fêtes du Beïram, les consuls étrangers se rendissent à la Kasbah, pour complimenter le chef de l'État; ils prenaient rang, dans cette cérémonie, derrière le dernier des Turcs; mais l'agent français avait su obtenir, pour l'honneur national, qu'il serait admis la veille, en audience particulière. Dans cette entrevue, il débuta par prendre sous sa protection un navire romain qui venait d'entrer dans le port. — « Comment, s'écria le dey avec impatience, viens-tu me fatiguer pour des objets qui ne regardent point la France, lorsque ton gouvernement ne daigne pas même répondre aux lettres que je lui adresse au sujet de mes intérêts? » Soit ignorance de la valeur précise des termes de la langue turque, soit oubli des convenances les plus vulgaires, M. Deval, notre consul, osa répondre au prince algérien, en plein divan :
— *Le roi, mon maître, ne descend pas jusqu'à répondre à un homme tel que toi.*

Le dey ne put maîtriser sa colère, et au lieu de demander à notre gouvernement une honorable réparation qui ne lui eût pas été refusée, il frappa au visage le représentant de la France, avec un éventail en plumes de paon qu'il tenait à la main.

Le ministère français maintint M. Deval à son poste, et mit les côtes algériennes en état de blocus. Le 2 août 1829, le contre-amiral de la Bretonnière, commandant notre escadre, vint tenter à Alger une négociation sans succès. Au moment où il se retirait, sous pavillon de parlementaire, une décharge de l'artillerie des forts fut tirée contre son vaisseau. Cette violation du droit des gens fut désavouée par Hussein-Pacha, qui en fit punir les auteurs; mais comme il refusait obstinément d'offrir à la France une satisfaction officielle, l'expédition d'Alger fut décidée.

Le 25 mai 1830, une flotte, composée de soixante-dix-sept vaisseaux de guerre et de trois cent quarante-sept navires de transport, sortit du port de Toulon, sous les ordres de l'amiral Duperré. Les troupes de terre, fortes de trente-cinq mille hommes, étaient commandées par le général de Bourmont, ministre de la guerre. Après une traversée contrariée par plusieurs incidents, le débarquement eut lieu, dans la nuit du 13 au 14 juin, sur la plage de Sidi-Ferruch, à l'ouest d'Alger. On s'attendait à trouver une énergique résistance; mais les Turcs, au lieu de défendre le cap de Sidi-Ferruch, où leur artillerie aurait pu nous arrêter longtemps, occupaient, en arrière de la presqu'île, une position couverte par trois batteries, et qu'il fallait aborder en traversant une plaine encombrée de buissons. Le feu s'engage, et les boulets pleuvent sur nos colonnes, où ils creusent de larges vides; mais bientôt les Français tournent la position, prennent les batteries à revers, les enlèvent avec vigueur, et s'y établissent. L'ennemi fit retraite en tiraillant jusqu'à la nuit, et gagna le plateau de Staouëli.

L'agha des janissaires, Ibrahim, gendre du dey, commandait l'armée algérienne; c'était un homme d'un brillant courage, mais sans capacités militaires. La milice turque et les contingents arabes des provinces d'Alger et d'Oran, sous les ordres de Mustapha-Bou-Mesrag, bey de Tittery, formaient à Staouëli un camp de vingt mille hommes. Quatre à cinq cents cavaliers du bey de Constantine s'étaient arrêtés au sud-est d'Alger, sur les bords de l'Haratch, pour y attendre les événements.

L'engagement de Sidi-Ferruch et la retraite précipitée de l'ennemi avaient donné à l'armée française une confiance de bon augure; l'affaire générale de Staouëli devait lui assurer la victoire. Pendant la nuit du 19 au 20 juin, les Arabes auxiliaires avaient profité des ténèbres pour s'approcher sans bruit, pas à pas, de broussailles en broussailles, jusqu'à portée de nos avant-postes. Au point du jour, un coup de canon, tiré du camp d'Ibrahim, donna le signal. D'innombrables tirailleurs se levèrent, comme des fantômes blancs, de tous les plis du sol, et firent une première décharge. Aussitôt la milice turque descendit du plateau, et se couvrant d'une ligne de feu, protégée en outre par un épais brouillard qui masquait son mouvement, se précipita avec furie sur la gauche de nos bivouacs. L'agha dirigeait en personne cette attaque, dont le succès, d'après ses plans, devait nour refouler vers la mer. Le premier choc fut mortel pour bien des braves, mais nos troupes ne perdirent pas un pouce de terrain; un nouveau combattant prenait la place de chaque homme tombé, et les janissaires, surpris, mais non découragés, venaient expirer glorieusement sur nos baïonnettes. Après d'incroyables efforts, les Arabes firent retraite, selon leur tactique, dans laquelle la fuite même est encore un combat; mais l'artillerie turque nous faisant éprouver des pertes continuelles, le général en chef se décida à porter l'armée en avant. Le plateau de Staouëli fut enlevé à la course; nos soldats, traversant le camp d'Ibrahim, poursuivirent les fuyards à plus d'une lieue. Trois mille Africains restèrent sur le champ de bataille; les munitions, l'artillerie, les bagages et le trésor de l'agha tombèrent en notre pouvoir, et nous n'avions à regretter que six cents hommes tant tués que blessés.

Les résultats de cette brillante affaire jetèrent d'abord une profonde démoralisation parmi nos adversaires. Quelques jours s'écoulèrent sans qu'on les vît reparaître; on apprit par des transfuges que l'agha Ibrahim s'était caché dans une maison de campagne du Sahel, n'osant ni se montrer aux regards du dey, ni tenter une revanche impossible avec des troupes découragées. Le général en chef profita de ces moments de trêve pour achever la construction d'un camp retranché sur la plage de Sidi-Ferruch, et pour armer, avec les pièces enlevées aux Turcs, la ligne de communication qui reliait ce camp au plateau de Staouëli. — Le 24 juin, les musulmans revinrent à la charge, mais ils furent énergiquement repoussés jusqu'à une lieue d'Alger. Nos troupes, toujours victorieuses dans une foule d'escarmouches et de combats partiels, enlevèrent, le 29, les positions du mont Bou-Zariah, qui dominent la ville, et investirent le fort de l'Empereur, dernier boulevard de l'ennemi.

Ce fort, bâti par Hassan, gouverneur d'Alger, sur la colline de Koudiat-el-Saboun, où Charles-Quint avait établi son quartier général en 1543, portait parmi les Turcs le nom de *Sultan-Kalassi*; les Arabes le nommaient *Bordj-Muley-Hassan* (le château de maître Hassan). C'est un carré long flanqué d'une enceinte en maçonnerie ; au centre s'élevait une tour qui dominait au loin ses abords. — Le 4 juillet, tous les travaux du siége étant terminés, nos batteries commencèrent le feu. Le général en chef s'était posté sur la terrasse du consulat d'Espagne, pour diriger l'attaque et en assurer les résultats. Le dey d'Alger, avec tous ses ministres, était debout sur les créneaux de la Kasbah. Les Turcs, enfermés dans la ville, et les Arabes, disséminés dans la plaine, attendaient avec anxiété l'issue de ce duel, qui devait décider de tout un avenir. L'armée française, impatiente de cueillir son plus beau laurier, couvrait les hauteurs qui regardent Alger. Une brume sombre pesait sur le fort de l'Empereur, et les premières décharges déchiraient au hasard les plis de ce linceul ; mais à six heures du matin, le jour éclaira ce champ clos. Le tir de nos pièces fut rectifié, et de part et d'autre grondait un effroyable tonnerre. Les artilleurs turcs, soutenus par le canon de la Kasbah et de la colline des Tagarins, nous opposèrent une défense héroïque ; mais bientôt une pluie de bombes, de boulets et d'obus s'abattit sur les remparts de Muley-Hassan ; des murs entiers s'écroulaient, les affûts de l'ennemi volaient en éclats ; et plus la ruine augmentait, plus notre feu gagnait d'intensité. Deux mille musulmans périrent à leur poste, dans cette enceinte où chaque coup portait la mort ; le désordre et la révolte se mirent parmi le reste des combattants, et les débris de cette brave garnison, réduits à l'impuissance, voulurent aller mourir sous les portes de la ville qu'ils ne pouvaient plus protéger ; mais ils furent mitraillés par les batteries de la Kasbah que le dey fit braquer sur eux.

Deux drapeaux rouges flottaient encore aux angles du fort l'Empereur ; un nègre se montra par deux fois sur les brèches, et les enleva l'un après l'autre. Il était dix heures. Un moment de silence solennel plana sur les ruines qui pantelaient de toutes parts ; et nos généraux, indécis, se consultaient sur les moyens de pénétrer sans exposer trop de monde dans cette citadelle béante, dont les flancs pouvaient recéler encore des périls ignorés, quand une explosion foudroyante fit trembler le sol. Le château s'entr'ouvrit comme un volcan ; une immense trombe de poudre et de fumée, mêlée de membres humains, de cendres, d'éclats de pierre et de bois, enveloppa l'atmosphère, qui resta longtemps obscurcie par des flocons de laine, provenant des ballots dont les Turcs avaient matelassé les brèches. Des canons de gros calibre furent lancés à d'énormes distances, et des lambeaux sanglants se retrouvèrent jusque sur les terrasses et dans les rues d'Alger.

Lorsque cet affreux désastre cessa, le fort de l'Empereur apparut comme un vaste tombeau, et les Algériens pressentirent que la fatalité se déclarait contre eux. Ils se souvinrent alors des vieilles prédictions de quelques marabouts, annonçant qu'Alger-la-Guerrière serait un jour la proie de soldats francs, *vêtus de rouge* : l'oracle fatal allait s'accomplir. Le trouble régnait dans la ville, et les chefs de la milice, soulevés contre le dey, demandaient la paix à grands cris. Hussein, exalté par son malheur, voulait s'ensevelir sous les ruines de la Kasbah ; deux fois il s'élança le pistolet à la main, pour mettre le feu aux magasins de poudre que contenait cette citadelle, et ses officiers eurent grande peine à fléchir sa résolution

HUSSEIN PACHA
(Dey d'Alger 1830)

désespérée. Accueillant alors la pensée qu'il pourrait encore sauver sa puissance au prix d'une humiliation passagère, il envoya son secrétaire Mustapha proposer à M. de Bourmont des excuses pour le gouvernement français, et le payement des frais de la guerre. Le général en chef reçut le parlementaire sur les débris du fort de l'Empereur, et répondit qu'il n'accorderait de capitulation qu'en échange de la reddition immédiate de la ville. Après vingt-quatre heures de pourparlers, Hussein-Pacha, menacé d'une révolte à l'intérieur, et prévoyant les malheurs irréparables qu'attirerait sur Alger son obstination à continuer une résistance inutile, accepta les conditions de la France, et la ville ouvrit ses portes, le 5 juillet, à dix heures du matin.

Le pouvoir turc était à jamais détruit par notre victoire. L'ex-souverain d'Alger quitta l'Afrique le 10 juillet, et deux mille janissaires s'embarquèrent le même jour, pour se retirer en Asie. Les autres, accusés plus tard d'avoir ourdi une conspiration contre notre autorité, furent expulsés du pays, tandis qu'une double expédition se présentait aux deux extrémités de la régence pour sommer les villes de Bone et d'Oran d'accepter notre domination; mais le 10 août, un navire arrivant de Marseille apporta en Afrique la nouvelle qu'une révolution venait d'éclater en France, et que le chef de la famille d'Orléans avait été proclamé lieutenant-général du royaume. Le 18, d'autres dépêches annoncèrent l'avénement de Louis-Philippe Ier, roi des Français.

Les Arabes s'imaginèrent alors que ces graves événements seraient suivis de la retraite de notre armée; un personnage puissant, Mustapha-bou-Mezrag, bey de Tittery, qui était venu à Alger, trois jours après la prise, pour nous offrir sa soumission, leva l'étendard de la révolte, et fit courir le bruit qu'il allait nous bloquer avec deux cent mille hommes. M. de Bourmont attendait, pour agir, les ordres du nouveau gouvernement. Le 2 septembre, le vaisseau *l'Algésiras* parut en vue d'Alger; le général Clauzel arrivait investi de la mission de commandant en chef de l'armée d'Afrique : M. de Bourmont s'exila.

A l'arrivée du général Clauzel, les tribus algériennes se trouvaient partagées en trois factions, prêtes à agir par des voies opposées. Tandis que la province d'Alger ne semblait pas éloignée d'accepter, non la domination, mais l'alliance des Français, la province d'Oran réclamait l'appui de l'empereur du Maroc; celle de Constantine, comptant sur ses propres forces, organisait sa résistance. Dans les environs d'Alger, quelques milices régulières ou auxiliaires, que le gouvernement turc employait à la levée de l'impôt ou au massacre des douars qui voulaient résister à ses exactions, s'étaient mis à faire la guerre aux Arabes pour leur propre compte, et les campagnes voisines de la ville conquise, livrées par ces maraudeurs au pillage, à l'incendie, à tous les excès d'un désordre effréné, n'offraient aucune sécurité hors de la portée des fusils de nos avant-postes. Après avoir pourvu aux nécessités administratives, le général Clauzel tourna ses forces contre Mustapha-bou-Mezrag, bey de Tittery, qui nous bravait derrière ses montagnes, en prêchant la guerre sainte et la délivrance d'Alger. Ce chef turc avait sous ses ordres vingt et un outhans ou districts populeux, et pouvait mettre sur pied des troupes considérables. Le 17 novembre, une colonne française se mit en route pour franchir l'Atlas, traversa la plaine de Métidjah sans rencontrer de résistance, occupa la petite ville de Blidah, dont les habitants s'étaient réfugiés dans les montagnes, et campa, le 20, au pied du Mouzaïah. Le général Clauzel reçut alors la visite d'un marabout, accompagné de cinq cheïkhs du pays, qui, protestant de leurs dispositions inoffensives, venaient demander qu'on épargnât les biens et les personnes des habitants. Ce marabout donna des renseignements sur la route qui conduisait à la ville de Médéah. On avait deux chemins à choisir ; le plus court et le plus direct, suivant le flanc des montagnes, aboutissait à un col nommé *Téniah de Mouzaïah*. Ce sentier, d'un périlleux accès, et entrecoupé de ravins, donnait à peine passage à deux hommes de front. Malgré ces difficultés, le général Clauzel n'hésita point à s'y engager ; il pensait que plus les obstacles à franchir étaient redoutables, et plus il obtiendrait d'ascendant sur l'esprit des Arabes, par un succès que la vigueur de nos troupes rendait certain.

Le 21, au point du jour, l'armée commença son ascension. Les premiers sommets de cette partie de l'Atlas se terminent par un large plateau, d'où le regard, plongeant sur la Métidjah, s'étend jusqu'à l'horizon de la mer. On fit halte, et l'artillerie salua de vingt-cinq coups de canon la première apparition du drapeau français sur ces crêtes inconnues. Peu de temps après, l'avant-garde rencontra un pont fraîchement brisé, sûr indice du voisinage de l'ennemi, qui se montra bientôt, posté sur les hauteurs, et couvrant avec deux mauvais canons le passage du Téniah. Une vive fusillade accueillit la colonne ; il fallut prendre rapidement des mesures énergiques. Le défilé courait en zigzag sur une pente roide et glissante, flanquée de mamelons coniques dominant les deux côtés, et d'un profond ravin sur la droite. Les 14e, 20e et 28e régiments de ligne attaquèrent la gauche de cette position, et chassèrent devant eux les Arabes, en suivant les crêtes, pour prendre à revers les rassemblements qui défendaient le col, tandis que le 37e et deux compagnies du 14e continuaient à marcher sur la route. Les difficultés du terrain se multipliaient ; le jour baissait, et nos troupes souffraient beaucoup de la fusillade des Arabes ; le capitaine Lafare eut ordre de franchir, avec une compagnie du 37e, le ravin de droite, et de s'emparer d'un mamelon en même temps que la tête de la colonne aborderait le col au pas de charge. Le général Achard et le commandant Ducros, du 37e, menèrent l'attaque de front avec une grande vigueur, et malgré des pertes considérables, le col fut enlevé ; mais l'ennemi, grâce aux accidents du terrain, put sauver ses deux canons. Dans cette affaire, plusieurs officiers d'état-major s'étaient jetés en avant pour indiquer la route, et l'aide de camp du général Achard, M. de Mac-Mahon, eut l'honneur d'arriver le premier au col. L'intrépide capitaine Lafare fut tué au moment même où il s'emparait de la hauteur, et sa compagnie eût peut-être été détruite, si la colonne victorieuse n'était venue la dégager. L'armée campa sur le col, mais la cavalerie se porta en avant, pour éclairer les mouvements de l'ennemi.

Le lendemain, une brigade fut laissée au Téniah, pour garder cette position, et le reste de l'armée continua sa marche. Le revers méridional de l'Atlas offrait d'abord un chemin large, mais encombré de grosses pierres, puis un sentier qui ne donnait passage qu'à un homme de front, jusqu'à un grand bois d'oliviers : tout ce pays est très-boisé. Après quelques combats de tirailleurs qui éloignèrent les Arabes, le général Clauzel arriva en vue de Médéah, dont les habitants effrayés lui envoyèrent leur soumission. Le bey Mustapha, redoutant leur vengeance, vint se réfugier au camp français; le général lui reprocha sa trahison, mais ne le traita pas avec dureté. Le 26, après avoir laissé une faible garnison à Médéah, l'armée reprit la route d'Alger, sans être inquiétée dans sa retraite. Mais les Arabes ne tardèrent pas à venir, en grand nombre, livrer des assauts continuels à la garnison française, et le 4 janvier 1831, le général en chef, ne pouvant entretenir à Médéah des forces suffisantes, fut obligé d'ordonner l'évacuation de cette ville. Des embarras sérieux attiraient ailleurs son attention; l'empereur de Maroc avait envoyé son neveu Muley-Ali soulever les Arabes de la province d'Oran, et faisait publier partout que les Français ne devaient occuper que le littoral algérien, et lui cédaient l'intérieur de l'ex-régence. Quelques émissaires marocains parvinrent même à se glisser jusque dans Alger. Le général Clauzel fit aussitôt déclarer à l'empereur que sa conduite blessait le droit des gens, et que s'il lui refusait une réparation convenable, l'armée française irait la chercher dans ses états. Le général Damrémont, envoyé le 11 décembre, arriva le 13 en vue d'Oran, et s'empara des forts de Mers-el-Kébir et de Saint-Grégoire; mais il avait ordre de ne répondre à aucune hostilité jusqu'à l'issue des injonctions faites à l'empereur de Maroc. Cette affaire se termina par une révolte des habitants de la frontière marocaine, irrités par les exactions et les pillages que commettaient sur leur territoire les troupes de l'empereur, qui fut obligé de renoncer pour le moment à ses projets d'invasion.

Le général Clauzel ouvrit alors des négociations avec la régence de Tunis, pour confier à des princes de la famille du bey l'administration des provinces d'Oran et de Constantine, à charge de payer à la France un tribut annuel de 800,000 francs pour chaque province. Mais cette détermination qui semblait entraîner une aliénation trop complète des droits de la France sur l'occupation de l'Algérie, fut désavouée par le gouvernement. Par ce traité, le général en chef avait outrepassé ses pouvoirs; il fut rappelé, et remplacé par le baron de Berthezène, qui se rendit à Alger le 21 février 1831.

Le nouveau général, après quelques expéditions contre les Arabes de la plaine, voulut reprendre Médéah; mais les munitions et les vivres lui manquèrent, et, le 2 juillet, il se vit obligé de ramener ses troupes à Alger. Cependant les Arabes, soulevés de toute part et prévoyant sa retraite, avaient songé à lui couper la route, et des rassemblements considérables se portaient au défilé du Mouzaïah. La célérité de notre marche pouvait seule prévenir ou faire avorter ce dessein. L'armée française quitta Médéah à cinq heures du soir, harcelée à l'arrière-garde par une nuée d'ennemis. Parvenue à huit heures au bois des Oliviers, elle en repartit à onze. A son approche du col, quelques coups de fusil lui tuèrent trois hommes; et en même temps, des cris répétés sur toutes les montagnes signalaient aux Arabes notre mouvement à travers les ténèbres; mais l'ordre bien suivi de ne pas riposter rendit leur fusillade presque sans effet. La colonne, arrivée au col avec cinq ou six blessés, fit halte jusqu'au point du jour, et commença à descendre le versant nord de l'Atlas sans avoir plus de quinze cents assaillants à tenir en respect. Mais comme on n'avait pas pris la précaution d'occuper suffisamment les hauteurs pour protéger ce mouvement, les Kebaïles, embusqués sur les crêtes, suivirent le flanc droit de nos troupes, en dirigeant sur elles un feu vertical et bien nourri. Le bataillon du 20e de ligne, qui formait l'arrière-garde, se trouvant trop dispersé en tirailleurs et manquant de direction, fut saisi tout à coup d'une terreur panique, et serra en désordre sur le gros de la colonne déjà entamée par les Kebaïles. Cette secousse démoralisa les soldats; les régiments, les compagnies se confondirent et coururent pêle-mêle jusqu'au pied du Mouzaïah. Dans ce moment critique, le chef de bataillon Duvivier sauva l'armée, en se jetant avec les zouaves en dehors du flanc droit de la colonne, et soutint avec cette faible troupe les efforts des Kebaïles; combattant lui-même à pied avec une valeur héroïque, il dégagea une pièce d'artillerie renversée, qui n'avait plus pour défenseur que le brave commandant Camin. L'ennemi s'arrêta au bas des montagnes; mais en débouchant dans la plaine pour se rallier, l'armée française la trouva couverte de cavaliers. L'officier qui vint en prévenir le général en chef lui dit avec émotion : « Ils sont des myriades! » Toutefois, les soldats voulaient reprendre une glorieuse offensive. Arrivés à neuf heures du matin sur la lisière de la plaine, ils se reposèrent jusqu'à six heures du soir, se remirent en marche, formés en colonne double, et traversèrent dans cet ordre, sans être inquiétés sur leur front ni sur leurs flancs, la vaste étendue qui conduit au gué de la Chiffa, sur la route d'Oran. Mais, selon leur coutume, les Arabes chargèrent plusieurs fois l'arrière-garde. Le capitaine du génie Lemercier et le capitaine Saint-Hippolyte, aide de camp du général en chef, eurent leurs chevaux blessés. Le général Feuchères repoussa les assaillants et les tint à distance. La division rentra à Alger, le 5 juillet, avec cinquante-cinq morts et deux cents blessés. Ce fâcheux résultat devait encourager les tentatives menaçantes que les Arabes renouvelèrent bientôt. Vers le 10 juillet, le fils de Mustapha-bou-Mezrag se montra dans la plaine, tandis que Ben-Zamoun, chef des Kebaïles, prenait position sur la rive droite de l'Haratch. De nombreux maraudeurs parcouraient le pays environnant, et le petit-fils d'un marabout vénéré, Sidi-Sâadi, arrivait, disait-on, de Livourne, où le dey Hussein s'était retiré, et prêchait l'insurrection. Le général Berthezène prit sa revanche, et resta vainqueur sur tous les points. Depuis la fin de juillet 1831 jusqu'à la fin de décembre, les hostilités cessèrent entièrement. Les Arabes reprirent le chemin de nos marchés ; les Maures, émigrés au commencement de la conquête, rentraient dans leurs foyers ; les routes devenaient sûres ; les indigènes ramenaient eux-mêmes nos soldats égarés, et les Européens pouvaient vaquer aux travaux agricoles avec une entière confiance. Un accord tacite semblait régner entre les Français et les Arabes, et le général Berthezène en profita pour donner ses soins à la mise en activité de nombreux travaux d'utilité publique. La ville d'Oran avait passé sous notre autorité, mais celle de Bône, à l'autre extrémité du littoral, qui s'était soumise d'elle-même, au mois de juillet, se révolta, le 26 septembre, par les intrigues du bey de Constantine. Le commandant Houder et le capitaine Bigot périrent dans cette insurrection. Le général en chef n'avait pas assez de troupes pour venger cet échec par une prise de possession sérieuse, et de son côté le ministère français, plus préoccupé d'Alger que des autres points de la conquête, songeait à essayer l'application d'un nouveau système, qui, laissant au chef de l'armée plus de temps à donner aux affaires militaires, remettrait l'administration civile entre les mains d'un fonctionnaire particulier. Cette résolution parut devoir nécessiter le choix d'un nouveau général, et le duc de Rovigo fut envoyé en Afrique, le 25 décembre 1831.

Les premiers actes de son commandement procédèrent avec une extrême rigueur contre les Maures et les Arabes; cette politique n'amena point de résultats heureux, à l'exception de la reprise de Bône, qui fut l'œuvre de l'audace d'un brave capitaine d'artillerie, nommé d'Armandy. Après la mort du commandant Houder, le bey de Constantine avait envoyé contre cette ville un de ses lieutenants, Ben-Aïssa, qui la tint bloquée pendant six mois. Réduits à l'extrémité, les habitants implorèrent le secours de la France. En attendant la saison favorable pour une expédition, le duc de Rovigo chargea le capitaine d'Armandy d'aller encourager par sa présence les assiégés. Mais l'arrivée de cet officier, qui s'exposait aux chances de subir le sort de Houder, ne put relever le moral des gens de Bône. Les portes furent ouvertes, dans la nuit du 5 au 6 mars 1832, aux troupes de Constantine, qui pillèrent la ville.

M. d'Armandy n'eut que le temps de se réfugier sur la felouque *la Fortune*. Le turc Ibrahim, premier auteur du complot qui avait coûté la vie au malheureux Houder, se défendit dans la Kasbah jusqu'au 26. Le même jour, arriva de Tunis la goëlette *la Béarnaise*, commandée par l'intrépide capitaine Fréart. M. d'Armandy se rendit à son bord, et lui demanda trente marins, se faisant fort de gagner avec eux la Kasbah, et de s'y maintenir jusqu'à l'arrivée des troupes d'Alger. Mais comme ce coup de main ne pouvait s'effectuer qu'avec le consentement d'Ibrahim, M. d'Armandy se rendit auprès de lui dans la nuit; mal accueilli par ce chef turc, qui craignait, en se livrant à la discrétion des Français, qu'on ne fît plus tard une enquête sur la mort de M. Houder, il fut obligé de se retirer. Après son départ, les Turcs se divisèrent; la majorité réclamait notre secours. Ibrahim et ses partisans, réduits à la fuite, pour n'être point victimes de la révolte, se réfugièrent à Bizerte, et un émissaire sortit de la Kasbah pour en porter la nouvelle à bord de *la Béarnaise*. Nos marins accoururent aussitôt, et comme la porte était gardée à vue par les troupes de Ben-Aïssa, ils s'introduisirent par derrière le rempart à l'aide d'une corde qu'on leur jeta. Le pavillon français fut immédiatement arboré, et les Constantinois ayant voulu tenter un assaut, quelques coups de canon suffirent pour les éloigner. Ben-Aïssa se vengea sur la ville, dont il emmena les habitants, et à peine eut-il disparu, qu'une nuée de Kebaïles vint y mettre le feu. Le lendemain de sa retraite, les Turcs sortirent de la Kasbah pour chasser les maraudeurs qui achevaient de piller les ruines de Bône, et s'y établirent. Un bataillon du 4ᵉ de

KABYLE.

ligne, quelques canonniers et sapeurs du génie arrivèrent bientôt d'Alger, sous les ordres du commandant Davois, qui donna un rare exemple d'abnégation de toute susceptibilité hiérarchique. Le général en chef lui avait fait connaître son désir de laisser à M. d'Armandy le commandement supérieur de Bône, ajoutant que, si cette disposition le contrariait, il était libre de rester à Alger. M. Davois, plein d'estime pour le capitaine d'Armandy, ne fit aucune objection, et ces deux officiers, placés l'un vis-à-vis de l'autre dans une position toute exceptionnelle, s'entendirent pour la défense de Bône avec une générosité de procédés qui les honore également.

Mais cette époque vit éclore, à l'autre extrémité de l'Algérie, une puissance redoutable et qui devait opposer une lutte persévérante aux efforts de nos armes. Il existait aux environs de Maskara, dans la grande tribu des Hachems, un édifice religieux appelé la *Guetna*, appartenant à une antique famille de marabouts, qui faisait remonter son origine jusqu'aux khalifes Fathimites, proches descendants du prophète de l'Islam. Mahi-Eddin, chef actuel de cette famille, était vénéré comme un saint, et consacrait son influence à calmer les dissensions intestines des Arabes, pour les armer contre nous dans une ligue de guerre nationale. Les tribus voisines de Maskara lui offrirent, en 1832, le commandement suprême ; mais, dédaignant pour lui-même l'honneur de marcher à leur tête, il signala à leur confiance son plus jeune fils, Abd-el-Kader.

Abd-el-Kader est né en 1806 ; élevé dans les pratiques religieuses et les exercices militaires, il donnait de bonne heure de riches espérances. A l'âge de huit ans, il fit avec son père un premier voyage à la Mecque. Au retour, Mahi-Eddin, qui rêvait déjà pour lui la gloire d'affranchir les Arabes du joug des Turcs, répandit imprudemment le récit de prétendues révélations sur les destinées futures de cet enfant. Le bey d'Oran les fit arrêter, et ils n'échappèrent à la mort que par l'intervention d'amis puissants, qui achetèrent à prix d'or leur liberté, sous la condition d'un exil immédiat. Les deux proscrits retournèrent à la Mecque, et ne revinrent d'Orient qu'en 1828. Vivant dans la retraite avec une grande austérité, le jeune Abd-el-Kader partagea bientôt la vénération que les tribus témoignaient à son père. Lorsque le moment fut arrivé de le mettre en évidence, Mahi-Eddin raconta aux Arabes que, pendant son dernier pèlerinage, il avait visité à Bagdad un vieux fakir, qui lui donna trois pommes d'or, en lui disant : — La première est pour toi ; la seconde est pour ton fils aîné que voilà ; la troisième est pour le sultan. — Quel est ce sultan? demanda Mahi-Eddin. — C'est l'enfant que tu as laissé dans ta maison, reprit le fakir. Cet enfant était Abd-el-Kader, fils cadet du marabout des Hachems. Les Arabes, amis du merveilleux, ont accepté cette tradition comme article de foi. Vers le même temps, un autre marabout étant venu publier dans Maskara que l'ange Gabriel lui avait apparu, et l'envoyait annoncer que, par la volonté de Dieu, Abd-el-Kader devait régner sur les Arabes, ce jeune chef fut proclamé prince ou *Émir* par les habitants de cette ville, qui, depuis la déchéance du pouvoir turc, se gouvernait en république.

Le 3 mai 1832, plusieurs milliers d'Arabes inaugurèrent cette élection par une entreprise contre Oran ; mais l'habitude qu'ont ces peuples de ne porter à la guerre que les munitions et les vivres dont chaque individu peut se charger, rendit bientôt leur attaque infructueuse. Ils se débandèrent dans la matinée du 9, après plusieurs combats sans résultats. Mahi-Eddin et Abd-el-Kader assistaient à cette expédition, et plus d'une fois le jeune émir, pour encourager les Arabes qu'effrayait notre artillerie, lança son cheval contre les boulets et les obus qu'il voyait ricocher, et salua de ses plaisanteries ceux qui sifflaient à ses oreilles.

Le duc de Rovigo, atteint d'une maladie mortelle, quitta l'Afrique le 3 mars 1833, et fut remplacé successivement par les généraux Avizard et Voirol. Ce dernier après s'être appliqué aux améliorations que réclamait le régime intérieur du petit territoire soumis à notre autorité, reçut du gouvernement l'ordre de s'emparer de Bougie, dont les habitants avaient insulté le pavillon d'une puissance alliée de la France. Le général Trézel fut chargé de cette expédition qui parut devant Bougie le 29 septembre. L'artillerie de l'escadre fit taire en peu de temps les forts de la ville, le débarquement s'opéra, et malgré une assez vive résistance, la place fut enlevée en quelques heures. Les jours suivants, les Kebaïles tentèrent des efforts désespérés pour la reprendre ; mais pendant qu'une partie du corps d'armée les repoussait avec vigueur, l'autre travaillait à des retranchements qui devaient la mettre à couvert. Le général Trézel, grièvement blessé dans un de ces combats, retourna à Alger, et laissa le commandement de sa conquête au colonel Duvivier.

Toute la province d'Alger fut paisible pendant l'hiver de 1833 à 1834; mais au printemps il fallut renouveler les hostilités contre les tribus de la plaine qui venaient attaquer à outrance nos établissements. Le 26 février, le général Desmichels, commandant supérieur de la province d'Oran, signait avec Abd-el-Kader un traité de paix stérile pour les intérêts de la France, et qui permit à l'émir de consolider son pouvoir. Le gouvernement français ne tarda pas à reconnaître que cette négociation, pour prix d'une trêve provisoire, lui préparait de nouveaux embarras. Pour y obvier, il résolut de donner à l'organisation de la conquête des bases plus solides; le titre de gouverneur général des possessions françaises dans le nord de l'Afrique fut substitué à celui de commandant en chef de l'armée; toute l'autorité se trouva concentrée dans les mains du gouverneur, assisté d'un conseil d'administration composé de fonctionnaires civils et militaires. Le général Drouet d'Erlon fut nommé gouverneur. Trop âgé pour supporter le poids de sa haute et difficile mission, le comte d'Erlon ne fut pas heureux dans cette carrière. Deux tribus voisines d'Oran, les Douairs et les Semélas pouvaient nous assurer de puissants auxiliaires; le général Trézel, qui avait remplacé M. Desmichels, représenta au gouverneur l'utilité de les attacher à notre cause. M. d'Erlon crut voir dans ce projet une infraction au traité du 26 février, et refusa de l'autoriser. Abd-el-Kader, instruit par ses espions des vues du général Trézel, envoya des troupes pour contraindre les Semélas et les Douairs à émigrer. Ceux-ci réclamèrent le secours de la France, et cette fois, le général Trézel prit sur lui de protéger ouvertement les alliés qui d'eux-mêmes s'offraient à nous. Il leur fit signer un traité de soumission à la France, et prévint, par deux lettres, le gouverneur de la mesure qu'il venait de prendre, et Abd-el-Kader de sa résolution de réprimer toute hostilité dont les Douairs et les Semélas auraient à se plaindre. L'émir répondit que sa religion ne lui permettant pas de laisser des musulmans, ses sujets, sous l'autorité des chrétiens, il irait les chercher jusque dans les murs d'Oran. Quelques jours après, un convoi français fut enlevé dans la plaine; un détachement de cavalerie qui se rendait au fourrage fut sabré, et de toute part des contingents nombreux accoururent à la voix de l'émir, sur les bords du Sig. Le 26 juin 1835, M. Trézel sortit contre eux avec deux mille cinq cents hommes, six pièces d'artillerie et un convoi de vingt voitures.

A sept heures du matin, l'armée s'engagea dans la forêt de Muley-Ismaël, sur un sol entrecoupé de ravins. A huit heures, l'avant-garde rencontra les Arabes, fut chargée et se replia avec perte; le colonel Oudinot tomba percé de balles, la cavalerie tourna bride, et le désordre gagna un bataillon de la légion étrangère. Le convoi allait tomber au pouvoir des assaillants, lorsque le général Trézel lança contre eux une compagnie qui rétablit le combat; nos troupes reprirent l'offensive avec vigueur, et parvinrent à refouler les Arabes. Nous avions perdu cinquante-deux hommes, et il fallut sacrifier une partie des bagages et des approvisionnements pour mettre cent quatre-vingts blessés sur les voitures. La colonne, parvenue le soir sur le bord du Sig, se forma en carré; le camp de l'émir était à deux lieues du nôtre. Le général Trézel, affaibli par ses pertes, et craignant de manquer de vivres, passa la rivière, le 28, au point du jour, et commença sa retraite vers le port d'Arzew. Abd-el-Kader, voyant la colonne s'ébranler dans la plaine de Ceïrat, fondit sur elle avec dix mille cavaliers et l'enveloppa; le choc fut bien soutenu, et malgré une fusillade continuelle, nos troupes ne purent être entamées jusqu'à midi. Malheureusement, le général, craignant de trouver, pour ses voitures, des difficultés de terrain trop nombreuses sur la route directe d'Arzew, s'était décidé, contre l'avis des guides, à tourner les collines des Hamian, et à déboucher sur le golfe par la gorge de l'Habra, au point où cette rivière sortant des marais, prend le nom de Macta; mais Abd-el-Kader, s'apercevant de son dessein, envoya un gros de cavalerie avec des fantassins en croupe, pour occuper ce défilé. A peine la colonne y fut-elle engagée, ayant à sa gauche les hauteurs et les marais à sa droite, que les Arabes descendirent des collines, fondirent sur le convoi, dont les voitures ne pouvaient marcher qu'à la file, et coupèrent l'arrière-garde. Celle-ci se jeta sur la droite, pour regagner la tête de colonne; une vigoureuse charge de cavalerie dégagea un moment le convoi en refoulant les Arabes sur les pentes des hauteurs de gauche; mais bientôt les voitures, cherchant à éviter le feu roulant qui partait de cette gauche, s'embourbèrent dans les marais, et y furent assaillies par une masse de cavalerie arabe. Les conducteurs du convoi coupèrent lâchement les traits et s'enfuirent avec les chevaux, laissant nos blessés au pouvoir de l'ennemi. Les seuls équipages de l'artillerie, qui avaient suivi courageusement la route, furent sauvés de ce désastre. Tous les corps étaient alors confondus; la terreur était au comble. Heureusement que les Arabes, occupés à piller le convoi, ralentirent leur attaque ; cela donna à quelques fuyards le temps de se rallier sur un mamelon, où l'on traîna une pièce d'artillerie qui se mit à tirer à mitraille. Les hommes qui se réunirent sur ce point se formèrent en carré, et dirigèrent également sur l'ennemi un feu irrégulier, mais bien nourri, en chantant la *Marseillaise* qui, dans leur bouche, ressemblait plutôt à un chant de deuil qu'à un chant de triomphe. La masse des soldats entièrement démoralisée et ce qui restait de voitures s'entassèrent en arrière du mamelon, dans un fond qui paraissait être sans issue ; car en cet endroit la route d'Arzew, à peine tracée, tourne brusquement vers l'ouest. Plusieurs voyant la Macta à leur droite, et au delà quelque chose qui ressemblait à un chemin, se précipitèrent dans la rivière et y périrent. La voix du général se perd dans le bruit ; il y a absence de commandement, et ce n'est qu'au bout de trois quarts d'heure que cette masse informe, après s'être longtemps agitée sur elle-même, trouve enfin la route d'Arzew. Mais les soldats restés sur le mamelon n'entendent ou plutôt n'écoutent pas les ordres qu'on leur donne, et ne comprennent pas qu'ils doivent suivre la retraite. Ils font entendre des paroles décousues et bizarres, qui prouvent que la force qui les fait encore combattre est moins du courage qu'une exaltation fébrile. L'un fait ses adieux au soleil qui éclaire cette scène de désordre et de carnage ; l'autre embrasse en pleurant son camarade. Enfin, les compagnies du 66°, encore plus compactes que le reste, finissent par se mettre en mouvement ; mais les autres les suivent avec tant de précipitation, que la pièce de canon est un instant abandonnée. Elle fut dégagée cependant, et les hommes qui étaient restés si longtemps sur le mamelon se réunirent à ceux qui étaient déjà sur la route d'Arzew ; mais alors le corps d'armée ne présenta plus qu'une masse confuse de fuyards. L'arrière-garde n'était composée que d'une cinquantaine de soldats de toutes armes, qui, sans ordre, et presque sans chefs, se mirent à tirailler bravement, et d'un peloton de chasseurs d'Afrique, commandé par le capitaine Bernard. Quelques pièces d'artillerie, dirigées par le capitaine Allaud et le lieutenant Pastoret, soutenaient ces tirailleurs en faisant feu par-dessus leurs têtes ; mais leur nombre ayant été bientôt réduit à vingt, les Arabes allaient entamer une seconde fois la masse des fuyards, lorsque le capitaine Bernard les chargea avec tant de bravoure et de bonheur qu'il les força de lâcher leur proie. Dès ce moment, la retraite se fit avec plus de facilité ; bientôt on parvint sur le rivage de la mer, et la vue d'Arzew releva un peu le moral des soldats. Les Arabes, fatigués d'un long combat et surchargés de butin, ralentirent successivement leurs attaques, qui cessèrent tout à fait à six heures du soir ; à huit heures, le corps d'armée arriva à Arzew, après seize heures de marche et quatorze heures de combat.

Le général Trézel, qui s'était montré plein de courage et de résolution, ne voulut détourner sur personne la responsabilité de son malheur, qui nous coûtait trois cent cinquante-deux morts, trois cent quatre-vingts blessés, dix-sept prisonniers et la perte de presque tout notre matériel. L'armée tout entière respecta le chagrin d'un brave militaire que la fortune avait trahi, et elle regretta qu'on ne lui eût point donné la consolation, dont il était digne, d'effacer ce revers par une prochaine victoire.

Peu de temps après, le comte d'Erlon fut aussi rappelé, et quitta sans regrets une position que son grand âge laissait au-dessus de ses forces. Le général Clauzel, qui avait été nommé maréchal de France, devait venger la journée de la Macta. En arrivant à son poste, le 10 août 1835, le gouverneur se vit en face de nombreux embarras. L'influence française était presque détruite; quinze mois d'une paix équivoque avec l'émir avaient séparé de nous les tribus du centre de l'Algérie, et le désastre de la Macta prouvait aux Arabes que nous pouvions être vaincus. Abd-el-Kader triomphant régnait depuis Médéah jusqu'à Tlemcen; Blidah, si rapprochée de nous, recevait de lui un chef, et Koléah n'était contenu que par le voisinage de nos camps. La Métidjah était parcourue en tous sens par des partis de cavalerie, et les colons fugitifs n'osaient plus se montrer au delà de nos lignes; enfin la province de Tittery fermentait sous les intrigues de l'émir, qui tenait toutes ses forces concentrées dans l'ouest, prêt à les lancer partout où leur présence pourrait jeter un désastre.

Le maréchal Clauzel entra en campagne à la fin de novembre, et se rendit à Oran avec le Prince Royal, dont la jeune gloire aspirait à grandir sur ces champs de bataille où son nom s'est immortalisé. En me racontant tes impressions de voyage, à bord de *l'Amélie*, tu n'avais pas oublié le récit de la brillante conduite du duc d'Orléans, et j'ai vu, cher Ferdinand, que les chaleureuses paroles du colonel s'étaient gravées dans ta mémoire. Nous sommes à l'époque où ce souvenir doit se placer, car l'expédition du maréchal Clauzel avait pour but la prise de Maskara. Après le beau combat du bois de l'Habra, la rivière fut franchie, le 4 décembre au matin ; les Arabes, nous voyant maîtres de la route, se débandèrent successivement ; un grand nombre regagnèrent leurs tribus ; Abd-el-Kader disparut avec les autres, du côté de Maskara, qu'il espérait encore défendre. Le 6, au point du jour, après avoir bivouaqué au cœur des montagnes, l'armée continua son mouvement sans rencontrer d'autres ennemis que des partis peu nombreux ; mais les difficultés du terrain se multipliaient à chaque pas, et retardaient sa marche malgré l'activité merveilleuse des officiers du génie. Le maréchal, ne voulant pas laisser à l'émir le temps de réunir des forces considérables autour de Maskara, prit les devants avec deux brigades. Parvenu sur le plateau d'Aïn-Kebira, qui s'étend, de l'est à l'ouest, jusqu'à la ville, il trouva un cheïkh du village d'El-Bordj qui le supplia d'épargner sa tribu inoffensive. Un peu plus loin, les soldats arrêtèrent un juif, qui déclara que l'émir avait emmené les habitants. Laissant aussitôt derrière lui ses brigades, le maréchal courut au galop, avec le duc d'Orléans et une faible escorte, jusqu'à Maskara, grave imprudence qui, en cas de trahison de la part du juif, exposait le chef de l'armée et l'héritier du trône de France à être enlevés dans ce trajet. Les brigades n'arrivèrent en ville que deux heures plus tard, à la nuit close. Dès le lendemain, le maréchal, ne jugeant pas à propos d'établir une garnison sur ce point éloigné de communications faciles, ordonna la marche en retraite. L'armée brûla la ville avant de se retirer, et poussa devant elle quelques centaines de familles juives réduites à la dernière misère. Cette retraite s'accomplit au milieu d'épais brouillards et d'une pluie continuelle. On vit dans cet affreux moment des êtres humains, des femmes, des enfants exténués, si profondément ensevelis dans des lacs de boue, qu'il était impossible de reconnaître, autrement que par l'agitation de la vase, la place où ils venaient de tomber. Il faut renoncer à peindre cette scène de désolation; mais on peut en concevoir toute l'étendue en sachant que, dans une armée où se trouvaient nombre d'hommes que trente ans de service et plus avaient bien familiarisés avec les misères humaines, il ne s'en trouva pas un qui ne convînt qu'il n'avait jamais rien vu de semblable. Une nuée d'Arabes suivaient les derrières de l'armée, et, comme des corbeaux dévorants, se jetaient sur les malheureux qui ne pouvaient plus résister à la faim, à la soif, aux privations de tout genre. L'expédition rentra, le 12, à Mostaghanem, où le Prince Royal, accablé des fatigues de ces derniers bivouacs, et menacé d'une fièvre chaude, s'embarqua le 18, suivi des vœux de toute l'armée, que son exemple avait frappée d'admiration, et dont il devait bientôt revenir partager les dangers.

La prise de Maskara porta un coup funeste à la politique d'Abd-el-Kader; nos alliés revinrent à nous. Cependant il n'était pas découragé, et quinze jours après il reparut devant Tlemcen pour assiéger les Turcs et les Koulouglis, qui s'étaient renfermés dans le *Méchouar* (citadelle) de cette place. Le maréchal, informé de ses manœuvres, sortit d'Oran, le 8 janvier 1836, avec trois brigades, et marcha contre lui. Le 13, il arriva dans la fertile plaine de Tlemcen; Abd-el-Kader se retira sans avoir échangé un coup de fusil, et la ville nous ouvrit ses portes. Toutefois, ces résultats ne pouvaient offrir une sécurité complète à notre domination, tant que l'émir serait debout. Les populations de Médéah, de Cherchell, Milianah relevaient de son autorité; la grande tribu des Hadjoutes désolait la plaine. Les Arabes comprenaient que nos armes pouvaient percer jusqu'au cœur du pays; mais il aurait fallu confirmer leur croyance par une suite de faits énergiques, pour déterminer de leur part une soumission sans arrière-pensée.

Le 15 avril 1836, le général d'Arlanges, avec trois mille hommes, avait formé par ordre du gouverneur un camp sur les bords de la Tafna, pour mettre la garnison de Tlemcen en facile communication avec la mer. Les travaux avançaient avec rapidité, lorsqu'il apprit qu'un corps de sept mille Arabes s'avançait pour l'attaquer. Un combat fut livré, le 25, à deux lieues du camp. Après une lutte acharnée, dans laquelle le général fut blessé, nos troupes se retirèrent avec des peines inouïes dans leurs retranchements, en laissant trois cents hommes sur le champ de bataille. Notre camp de la Tafna, étroitement bloqué, allait devenir un tombeau; des renforts immédiats furent demandés à la France; trois régiments furent embarqués sur-le-champ et transportés à la Tafna, où ils arrivèrent, le 6 juin, sous les ordres du général Bugeaud. Le camp fut dégagé, Tlemcen ravitaillé, et Abd-el-Kader, étant venu livrer bataille au confluent de l'Isser et de l'Oued-Sesaf, fut repoussé après une chaude affaire, et se replia du côté de Maskara.

Pendant ces événements, le maréchal Clauzel s'était rendu à Paris, pour faire agréer au gouvernement son projet d'expédition contre Constantine, où régnait encore le pouvoir turc. De retour à Alger, le 8 septembre, il commença ses préparatifs. Le 8 novembre, un corps de sept mille hommes se trouva réuni aux environs de Bône; un fils du roi, monseigneur le duc de Nemours, devait prendre part à cette campagne; l'exemple donné par le Prince Royal faisait éclore entre ses frères une noble rivalité de dévouement au drapeau de la patrie. Mais quelque chose de plus touchant doit ici fixer les regards de l'histoire : ce sont les inquiétudes secrètes et les larmes cachées de cette reine auguste et si cruellement éprouvée, qui payait, elle aussi, l'impôt du sang que doivent toutes les mères, et qui, confiant à Dieu ses craintes avec ses espérances, invoquait sur ses enfants la protection du ciel, pour prix de tant d'infortunes adoucies, qui font bénir partout son nom vénéré !

Des renseignements exacts avaient été recueillis sur la route que l'armée devait suivre; on savait que nos troupes ne trouveraient d'autres vivres que ceux qu'elles porteraient. Malheureusement, les moyens de transport dont pût disposer le maréchal n'étaient pas suffisants; l'époque des grandes pluies allait aussi arriver, et cependant, malgré les inquiétudes légitimes que l'on devait concevoir, officiers et soldats se montraient pleins d'ardeur et de résolution. La généreuse audace des Français ne calcule jamais les prévisions sinistres; elle avait trop souvent produit des résultats inespérés, pour que l'armée pût, devant la perspective d'un glorieux triomphe, laisser percer la moindre hésitation.

Après douze journées d'une marche pénible, tourmentée par la pluie, à travers un pays dépourvu de ressources, le corps expéditionnaire arriva le 19, sans combats, sur le plateau de Soumah; le soleil, perçant les nuages, fit briller à trois lieues un groupe de maisons blanches : c'était le haut quartier de Constantine, à demi masqué par le plateau de Mansourah, et les soldats le saluèrent de leurs acclamations. L'armée, sauf le convoi, qui ne put rejoindre qu'au milieu de la nuit, se groupa autour d'un monument romain. A six heures et demie du soir, commença une pluie battante, entremêlée de neige, et qui dura toute la nuit. Depuis trois jours, nos soldats n'avaient pas un brin de bois, et le plateau maudit n'offrait pas un abri, pas une herbe sèche pour faire du feu. Épuisés de lassitude, ils se couchèrent dans la boue glacée, où beaucoup d'hommes périrent de froid. Des malades nombreux encombraient déjà les ambulances ; les chevaux affamés mouraient de fatigue et d'inanition ; et plusieurs personnes qui étaient revenues de Moskou par un froid de vingt degrés, tempéré, il est vrai, par des feux de sapin, prétendirent n'avoir jamais autant souffert qu'à cet horrible bivouac.

Le 21, transi, presque sans nourriture, parce qu'il mange pour se désennuyer et alléger son fardeau, le soldat, fouetté depuis quatorze heures par une pluie de neige, se remet en route à travers une affreuse tourmente ; mais le jour et le mouvement semblent, après cette nuit d'angoisses, un adoucissement : chacun se croit soulagé pour avoir changé de souffrances. On atteint péniblement les bords du Bou-Merzoug ; ce torrent, gonflé par les pluies, roule ses vagues furieuses sur des rochers aigus ; une douzaine de cavaliers qui l'affrontent sont renversés avec leurs chevaux, et par une espèce de miracle, les chevaux seuls sont noyés. On trouve enfin un gué ; les sapeurs du génie passent un long cordage d'une rive à l'autre ; ils forment sur chaque bord, en se serrant les uns contre les autres, des poteaux vivants autour desquels s'enroulent les extrémités de cette espèce de traille, et quand la résistance paraît assurée, les soldats, plongeant jusqu'aux aisselles dans le torrent glacé, le traversent en se cramponnant à la corde. Plus loin, ils rompent le courant, en s'échelonnant par groupes serrés ; en deux heures, l'infanterie et la cavalerie sont passées sans perdre un homme ; de moindres affluents les retardent peu, et de deux à trois heures après midi, elles arrivent ensemble sur le plateau de Mansourah. Elles découvrent alors Constantine dans toute son étendue, et n'en sont plus séparées que par l'abîme au fond duquel bondit et gronde le Rummel. Mais l'artillerie et les équipages, ne pouvant franchir aussi aisément de tels obstacles, restent en arrière, sous l'escorte du 62º de ligne, et bientôt les maux et les efforts des troupes qui marchaient les premières sont surpassés. Quand la pluie et la neige eurent redoublé de violence, les chemins devinrent presque impraticables, et nos soldats employèrent cinquante heures, sans le moindre repos, à porter et à protéger le matériel des équipages et du génie. Ces cinquante heures mises à faire un trajet de trois lieues coûtèrent au 62º des pertes cruelles. Sans sommeil, sans feu, sans vivres, constamment mouillés à fond et les pieds toujours dans la boue, avec l'obligation de rester à la même place pendant plusieurs heures pour attendre le départ des dernières voitures, ces malheureux ne tardèrent pas à être décimés. Le plus grand nombre était atteint de tremblements convulsifs ; la mort survenait bientôt. Cent vingt-sept hommes restèrent ensevelis dans cette calamité à laquelle se joignirent les attaques incessantes d'un ennemi nombreux, qui, malgré l'épuisement des soldats, fut toujours repoussé. Au travers de ces mornes horreurs, et prenant leur part de toutes les souffrances, l'artillerie et le génie conservèrent une contenance admirable, et arrivèrent le lendemain devant Constantine.

Cette ville est placée en amphithéâtre, s'élevant vers le nord-ouest, dans une presqu'île de roches contournée par l'Oued-Rummel, et dominée par la montagne de Mansourah, dont elle est séparée par une grande coupure où coulent les eaux du Rummel (*rivière de sable*), qui, au-dessus de la ville, reçoit l'Oued-bou-Merzoug, dans un lieu appelé *El-Kouar* (les arceaux). Ce ruisseau vient de l'est, et aboutit à la rive droite du Rummel. Le mont Mansourah s'étend dans la direction du sud-est au nord-ouest; il est dépouillé d'arbres; vis-à-vis de Constantine, son plateau porte deux mamelons; celui de l'est domine la ville à grande portée de canon; il est couronné par deux marabouts en maçonnerie, nommés Sidi-Mabroug. L'autre mamelon, au nord-est, porte le nom de Sidi-Mecid; de ces appendices très-accidentés, on peut battre la ville.

Au sud-ouest de Constantine, à environ quinze cents mètres du faubourg, sont les hauteurs de Koudiat-Aty, sur lesquelles gisent des tombeaux, et qui dominent les approches de la place. Constantine, entourée de jardins et de cultures, offre un site pittoresque. Au sud et à l'ouest, la vue s'étend très-loin; au delà de la plaine apparaissent des montagnes boisées; au nord-est, l'horizon peu étendu est borné par la hauteur de Mansourah.

La ville a la forme d'un ovale, allongé dans la partie tournée vers le sud-est. Sur cet espace, long de cinq ou six cents mètres, il y a trois portes. Celle de l'ouest se trouve à l'angle saillant, sur le point le plus élevé du contrefort, là où les rochers cessent d'être continus et de former une enceinte naturelle; on nomme cette porte Bab-el-Djédid; le chemin d'Alger par terre y aboutit. Celle du centre s'appelle Bab-el-Oued, ou de la *Rachbah;* elle conduit vers le sud, et peut faire gagner par un embranchement le chemin d'Oran, dit du *Gharb* (ou de l'ouest). La troisième porte, nommée Bab-el-Djabia, communique avec la rivière de Rummel; elle est dominée par la porte et le rempart Bab-el-Oued. Ces trois portes sont réunies par une muraille antique, haute de trente pieds, souvent sans fossé. On remarque en avant, sur le contrefort qui se lie au Koudiat-Aty, une espèce de faubourg peu étendu, terminé par quelques *Fondouks* (hôtelleries) et par les écuries du bey; de ce côté gisent aussi beaucoup de ruines romaines.

En face de Mansourah s'ouvre une quatrième porte, dite d'El-Kantara (ou *du pont*). Le pont d'où elle tire son nom est de construction antique, large et fort élevé; il a trois étages d'arches, traverse la rivière et unit les deux bords de cette grande coupure qui sépare la ville de la montagne. A côté de ce pont, le long des murs de la place, règne une mauvaise rampe qui conduit au fond du ravin, véritable précipice où les eaux du Rummel coulent quelques instants sous terre et reparaissent à découvert un peu plus loin. Entre la porte d'El-Kantara et celle Bab-el-Djédid, vers l'angle élevé que forment les murailles, se trouve la Kasbah, couronnant les rochers à pic qui entourent presque toute la ville. Les escarpements de ce côté ont plus de cent mètres de hauteur; ils diminuent graduellement, et finissent par disparaître vers la porte El-Djédid. Les maisons de Constantine s'adossent en partie contre l'enceinte ; les rues sont étroites et tortueuses comme dans le haut Alger. De la porte d'El-Kantara, on parvient à la Kasbah en tournant à droite, et montant assez rapidement par quelques zigzags, jusqu'à la rue El-Mar, qui, par un coude à gauche, gagne la hauteur de la citadelle. Le palais du bey occupe le centre de la ville. Le Rummel, qui fournit ses eaux à Constantine, est guéable en toute saison, et son lit, peu profond, ne s'élève qu'à quatre pieds d'eau par les plus fortes pluies. En amont de la ville, les plaines cultivées sont sur la rive gauche ; la droite est bordée par le mont Mansourah. A la porte d'El-Djabiah, une cascade se précipite dans le ravin, large de quatre-vingt-dix mètres et profond de cinquante, qui contourne la ville depuis cette porte jusqu'à celle d'El-Kantara.

La place n'était abordable que par le plateau de Koudiat-Aty qui conduit, de plein pied, au bas du mur d'enceinte, ou par le pont qui franchit, du côté d'El-Kantara, l'abîme du Rummel. Une impérieuse nécessité faisait au maréchal un devoir de hâter ses opérations. Des montagnes couvertes de neige entouraient l'armée de toute part ; l'argile détrempée était l'unique lit offert aux fatigues du soldat. Le plateau de Mansourah étant formé de couches alternées de roches et de marne, la dégradation des couches molles avait fait saillir en corniches les plus dures, et nos malades pouvaient se blottir, comme des troglodytes, sous ces tristes abris dont tous ne devaient pas sortir vivants. Les redoutables effets de la saison, l'insuffisance des moyens de transport, et plus que tout cela, la perte d'une partie des vivres, enterrés dans un lac de boue, faisaient présager un immense désastre, si le but de l'expédition était manqué. Le maréchal Clauzel avait d'abord choisi pour point d'attaque la porte d'El-Kantara. Le 23 novembre, à la nuit tombante, le général Trézel porta les troupes du génie à la tête du pont; on devait faire sauter la première porte, et monter à l'assaut pendant que les sapeurs enfonceraient la seconde. Mais les assiégés veillaient. Des décharges redoublées foudroyèrent les assaillants; un clair de lune brillant éclaira tout à coup cette scène sanglante; la mitraille pleuvait sur le pont encombré de nos soldats, et le brave Trézel tomba au milieu des blessés et des morts. Les officiers n'eurent plus qu'à se dévouer pour sauver ces héroïques débris et les ramener sur le plateau. A onze heures du soir, le maréchal n'avait pas encore perdu l'espoir d'enlever la place de vive force, par le côté plus accessible de Koudiat-Aty. Le colonel Duvivier, chargé de ce coup de main, parvenu à trente pas de la porte Bab-el-Oued, fut accueilli par un feu d'artillerie si meurtrier, qu'il dut borner sa gloire à sauver ses blessés et à faire une retraite intrépide. L'insuccès de ces deux tentatives ne permettait pas au maréchal de continuer le siége. L'artillerie française n'avait plus que trente livres de poudre; les soldats tombaient d'inanition; la retraite devenait une cruelle nécessité : elle fut admirable.

Le 24, dès cinq heures du matin, les troupes avaient été rappelées de Koudiat-Aty. Tout le matériel qu'on ne pouvait emporter sans ralentir la marche, tentes, effets, bagages sont détruits; la moitié de la cavalerie est mise à pied; les blessés et les malades sont chargés sur les fourgons, les bêtes de somme et les chevaux qu'on a rendus disponibles. A huit heures, le signal du départ est donné. Le colonel Duvivier, avec une poignée de braves, couvre la crête qui domine le ravin de Mansourah, et protége le mouvement des troupes. Mais à peine a-t-il commencé, que des nuées d'Arabes, sortis de la ville, viennent fondre sur les flancs et l'arrière-garde de l'armée. C'est alors que le sang-froid du commandant Changarnier sauva l'armée de grands malheurs; avec son bataillon du 2ᵉ léger, réduit à trois cents hommes, il fit former le carré et soutint la retraite à l'extrême arrière-garde. Entouré d'ennemis innombrables, il fait entendre à ses soldats cette parole digne des héros des vieux temps : « Camarades, ils sont six mille et vous êtes trois cents, la partie est égale! » Électrisée par l'exemple de son chef, cette petite phalange se dévoue; elle combat à portée de pistolet, et par un feu de deux rangs bien soutenu disperse les masses qui tentaient de l'écraser. Le 1ᵉʳ décembre, l'armée, exténuée par les souffrances de la route, parvint à regagner les cantonnements de Bône. Le maréchal Clauzel fut rappelé en France peu de temps après, et remplacé par le général Damrémont.

L'année suivante, ce désastre fut vengé. Le Prince Royal avait sollicité l'honneur d'aller prendre Constantine; mais des considérations de haute politique privèrent de cette page de gloire la belle et trop courte existence de l'héritier du trône; le gouvernement décida que le gouverneur général dirigerait en personne la nouvelle expédition, à laquelle le duc de Nemours fut attaché avec le commandement d'une brigade. Les préliminaires de cette seconde campagne ne furent pas moins pénibles qu'en 1836.

CHEF DE REGULIER.
(Troupe d'Abd el-Kader)

Au milieu des efforts tentés par les Arabes, que rendait plus hardis le souvenir récent de notre échec, on parvint à construire une batterie de brèche sur la pente du Koudiat-Aty. Le 12 septembre, les troupes impatientes demandaient à grands cris qu'on les conduisît à l'assaut. Cependant, peu désireux des lauriers qu'on ramasse dans le pillage et le massacre d'une cité, le brave Damrémont voulut tenter les voies d'une capitulation qui ne rendrait pas sa victoire moins éclatante. Il choisit pour parlementaire un soldat turc des bataillons auxiliaires, et le chargea d'une proclamation en langue arabe, adressée aux habitants. Introduit dans la place au moyen de cordes que les assiégés lui tendirent par dessus les remparts, notre envoyé revint, le 13 au matin, avec une réponse verbale : les défenseurs de Constantine avaient encore du blé et de de la poudre; *ils en offraient aux Français*, qui n'entreraient, disaient-ils, dans leurs murs, que sur le cadavre du dernier Arabe. — Ce sont des gens de cœur! s'écria le général en chef; il ne nous reste plus qu'à les vaincre! Cette nouvelle fut bientôt répandue parmi les soldats, et M. de Damrémont, salué par leurs acclamations, ne songea plus qu'à contenir dans les bornes de l'honneur les résultats d'un assaut qui allait occasionner des luttes impitoyables. Avant de prendre ses dernières dispositions, il voulut étudier de plus près l'état de la brèche, et se porta en avant des batteries avec monseigneur le duc de Nemours et son état-major. Parvenu sur un point très-découvert, il mit pied à terre et fit quelques pas ; un officier général lui représenta vivement le péril auquel il s'exposait : — C'est égal, dit tranquillement M. de Damrémont. Ce fut son dernier mot : un éclair brilla sur les remparts de

Constantine, et le dernier boulet tiré par les assiégés l'étendit raide mort. Le général Valée, par droit d'ancienneté de grade, prit aussitôt le commandement des troupes, et décida que l'assaut serait livré dès le lendemain.

Le 14, à sept heures du matin, monseigneur le duc de Nemours fit donner le signal. Le colonel de La Moricière, suivi des zouaves et des sapeurs du génie, sortit le premier des retranchements, et franchit au pas de course le terrain qui s'étendait jusqu'au pied de la brèche. En un instant, malgré les éboulements de décombres qui manquaient et croulaient, à chaque pas, sous les pieds et les mains des assaillants, la pente est escaladée, et le drapeau tricole flotte au sommet. On fut longtemps à s'agiter dans l'étroit espace que nos boulets avaient déblayé au haut de la brèche, sans deviner quelle communication pouvait exister sur ce point entre le rempart et l'intérieur de la ville. Il y avait là quelque chose de plus terrible que la présence de l'ennemi : ce sont des constructions incompréhensibles; des enfoncements qui promettent des passages et qui n'aboutissent pas; des apparences d'entrée qui n'amènent aucune issue; des angles saillants et rentrants, embrouillés comme à plaisir; des semblants de maisons, dont on ne sait où prendre le sens, où prendre la face; en un mot, c'est un mirage périlleux qui offre l'image décevante d'une ville, sans que l'on puisse rien saisir de ce qui constitue une ville réelle. Mais les balles de l'ennemi connaissent la route; elles arrivent sans qu'on sache par où elles passent; elles frappent sans qu'on puisse leur répondre. Le canon a créé un terrain factice de terres remuées et de décombres, qui, se superposant au sol primitif, ont envahi les issues, obstrué les portes et défiguré entièrement l'état des localités ; la direction des balles semble seule indiquer que les toits sont leur point de départ. Le colonel de La Moricière fait aussitôt apporter des échelles, et montant sur la terrasse d'une maison, il organise un combat aérien au-dessus des combats qui s'engagent dans les ruines. On finit par rencontrer une ruelle étroite bordée de chaque côté de ces loges carrées qui, dans les villes d'Afrique et d'Orient, servent de boutiques ; la plupart sont à moitié fermées par des planches et des espèces de volets. Ce passage est forcé, mais à peine les soldats y sont-ils engagés, qu'une double décharge partant de ces niches, de droite et de gauche, avertit qu'elles servent de lieu d'embuscade à l'ennemi. Mais celui-ci, qui avait cru arrêter par sa fusillade la marche des assaillants, les voyant arriver droit sur lui à la baïonnette, et n'ayant plus d'autre défense que son yathagan, se précipite hors de ces loges. Plusieurs fuyards sont tués ; d'autres échappent et disparaissent, comme s'ils eussent pu s'enfoncer en terre ou percer les murs. Les Français avancent, et se trouvent en face d'une porte pratiquée dans une arche de maçonnerie. En frappant cet obstacle à coups de hache et de crosse de fusils, on reconnaît que la porte n'est tenue fermée que par des étais mobiles, destinés sans doute à faciliter la sortie ou la retraite des assiégés. On parvient à ouvrir un des battants, mais les Arabes, réunis à flots pressés dans la rue, en arrière de la porte, guettaient ce moment et tenaient leurs armes prêtes. Dès qu'ils voient jour à tirer, ils font pleuvoir les balles sur la colonne d'assaut. A quelques pas en arrière de cette scène, s'en passait une autre, marquée d'un caractère plus lugubre. Un petit bâtiment en saillie, dont le pied avait été miné par les boulets, resserrait un étroit passage tout engorgé d'une foule de soldats. Soit par l'effet de l'ébranlement qu'occasionnaient les mouvements tumultueux et irréguliers de la troupe, soit que l'ennemi eût lui-même préparé là un piége redoutable, toute une face du mur ruiné s'écroula soudainement, et ensevelit un grand nombre d'officiers et de soldats du 2ᵉ léger ; on vit avec angoisse le chef de bataillon Sérigny, pris sous les décombres jusqu'à la poitrine, implorant à cris étouffés des secours qu'on n'eut pas le temps de lui donner, survivre quelques minutes à une agonie désespérée, en s'épuisant douloureusement pour remuer la masse sous laquelle il périssait, et sentant tout ce qui restait d'entier dans son corps se briser peu à peu.

A peine cet accident venait-il de s'accomplir, qu'un autre encore plus terrible éclata. On avait dépassé cet obstacle, et la tête de colonne avançait dans la direction centrale de la ville, quand tout à coup les assaillants sentent comme tout leur être s'écrouler ; la vie un instant est presque anéantie en eux. Quand ils ressaisissent quelque connaissance, il leur semble qu'ils enfoncent dans un abîme. La nuit s'est faite autour d'eux ; l'air leur manque ; leurs membres ne sont pas libres, et quelque chose d'épais, de solide et de brûlant les enveloppe. Beaucoup ne sortent de ce premier étourdissement qu'avec des douleurs aiguës ; le feu dévore leurs chairs ; le feu, attaché à leurs habits, les suit et les ronge ; s'ils veulent faire un effort avec leurs mains, ils trouvent leurs mains brûlées ; si, reconnaissant que le jour renaît autour d'eux, ils cherchent à distinguer où ils sont et ce qui les environne, ils s'aperçoivent que leurs yeux ne voient plus qu'à travers un nuage sanglant. Plusieurs ne font que passer des angoisses de la première secousse à celles de l'agonie. Quelques-uns, dépouillés preque entièrement de leur peau, sont pareils à des écorchés; d'autres sont dans le délire; tous s'agitent au hasard et avec des clameurs inarticulées. Cependant les premiers mots qui se font entendre distinctement sont ceux : En avant! à la baïonnette! prononcés d'abord par les plus valides, et répétés ensuite, comme d'instinct, par ceux mêmes qui n'en comprennent plus le sens. Une explosion venait d'avoir lieu. Les assiégés avaient là un magasin à poudre, auquel le feu prit par hasard. Lorsque l'air fut en conflagration, les sacs à poudre que portaient sur leur dos plusieurs sapeurs du génie durent s'enflammer aussi; les cartouchières de soldats devinrent aussi, sur une foule de points, des centres ignés, dont les irradiations, se croisant et se heurtant en tous sens, remplirent de feu et de scènes horribles tout ce grand cercle de calamités. Le sol avait été remué et s'était creusé; la terre avait jailli en tourbillons; des pans de murs s'étaient renversés; l'atmosphère s'était comme solidifiée; le feu semblait pénétrer par la bouche, par les narines, par les yeux, par tous les pores. Il y eut quelques moments de confusion; on ne savait où était le péril; en voulant le fuir, ceux qui étaient hors de sa sphère d'action venaient s'y jeter; d'autres qui auraient pu y échapper s'en laissaient atteindre, croyant que tout le sol était miné, que toute muraille allait s'abîmer, et que se mouvoir, c'était aller au-devant de la mort. Les assiégés, profitant de ce désastre, revinrent dans la rue qu'ils avaient d'abord abandonnée, lâchèrent plusieurs bordées de tromblons sur les groupes à demi brûlés ou terrassés par l'explosion, qui étaient entassés autour de la porte; et après avoir achevé ainsi de briser ce qui pouvait encore essayer de se défendre, ils hachèrent à coups de yathagan jusqu'aux cadavres.

Cependant, à mesure que les troupes, montant par la brèche, disparaissaient dans les flancs de la ville, des troupes nouvelles suivaient leur mouvement. Le combat s'étendait sur un théâtre plus vaste sans que la résistance parût diminuée. Le colonel Combes vint prendre le commandement que M. de La Moricière, horriblement brûlé et presque aveugle, avait depuis quelque temps cessé d'exercer; mais en s'élançant pour enlever une position fortement barricadée, il fut atteint en pleine poitrine de deux balles mortelles. Il eut encore la force de regagner la batterie de brèche, rendit compte au général en chef de la situation des affaires, et ajouta quelques simples paroles indiquant qu'il se sentait perdu. A le voir si ferme encore dans sa démarche, on n'aurait jamais supposé que c'était là un homme quittant un lieu de carnage pour aller mourir. Ceux qui ont admiré Combes dans ce moment suprême ne parlent encore qu'avec un religieux enthousiasme de son héroïque trépas.

Après plusieurs heures d'une lutte épouvantable, nos soldats étaient parvenus à circonscrire dans un cercle très-resserré les derniers éléments de la résistance. Lorsque le maréchal de camp Rulhières, envoyé par le général en chef pour prendre le commandement des colonnes d'attaque, eut pénétré dans la ville à la hauteur des tirailleurs les plus avancés, il vit venir un Maure qui agitait un papier. C'était un parlementaire que députaient les grands de la ville, pour demander que l'on arrêtât les hostilités. M. Rulhières le fit conduire auprès du général Valée, qui expédia sur-le-champ l'ordre de cesser le feu et de prendre possession de la ville et de la Kasbah. En arrivant dans cette citadelle, on la crut d'abord déserte; mais en avançant au travers des constructions dont elle était encombrée, vers le bord des précipices qui l'entourent à l'extérieur, on aperçut les derniers défenseurs de Constantine, ceux qui ne voulaient point accepter le bénéfice de la capitulation, s'enfonçant dans les ravins à pic, la seule voie qui s'ouvrît désormais à leur retraite. Quelques-uns, avant de disparaître dans ces profondeurs, se retournaient encore pour décharger leurs fusils sur les premiers Français qui se montraient à portée. Quand on fut tout à fait au-dessus de ces abîmes, en y plongeant le regard on découvrit un affreux spectacle. Un talus extrêmement rapide retombe du terre-plein de la Kasbah sur une muraille de rochers verticaux, dont la base repose sur un massif de pierres aiguës et tranchantes. Au pied de cette muraille gisaient, brisés et sanglants, des corps d'hommes, de femmes et d'enfants. Ils étaient entassés les uns sur les autres, et à leurs teintes sombres et livides, à la manière dont ils étaient confondus par masses informes, on pouvait les prendre d'abord pour des amas de haillons. Mais quelques mouvements, qui trahissaient encore la vie, vinrent bientôt révéler l'horrible vérité. On finit par distinguer des bras, des jambes qui s'agitaient, des agonisants qui frémissaient dans leurs dernières convulsions. Des cordes rompues, attachées aux pitons supérieurs des rochers où on les voyait encore pendantes, expliquèrent cette effrayante énigme. Réveillée de la sécurité dans laquelle elle avait dormi jusqu'au dernier moment, pour tomber dans les angoisses de la terreur, la population de Constantine s'était précipitée vers la partie de la ville qui était à l'abri de nos coups, afin de s'y frayer un chemin vers la campagne. Ces malheureux dans leur vertige s'étaient lancés au hasard à travers ces pentes funestes sur lesquelles on ne peut plus s'arrêter; les premiers flots, arrivant au bord de la cataracte poussés par ceux qui suivaient, et ne pouvant plus les faire refluer ni les contenir, roulèrent dans l'abîme, et il se forma une avalanche humaine. Quand la presse eut été diminuée par la mort, ceux des fuyards qui avaient échappé à ce premier danger crurent trouver un moyen de continuer leur route périlleuse en se laissant glisser le long de cordes fixées aux rochers; mais, soit inhabileté ou précipitation, soit que les cordes se rompissent sous un poids trop lourd, les mêmes résultats se reproduisirent par d'autres causes, et il y eut encore une longue série de chutes mortelles.

Deux heures après l'entière soumission de la ville, le général en chef et le duc de Nemours vinrent occuper le palais du bey. Les instructions du gouvernement prescrivaient au général en chef de protéger la population après la victoire. Le comte Valée s'y conforma rigoureusement, et ne négligea rien pour prouver aux habitants de Constantine que l'armée française savait être généreuse. Quelques jours après la conquête, on vit arriver le prince de Joinville, débarqué à Bône, le 4 octobre, et qui n'avait pu résister au désir de venir partager les dangers de son frère. Le 12ᵉ régiment de ligne l'avait suivi avec enthousiasme; mais ces braves arrivèrent trop tard.

Ainsi venait de tomber le dernier débris du pouvoir turc dans l'ancienne régence d'Alger. La prise de Constantine assurait à notre domination un riche développement. Assise sur un plateau élevé, à peu de distance de la mer, entretenant de faciles rapports avec les tribus arabes voisines du Sahara, débouchant par de belles vallées dans les fertiles plaines qui s'étendent à l'est des Portes de Fer, cette ville devait, occupée par nous, exercer une puissante influence sur la prompte pacification du pays.

Un deuil public honora les restes du général Damrémont, qui furent transportés à Paris, et déposés dans les caveaux funèbres de l'hôtel des Invalides.

Le comte Valée fut élevé à la double dignité de maréchal de France et de gouverneur de l'Algérie.

CHAPITRE VI.

LE CHEMIN DU BONHEUR.

Les leçons d'histoire du capitaine Josselin avaient porté leurs fruits. Depuis que Jean-Ferdinand se voyait initié aux progrès de notre glorieuse conquête, le séjour de l'Algérie lui offrait sans cesse de nouveaux sujets d'études aussi intéressantes que variées. Une correspondance active le tenait au courant de la santé de son père adoptif; et son cœur, tranquillisé par ces doux échanges de mutuelle affection, se rendait, avec moins de contrainte, aux vœux du vieux marin, qui semblait prendre plaisir à soumettre encore son obéissance à l'épreuve du temps. Cependant il aspirait sans cesse aux joies d'un prochain retour. Ses rêves de chaque nuit le reportaient doucement sur les grèves du Finistère, parmi les sentiers bordés de bruyères et d'ajoncs fleuris qui menaient à la maison du capitaine, sous les grands ombrages de Lambezellec. Puis, au réveil, il retombait du haut de son bonheur idéal dans les tristes réalités de sa vie d'exil, et se prenait à pleurer.

Bien des mois s'étaient écoulés ainsi, lorsque, à la fin d'octobre 1838, notre jeune ami reçut de son père adoptif une dernière lettre qui lui rendit le courage et l'énergie qu'il commençait à perdre. — Cher enfant, lui écrivait M. Josselin, je n'ai depuis longtemps sur la terre d'autre félicité que mon dévouement à ton avenir; les témoignages de ma sollicitude ont suivi chaque année de ton adolescence; mais avant de te découvrir mes derniers desseins sur toi, je voulais m'assurer que, de près comme de loin, tu resterais digne de mes soins affectueux et des sacrifices que je m'imposerais encore. Ta soumission a été parfaite, et ta conduite à l'abri de tout blâme. Tu as appris par des épreuves assez longues que, si le travail est la loi de l'homme, Dieu bénit sa persévérance, et que sa protection ne manque jamais à celui qui marche dans les sentiers du bien. L'heure est venue de récompenser tes jeunes vertus; je ne te dis pas encore quel prix je leur ai réservé; j'aime mieux jouir de ta surprise, et je ne te demanderai d'autres preuves de gratitude que la promesse de ne jamais quitter le vieil ami de ton enfance. — La veuve du gabier te remercie de la part que tu lui fais parvenir, chaque mois, du produit de tes épargnes. Elle a loué, par mes conseils, une grande chambre au bout du village, pour y rassembler chaque jour les petits marmots de la commune, pendant que les pères et mères vont travailler aux champs. Cette espèce de salle d'asile est une bonne œuvre que je favorise de tout mon pouvoir. Les paysans aisés payent pour la garde de leurs enfants une petite redevance ; je mets de ma poche les deux sous par jour que les pauvres ne pourraient donner sans se gêner ; de cette manière tout navigue à pleines voiles. Je passe mon inspection au retour de ma promenade quotidienne ; et je me retire avec les bénédictions de mon petit équipage, en me rappelant avec attendrissement cette parole du Sauveur : « Laissez venir à moi les petits enfants, car le royaume des cieux est pour ceux qui leur ressemblent. » Voilà, cher Ferdinand, mes distractions et mes plaisirs. Mais je sens que je m'affaiblis peu à peu ; à chaque changement de temps, mes blessures font l'office d'un douloureux baromètre. J'ai besoin d'un lieutenant pour gouverner ma vieille barque, et d'un ami à qui je puisse conter cent fois les mêmes souvenirs, en attendant que j'aborde au rivage où tout s'oublie, excepté le bien qu'on a fait. Reviens donc, car tu es l'ami sur qui reposent toutes mes pensées ; je ranimerai mes dernières forces au soleil vivifiant de ta robuste jeunesse, et j'attendrai doucement que Dieu veuille me rappeler à lui, pour te donner là-haut le rendez-vous auquel chacun arrive tôt ou tard.

Jean-Ferdinand reçut cette lettre à Constantine, où il s'était rendu pour y visiter le théâtre d'un triomphe dont l'éclat rayonne à côté des plus glorieuses victoires de l'ère impériale. Laborieux voyageur, il y laissa les traces de son actif concours aux travaux de la colonisation naissante ; mais, pour tout l'or d'un royaume, il n'eût consenti à retarder l'instant d'un départ qui comblait toutes ses espérances. Accoutumé à vivre de peu, il possédait une bourse bien garnie pour parer à toutes les éventualités de son existence nomade. Il acheta un mulet pour le porter avec son léger bagage, et obtint du général commandant la place la permission de se joindre à un convoi de soldats congédiés, qui allaient prendre, sous une escorte suffisante, le chemin de Bône, où 'ils devaient s'embarquer pour revoir la France.

Le 14 novembre, premier anniversaire de l'assaut de Constantine, la petite caravane se mit en route au point du jour, et sortit de la ville en franchissant le pont d'El-Kantara, qui la sépare du mont Mansourah. Les pluies, qui tombaient presque sans relâche depuis plus d'un mois, présageaient un voyage pénible. Ce matin, le ciel était sombre ; de gros nuages plombés se traînaient lourdement sur les montagnes lointaines ; des lambeaux de brume flottaient en longues écharpes sur le ravin sinueux du Rummel ; et un vent presque glacé, secouant les verts panaches de quelques palmiers clair-semés çà et là, en faisait jaillir des myriades de perles humides. Les chemins défoncés ressemblaient à des rivières de boue dormante, et nos voyageurs ne parvenaient qu'au prix de fatigues infinies à franchir, chaque jour, un espace de quatre à cinq lieues.

Le troisième jour de cette marche, ils arrivèrent au Ras-el-Akba, défilé montueux qui s'engage entre des murs de granit escarpés. A mi-hauteur des pentes, sur une terrasse naturelle, bordée de trois côtés par d'âpres précipices, et que dominent des pics verticaux, gisent les ruines d'une ancienne ville romaine. Cette singulière ville, que les Arabes nomment Announa, mais dont le nom antique reste ignoré, semble n'avoir été bâtie, en dehors de toute communication, que pour faire jouir ses habitants d'autrefois d'une délicieuse vue sur la vallée de la Seybouze. Elle était construite en pierres de taille; un arc de triomphe, simple et de bon goût, existe encore entier; vis-à-vis s'élève une façade qu'une inscription tronquée, gravée à l'extérieur, avec une croix, font reconnaître pour celle d'un temple païen converti en église à l'époque où le christianisme pénétra en Afrique. Plusieurs arcades d'un bel aqueduc sont aussi debout. Le sol est jonché de débris, entre lesquels se distinguent ceux d'un vaste édifice, dont le plan est encore dessiné par les soubassements de ses colonnes. On croirait cette ville renversée depuis peu d'années par un tremblement de terre, plutôt que détruite par l'action des siècles. Au nord gisent des tombes antiques, couvertes d'inscriptions effacées.

Forcée par le mauvais temps de s'arrêter dans le défilé de Ras-el-Akba, la petite troupe française établit son bivouac sur la terrasse d'Announa, et posa des vedettes pour en surveiller les approches. Mais lorsque, le lendemain, elle voulut continuer sa route, quelques coups de fusil tirés sur ses derrières l'avertirent d'une attaque. Pendant que la tête de colonne avançait, sa petite arrière-garde ralentit le pas, pour riposter au feu des assaillants qu'elle prit pour un parti d'Arabes maraudeurs. Mais bientôt une décharge faite en tête annonça que nos infortunés voyageurs étaient tombés dans une embuscade ; quelques espions avaient révélé leur petit nombre aux Arabes d'alentour, qui s'étaient réunis pendant la nuit pour les surprendre, en occupant les deux issues du défilé et les crêtes qui le dominent. Un combat corps à corps s'engagea de part et d'autre. Jean-Ferdinand, qui avait mis pied à terre, ramassa le fusil d'un soldat de l'escorte tué raide à ses côtés, et se battit à l'arrière-garde, comme un brave éprouvé par vingt campagnes. La lutte fut courte ; l'ennemi, abordé avec résolution, ne put tenir contre cette poignée de Français, qui n'avaient de chances de salut que dans une résistance désespérée. Mais au moment où la tête de colonne forçait le passage, aux cris de « Vive le roi ! » Jean-Ferdinand, électrisé par l'odeur de la poudre, s'élançait, baïonnette croisée, contre un groupe d'Arabes qui le serrait de près. Un coup de feu l'atteignit au pied ; la douleur fut si violente qu'il tomba sur ses genoux en laissant échapper son arme. Ses compagnons d'arrière-garde, qu'une vive fusillade décimait du haut des rochers, et que des masses d'assaillants allaient envelopper, n'eurent pas le temps de l'enlever de la mêlée, et notre pauvre ami resta prisonnier de guerre. Un cavalier arabe lui lança un crochet attaché au bout d'une longue corde, et l'entraîna au galop, à travers les broussailles, jusqu'à une distance de quelques cents pas.

Jean-Ferdinand, meurtri, déchiré, couvert de sang, s'était évanoui. Nul doute qu'il n'eût été mis en pièces par des ennemis furieux de leur défaite, si ces Arabes, qui placent le courage guerrier au-dessus de toute vertu, n'eussent été touchés de sa jeunesse et de l'énergie qu'il avait montrée. Quand il reprit ses sens, il se trouva couché sur des nattes de jonc recouvertes de peaux, sous une tente dont le possesseur semblait commander le respect aux gens de la peuplade. Il put aussi deviner qu'une assez vive discussion avait lieu entre ce cheïkh et les autres Arabes, qui s'amassaient en foule aux abords de la tente, en poussant des clameurs confuses, accompagnées de gestes menaçants. Mais sur quelques paroles proférées avec l'accent de l'autorité par le personnage qui l'avait recueilli, Jean-Ferdinand vit cette horde farouche se disperser lentement et regagner ses abris. Bientôt un esclave nègre vint visiter sa blessure; la balle n'avait heureusement rien brisé, et l'esclave, après avoir broyé quelques herbes dans une écuelle de bois, en fit un cataplasme, qu'il attacha sur la plaie avec des bandelettes d'écorce; puis il se retira, en faisant signe au prisonnier d'avoir bon courage et de se tenir en repos.

Le pauvre jeune homme était moins affecté de ses souffrances que du triste sort auquel il se voyait réduit. Si sa vie ne paraissait pas menacée, un dur esclavage, dont le terme était impossible à prévoir, allait remplacer pour lui les joies du retour tant désiré. — Pourquoi, se disait-il en soupirant, pourquoi ne suis-je pas mort comme un soldat! le capitaine Josselin l'aurait su quelque jour, et une telle fin, en m'épargnant bien des maux, eût été honorée de quelques larmes par le vénérable ami de mon enfance. Au lieu de cela, s'il apprend ma captivité, peut-être pensera-t-il que j'ai manqué d'audace, et loin de me regretter, il me méprisera!

Cette cruelle pensée, dont il ne pouvait écarter les funestes impressions, lui causa une longue et accablante insomnie; et lorsque, vaincu par son épuisement, il sentait ses paupières se fermer, un cri d'alarme, suivi de trois coups de fusil, et répété de proche en proche, le fit tressaillir, et mit le camp sur pied, dès l'aurore. En un clin d'œil les tentes furent abattues, roulées et chargées sur des chameaux; Jean-Ferdinand, hors d'état de marcher, se vit enlever par deux bras vigoureux, qui le lièrent en croupe derrière un cavalier, et en quelques minutes toute la peuplade disparut dans un nuage de poussière, à travers les mamelons qui parsèment la plaine où elle avait passé la nuit. Le prisonnier put entendre l'écho d'une fanfare lointaine, qui annonçait l'approche d'un détachement français; mais les Arabes avaient trop d'avance pour redouter cette poursuite. Une partie des cavaliers se mit à galoper en tous sens, de manière à effacer les pistes du gros de la troupe, qui gagna en peu d'heures une chaîne de collines, dont les détours, connus d'elle seule, devaient défier toute atteinte.

Après huit jours d'une marche contrariée par les avis qu'apportaient les espions arabes, la caravane guerrière pénétra enfin dans cet archipel de montagnes que nous avons appelé le *pâté* de Bougie, et dans lequel notre domination ne s'est pas encore étendue. Des émissaires secrets, parcourant tout le pays d'alentour, annonçaient la prochaine arrivée d'Abd-el-Kader, et son projet d'enlever aux Français la ville de Bougie. Tous les partisans de ce célèbre chef arabe étaient convoqués pour cette expédition, et la tribu dont Jean-Ferdinand se trouvait le prisonnier s'acheminait, comme bien d'autres, au lieu du rendez-vous.

Par un heureux hasard, la balle qui avait blessé notre ami, n'avait fait que contourner les nerfs du pied ; aucun organe important n'était lésé ; et grâce à l'humanité du cheïkh, qui le faisait voyager en croupe derrière ses cavaliers choisis à tour de rôle, le pauvre captif était plus occupé de ses chagrins de cœur que d'une souffrance physique à laquelle il s'accoutumait presque machinalement. Satisfait de le voir hors d'état de fuir, le cheïkh se contentait de le surveiller de bivouac en bivouac. Sa douceur et sa calme résignation lui conciliaient aussi les égards des autres Arabes, qui partageaient avec lui leurs galettes de pain d'orge, l'eau de la source et le lait de leurs chamelles. A la liberté près, dont il était privé, Jean-Ferdinand vivait avec sécurité au milieu de ses ennemis, qu'il s'étonnait de ne point trouver aussi farouches que bien des Français les lui avaient dépeints.

Le dernier jour de son voyage, la tribu arriva dans une large et profonde vallée, entourée de hautes montagnes boisées, et au milieu de laquelle s'étendait un vaste camp, dont les nombreuses tentes, noires ou brunes, tissues de laine ou de poil de chameau, avaient là forme de petits navires renversés. A l'approche des nouveaux venus, quelques cavaliers se détachèrent du camp pour les reconnaître. On conduisit le cheïkh et Jean-Ferdinand devant la tente d'un personnage, qu'à la richesse de son costume notre ami supposa devoir être d'un haut rang dans l'armée de l'émir. Ce personnage semblait rentrer de la chasse ; les cavaliers de son escorte rapportaient plusieurs sangliers, jetés au travers des arçons de la selle. Rien n'est plus majestueux que la parure guerrière d'un grand chef arabe : celui-ci en résume toute la splendeur. C'est d'abord le *Haïk* de soie blanche rayée, espèce de châle-chemise d'une seule pièce, qui retombe jusqu'aux pieds, et, noué par-devant, recouvre la tête comme une espèce de bonnet qu'entoure un cordon de poil de chèvre, roulé en forme de turban. La partie de ce bonnet qui fait le tour du cou sert en même temps pour voiler la bouche pendant la fraîcheur du soir. Une ceinture de velours brodé d'or serre le vêtement autour de la taille, et laisse voir les crosses, incrustées d'argent, de deux pistolets. Une giberne, non moins richement brodée d'or, renferme les cartouches, et à côté d'elle pend le cornet à poudre et une bourse à plomb. Ces armes, jointes à la barbe noire et à la figure martiale et hâlée du cavalier, ne permettent pas de douter que sous ce costume, d'une coquetterie presque féminine, se cache un guerrier redoutable. Une veste ouverte, de drap cramoisi, ornée de soie verte et de ganses d'or, laisse apercevoir ses manches fendues, à boutons ronds d'argent, à travers les plis d'un bernous de fine laine blanche qui couvre à flots presque tout le costume. Ce manteau capuchonné s'ouvre par-devant sur la poitrine, comme une chape de prêtre, et dans le combat les pans peuvent être rejetés sur les épaules, ce qui donne aux bras une entière liberté. Par-dessus ce bernous blanc, il y en a un second de laine noire, plus épaisse et d'un tissu presque imperméable. Celui-ci est attaché par des agrafes de soie, montées en or et garnies de glands à houppes flottantes. Des culottes bleues, très-larges et serrées aux genoux; de longs bas rouges et des bottines de cuir teint de la même couleur, auxquelles sont adaptées des broches en fer, de six à huit pouces, pareilles aux éperons de la vieille chevalerie, complètent l'ajustement du chef. L'ardent étalon qu'il gouverne porte une selle chamarrée d'arabesques or et argent, que, par-derrière, une espèce de dossier de fauteuil et, par-devant, un pommeau recourbé rendent plus commode au cavalier arabe que nos selles à la hussarde. Son fusil incrusté d'ivoire et de corail, de moitié plus long que les nôtres et paré de capucines d'argent, est confié aux soins d'un serviteur qui le porte enfermé dans un étui de soie ou de velours écarlate. Son yatagan est suspendu sous le quartier de la selle, du côté gauche.

Deux esclaves saisissent par la bride le cheval écumant; un troisième courbe ses épaules, qui servent de marchepied au chef pour mettre pied à terre. Il s'élance d'un bond léger sous la tente, dont on soulève les rideaux devant lui, puis il s'assied sur des coussins amoncelés, et le jeune prisonnier chrétien lui est présenté. Sur un geste du maître, un chaouch (18) se détache et revient, le moment d'après, suivi d'un autre prisonnier, qui comprend la langue arabe, et dont les lambeaux d'uniforme français se cachent à demi sous une couverture de laine en haillons.

Après avoir brièvement échangé quelques mots avec le cheïkh de la tribu voyageuse, le chef de l'armée arabe interrogea Jean-Ferdinand par l'intermédiaire du second prisonnier, qui devait traduire ses réponses.

— Quel rang, lui demanda-t-il, tiens-tu parmi les chrétiens de France?

— Je n'ai point de rang, répondit notre ami; obscur au sein de la foule, je vis par le travail.

— Ton costume, reprit le chef, n'est pas celui des

guerriers de ton pays; pourquoi donc les Arabes t'ont-ils saisi les armes à la main?

— J'étais allé voir flotter les drapeaux de ma patrie sur les murs de Constantine; au retour de mon voyage, je suivais paisiblement une troupe de nos soldats, parce que les routes ne sont pas sûres. Nous avons été assaillis dans la montagne; plusieurs sont morts à mes côtés; en les voyant tomber, j'ai ramassé une arme, non pour attaquer, mais pour me défendre. Le plomb de tes guerriers m'a frappé à mon tour; ils m'ont pris vivant, mais je ne leur ai pas demandé grâce.

— Et je m'étonne qu'au lieu de nourrir une bouche inutile, ils ne m'aient pas apporté ta tête.

— Tu peux la prendre! s'écria Jean-Ferdinand.

— Tu es bien audacieux, jeune *Roumi* (19), répliqua le chef, qui, malgré sa froide gravité, ne put comprimer un mouvement d'impatience.

— Je suis Français, voilà tout. Si c'est un titre à ta haine, si mon sang peut satisfaire ta vengeance, tu es libre : je n'implore point ta pitié.

— Sais-tu bien à qui tu oses parler ainsi?

— Tu m'interroges et je réponds. Qui que tu sois, le reste est en ton pouvoir.

— Tes réponses, reprit le chef, ne sont pas celles d'un homme obscur, tel que tu prétends être. Nous avons enlevé plus d'une fois, dans la grande plaine voisine d'Alger, des gens d'Europe qui cultivaient la terre des Arabes, dont ils se disaient possesseurs; ces gens-là se traînaient à nos genoux.....

— Ce n'étaient point des Français. Chez nous, on sait souffrir, mais on ne s'humilie pas.

— Le cheïkh m'a dit que tu étais le seul de la troupe française qui ne portais point l'habit des guerriers. Je suppose, d'après ce fait et d'après ton langage, que tu peux être le fils de quelque grand de France, et que ces hommes armés t'accompagnaient pour te faire honneur.

— Si cette opinion peut te flatter, garde-la ; je ne m'y oppose point.

— Parle donc avec franchise : ta liberté en dépend. Si, comme je le veux croire, ta famille est considérée, elle n'hésitera point à te réclamer. Je t'autoriserai à écrire au gouverneur d'Alger pour négocier ton échange ou ta rançon. Un de mes cavaliers se chargera de ta lettre, et rapportera la réponse. Je jure, par le nom vénéré d'Abd-el-Kader, notre glorieux émir, d'accomplir fidèlement nos conventions, et l'on sait que Ben-Salem ne manque jamais à sa parole.

Au nom de Ben-Salem, Jean-Ferdinand sentit pour la première fois une légère émotion. Ce n'était pas de la crainte qu'il éprouvait, mais une surprise mêlée d'un noble orgueil, en se voyant au pouvoir du chef intrépide qui avait souvent porté le fer et la flamme jusque sous les remparts d'Alger. Ben-Salem était alors un des meilleurs lieutenants de l'émir, de qui il tenait le commandement des tribus de l'est, et il y avait presque de la gloire à être le prisonnier d'un tel homme. Cependant notre jeune ami ne voulut pas mentir pour adoucir momentanément sa situation. — Je t'ai dit la vérité, reprit-il avec calme ; ma capture est sans importance aux yeux des Français ; tu peux ordonner ma mort, sans avoir à craindre leurs représailles, ou ma liberté, sans qu'ils se croient engagés à la moindre reconnaissance.

— C'est bien, reprit Ben-Salem en souriant ; ta finesse ne saurait mettre en défaut ma perspicacité. L'ennui de mener parmi nous un genre de vie si différent de celui des hommes d'Europe te fera bientôt parler plus clairement que ne l'obtiendraient mes instances. Au surplus, nous attendons ici la prochaine arrivée d'Abd-el-Kader : sa volonté suprême décidera de ton sort.

A ces mots, le chef arabe fit un signe ; ses chaouchs emmenèrent Jean-Ferdinand et le second prisonnier qui lui avait servi d'interprète, et les conduisirent sous une tente voisine, auprès de laquelle une sentinelle fut placée.

Cette rencontre de deux compatriotes au sein d'une même captivité fut pour l'un et l'autre un mutuel adoucissement à leur misère. Ils se firent un long récit de leurs aventures, et confondirent leurs larmes avec leurs souvenirs. Le compagnon de Jean-Ferdinand était un interprète attaché à l'armée d'Afrique ; il avait été pris dans la plaine de Métidjah, six mois auparavant, au milieu d'une partie de chasse interrompue par l'attaque soudaine de quelques cavaliers embusqués dans un chemin creux. Ben-Salem, à qui on l'avait livré, le traitait avec assez d'humanité, mais le jugeant utile pour questionner les prisonniers français qui tombaient de temps à autre entre ses mains, il avait sans cesse repoussé les offres d'échange que nos généraux lui avaient adressées. Gardé à vue, et sans cesse observé de fort près, ce malheureux avait perdu toute chance de jamais s'échapper. Lorsque deux hommes sont réunis au sein d'une même infortune, ils éprouvent quelque soulagement à partager entre eux le poids de leurs souffrances et les consolations passagères que le ciel leur envoie, comme pour les avertir que la douleur n'est qu'une épreuve, et que l'espérance, fleur du ciel, ne doit jamais se faner dans nos cœurs. Au bout d'un mois, la blessure de Jean-Ferdinand se trouva cicatrisée, et il pouvait, à l'aide d'une canne de palmier, et appuyé sur le bras de son nouvel ami, faire quelques promenades à travers le camp arabe. Ben-Salem avait prescrit qu'aucune insulte ne fût faite au jeune Français, mais ses chaouchs le suivaient partout comme son ombre, et lors même que ses forces lui auraient permis de fuir, comment serait-il parvenu à franchir la triple ligne des tentes, et à mettre en défaut l'active surveillance des petits postes qui couvraient les versants de chaque colline et toutes les issues de la vallée! Chaque soir, il revenait s'étendre sur son lit de feuillage, à côté du pauvre interprète, qui lui redemandait pour la centième fois le récit de son histoire; et lorsque sa voix s'éteignait dans les sanglots et les larmes, l'interprète lui rappelait, comme une prophétie d'heureux augure, ces paroles du capitaine Josselin : « Je t'ai donné le nom de Jean qui est béni dans les cieux, mais tu porteras aussi celui de Ferdinand qui est aimé sur la terre de France. Qui sait si ce nom ne sera pas pour toi un gage de bonheur, et si Dieu ne permettra pas que ce fils de France te rencontre, quelque jour, sur le chemin de ses royales destinées, et presse de sa noble main celle du pauvre délaissé qui n'avait encore tout à l'heure ni nom, ni patrie, ni souvenirs, ni espérances! » Ami, lui disait encore l'interprète, les hommes que Dieu se plaît à éprouver par de grandes infortunes, sont souvent plus près du bonheur que ceux qui végètent sur le sentier monotone d'une calme existence. Patience et courage!

le courage est la vertu des Français ; la patience doit être celle du chrétien. C'est la fleur de la couronne d'épines que partagent, dès cette vie, les bien-aimés du Sauveur ; l'espérance en est le parfum, et ses fruits mystérieux mûrissent pour le ciel. Plus à plaindre que vous, je n'ai ni famille, ni protecteur ; obscur interprète, on peut remplacer mes services, et l'intérêt qui a dicté en ma faveur aux généraux français quelques offres d'échange ou de rachat, s'efface de jour en jour. Malgré l'abandon auquel je suis voué, j'aime toujours mon pays, et j'ai refusé de changer mon esclavage contre la liberté et la fortune, en abjurant ma religion pour servir dans les troupes de l'émir. Ben-Salem, je le sais, m'en estime davantage, mais les autres Arabes, dont je ne puis acheter la reconnaissance par aucun service personnel, restent pour moi des gardiens vigilants et incorruptibles. Si au lieu de ma stérile science d'interprète, je possédais, par exemple, quelques notions de médecine vulgaire, si je savais seulement choisir les simples qui guérissent une fièvre, ou dont l'application peut alléger une souffrance, je me ferais dès demain cent amis, et peut-être trouverais-je parmi eux un libérateur ; car la mémoire d'un service rendu est éternelle sous la tente de l'Arabe.

— Quoi ! s'écria Ferdinand, ces peuples, qui rallumèrent en Europe, au moyen âge, le flambeau des sciences, n'ont pas même aujourd'hui quelques médecins ?

— Mon Dieu non ! toute tradition s'est perdue dans ce malheureux pays depuis que le despotisme des conquérants turcs y a ramené la barbarie à la suite de l'oppression. Les Arabes ne sont plus que des hordes errantes, au sein desquels tout vestige de leur vieille civilisation s'est évanoui. Comme tous les peuples abrutis, ils sont devenus fatalistes et superstitieux. Quelques empiriques indigènes ou des Juifs voyageurs exploitent leur triste crédulité, et leur vendent, en passant, des prières cousues dans de petits sachets que les malades suspendent à leur cou. Si la guérison s'opère par les forces de la nature, le charlatan ramasse gloire et fortune ; et des tribus entières achètent à l'avance ses précieux talismans. Si le mal persiste, ou si la mort survient à sa suite, ceux qui survivent se consolent en disant : Dieu l'a voulu ainsi !...

— Mais ce que vous m'apprenez là, mon cher compagnon, reprit vivement Jean-Ferdinand, est pour nous deux un trait de lumière ! et dès cette heure, je ne puis plus regarder ma captivité comme un malheur, puisque j'ai le secret d'adoucir la vôtre, et peut-être d'y mettre un terme.

Il lui raconta alors que, parmi les études auxquelles le digne capitaine Josselin avait habitué sa jeune intelligence, celle de la botanique ne lui était pas la moins familière. Il savait reconnaître presque toutes les plantes usuelles, leurs propriétés, leurs vertus, leur emploi. Cette curieuse recherche l'avait conduit à étudier, dans les loisirs de ses voyages, quelques livres élémentaires dans lesquels des médecins, véritablement amis de l'humanité, n'ont pas craint de révéler les moyens faciles de se procurer à soi-même les premiers secours, et de pouvoir attaquer en tous lieux des maladies fréquentes, dont les symptômes se manifestent par des signes invariables. Nous sommes sauvés ! s'écria-t-il en se jetant dans les bras de son compagnon de misère. Les campagnes africaines produisent, avec les plantes qui leur sont propres, toutes celles des climats d'Europe. Dès demain, je donnerai des consultations gratuites comme on fait à Paris ; vous m'expliquerez de votre mieux ce qu'éprouveront mes malades, et Dieu nous soit en aide, pour que le peu de bien que je pourrai faire nous profite à tous deux !

Cette nuit-là, l'espérance les berça de ses plus doux rêves, et dès l'aurore, l'interprète sortit de sa tente pour son inspection de santé. Il n'alla pas bien loin sans découvrir un pauvre Arabe, arrivé de la veille au camp de Ben-Salem, et à qui l'excès de la fatigue avait donné une fièvre violente. — Viens avec moi, lui dit-il, il y a ici un jeune chrétien prisonnier qui sait chasser le mal ; et s'il parvient à te guérir, comme nous manquons de tout ici, tu lui donneras une jatte de lait de brebis, et un vieux morceau de laine pour abriter ses membres contre la froidure des nuits humides.

L'Arabe se laissa conduire, suivi d'une foule de curieux qui voulaient éprouver la puissance du *Roumi*. Jean-Ferdinand se procura des feuilles d'oranger auxquelles il mêla d'autres herbes dont le suc, pris en breuvage, provoque une abondante transpiration. Il fit gravement bouillir sa tisane, et lorsque le malade grelottant fut étendu sur un lit de peaux bien douillet, il lui fit avaler de fréquentes gorgées de cette infusion salutaire. Pendant ces préliminaires, l'interprète, secondant le zèle du docteur improvisé, fit chauffer des briques plates et minces qu'on enveloppa dans des couvertures de laine pour les appliquer sur le patient qui se tenait immobile, et se laissa soigner comme une poupée. A mesure que ces briques se refroidissaient, elles étaient continuellement remplacées avec soin. A la fin du jour, ce simple traitement avait opéré un prodige pour des imaginations arabes. Le malade, soulagé par des sueurs bien entretenues, passa une nuit calme dans un sommeil réparateur, et le lendemain il se releva, dispos et gaillard ; il ne lui restait de sa courbature qu'une faiblesse générale, que la tranquillité et les aliments firent bientôt disparaître.

Le bruit de cette cure se répandit dans le camp, et la tente des prisonniers fut assiégée par une foule de gens qui voulaient se faire médicamenter à tort et à travers. Jean-Ferdinand, presque effrayé de son énorme clientèle, ne savait plus à qui répondre, lorsque tout à coup les chaouchs de Ben-Salem vinrent disperser, à grandes volées de bâton, consultants et spectateurs, et conduisirent M. le docteur et l'indispensable interprète en présence du chef.

— J'avais raison de penser, dit celui-ci à Ferdinand, que tu n'étais pas un homme ordinaire, malgré tes ruses pour me tromper. Tu exerçais parmi les Français l'art de guérir, et il paraît que tu jouissais d'une grande réputation, puisqu'ils te faisaient voyager avec une nombreuse escorte. Un savant tel que toi mérite quelque considération, et je ne saurais rendre un meilleur service à notre glorieux émir Abd-el-Kader qu'en lui faisant hommage de ta personne. Sa santé délicate réclame des soins dont sa protection pour toi sera le prix. S'il est content de toi, quand nous prendrons aux Français un autre médecin, tu pourras espérer ta liberté. Des nouvelles récentes m'apprennent que notre chef suprême, occupé d'affaires plus graves, a remis à d'autres temps la conquête de Bougie. Son camp est établi du côté de Médéah ;

douze cavaliers d'élite vont t'y conduire avec mon interprète. Mais, de peur qu'un parti de ta nation ne vous rencontre et ne cherche à te délivrer, mes serviteurs vont brûler tes vêtements d'Europe et te couvrir d'un bernous. Si l'un de vous cherche à fuir pendant ce trajet, on m'apportera vos deux têtes. Si tu es sage, tu te soumettras à la volonté de Dieu.

Et sans donner le temps de répondre, Ben-Salem fit un signe; les gardes emmenèrent les prisonniers pour exécuter les ordres du chef, et, quelques instants après, la petite troupe s'éloigna du camp et disparut dans les sentiers de la montagne. — Dieu seul, disait Ferdinand, sait quel sort nous est réservé! J'aimerais autant mourir que de voir se prolonger mon incertitude!

— Patience et courage! lui répondait l'interprète. Cette devise n'est pas neuve, mais elle me console toujours. Et puis savez-vous que peu de Français peuvent se vanter d'avoir vu de près le fameux adversaire de nos armées? Cela vaut bien un petit voyage, d'autant plus qu'on dit l'émir généreux et humain. A la garde de Dieu, mon brave ami! Vous reverrez la France, allez, soyez-en sûr, et votre excellent père Josselin sera fier de vous. Il est capable de vous faire étudier la médecine de fond en comble; et quelle concurrence ne feriez-vous pas alors aux docteurs de votre Bretagne, en écrivant sur vos cartes de visite : JEAN-FERDINAND, *ancien premier médecin d'*ABD-EL-KADER, *membre des facultés médicales du désert de Sahara*, etc., etc.! Quel orgueil de pouvoir dire aux bonnes gens de votre village de Lambézellec: Tel jour, après telle victoire gagnée par nos drapeaux, le prince des Musulmans avait la migraine, et je lui administrai du quin-

ABD - EL - KADER.

(Bey de Mascara né en 1807)

quina ! Tel jour, une colonne française surprit à table le célèbre émir ; il n'eut que le temps de renverser la marmite et de fuir, avec moi en croupe et une indigestion sur le cœur ; et, après vingt heures de fuite à bride abattue devant nos braves généraux, j'eus l'insigne honneur de lui faire une tasse de camomille ! »

Ces plaisanteries et bien d'autres dissipaient de temps en temps la tristesse de ce voyage forcé. Au bout d'une marche de treize jours, on arriva au camp de l'émir. La recommandation de Ben Salem valut aux deux prisonniers un accueil plus favorable que celui qu'ils attendaient. Jean-Ferdinand et son compagnon ne purent s'empêcher d'admirer cet homme extraordinaire qui tient les Arabes sous une sorte de fascination.

Abd-el-Kader était alors âgé d'environ trente-trois ans. Sa taille est médiocre ; il a peu d'embonpoint. Sa physionomie douce, spirituelle et distinguée, ressemble assez au portrait qu'on nous fait traditionnellement de Jésus-Christ. Ses yeux sont fort beaux ; sa barbe est noire ; ses mains sont jolies et il en a un soin particulier ; il porte sa tête un peu penchée vers l'épaule gauche. Ses manières sont affectueuses et pleines de politesse et de dignité ; il se livre rarement à la colère, et sait toujours la réprimer ; toute sa personne est séduisante, et il est difficile de le voir sans se sentir attiré vers lui. Toujours vêtu très-simplement, son costume est celui d'un pur Arabe, sans aucune espèce d'ornements ; il n'emploie quelque luxe que pour ses armes et ses chevaux. Sa famille jouit, de temps immémorial, d'une haute vénération parmi les Arabes. Sa jeunesse aventureuse et plusieurs voyages en Orient ont reflété sur son front l'auréole d'une précoce célébrité. Les légendes des marabouts algériens l'ont proclamé, de bonne heure, comme l'instrument prédestiné à la restauration du vieil empire arabe. Sa noblesse, disent les savants du pays, remonte jusqu'au prophète de l'Islam : car il est de la race des Hachems, qui se prétend issue de la famille du même nom, à laquelle appartenait Abdallah, père de Mohammed. Ces croyances expliquent le prestige qu'Abd-el-Kader exerce sur tous les Arabes ; mais quoi qu'il en soit de cette généalogie que l'on ne peut pas plus contester que prouver, le génie de ce personnage aura une grande place dans l'histoire, et le dernier mot de sa destinée se cache encore dans l'avenir.

Après le premier traité qu'il fit avec la France, en 1834, il profita de nos relations pour s'instruire de nos formes politiques, et pour les appliquer à son empire naissant. C'est alors qu'il créa son infanterie régulière et ses cavaliers rouges qui, plus d'une fois, prouvèrent à nos soldats que s'ils leur étaient inférieurs en tactique militaire, ils les égalaient en courage. Dans le but de hâter l'organisation de ses troupes, il prescrivit de cesser l'affreuse coutume d'égorger les prisonniers ; ceux qui tombaient entre les mains des chefs soumis à son autorité étaient envoyés à son quartier-général, et il les employait à montrer aux Arabes notre maniement des armes, et quelques-unes de nos manœuvres. Le besoin de bons instructeurs lui fit même souvent envoyer des émissaires dans les camps français, pour embaucher les soldats mécontents, et attirer à lui, par de magnifiques promesses, ceux qui connaissaient les métiers de forgerons, de fondeurs, et d'armuriers. A l'aide de ses troupes régulières, il leva des impôts sur les villes et les bourgades, et il se concilia l'affection et le dévouement de ses bataillons, en instituant pour eux une solde mensuelle, et des récompenses militaires. Avec les fonds de son trésor, il fit bâtir des magasins de vivres, des postes fortifiés, des poudrières, des arsenaux, et il fallut, plus tard, toute la persistance de nos armées, toute notre supériorité dans l'art de la guerre, pour détruire un à un ses établissements, à la rupture de la paix.

Jean-Ferdinand n'eut pas à souffrir au camp d'Abd-el-Kader. Il suffisait qu'il fût sous la protection de l'émir, pour que personne n'osât le traiter en ennemi. Son temps se passait d'ailleurs d'une manière assez uniforme. Sa petite science médicale ne s'étendait pas assez loin pour guérir toutes les infirmités qui réclamaient ses soins; car sous le climat d'Afrique se développent de bien cruelles maladies, dont les sources ignorées défient encore notre expérience. Mais quand ces cas se présentaient, Jean-Ferdinand avait recours au fatalisme arabe, et disait gravement, en levant les yeux au ciel : « Dieu l'a voulu! Dieu seul peut te délivrer de cette affliction. » Et le malheureux que frappait cette sentence se résignait à souffrir. Quand notre ami avait visité ses malades, il se retirait sous sa tente, voisine de celle de l'émir, et se livrait à l'étude de la langue arabe; l'interprète, après avoir été son aide médical, devenait son professeur. Abd-el-Kader aimait à s'entretenir souvent avec eux de la France; et lorsque Jean-Ferdinand fut, au bout de quelques mois, assez fort pour échanger quelques phrases de conversation, l'émir s'amusait naïvement de ses fautes de langage, et se prit à lui témoigner une bienveillance toute particulière. Notre jeune ami sut en profiter en ne demandant jamais rien pour lui, mais tout ce qu'il pouvait obtenir en faveur des Français que le sort des armes faisait tomber entre les mains des Arabes. Bien des fois, lorsqu'on traînait aux pieds de l'émir des groupes de nos malheureux soldats blessés, couverts de sang et de boue, déchirés par les ronces des chemins ; lorsque de farouches cavaliers rouges, brandissant leurs cimeterres, demandaient à grands cris le signal d'horribles boucheries, Jean-Ferdinand se jetait à genoux devant Abd-el-Kader, et lui disait en arabe : « Grâce, grâce, pour mes frères de France! si tu veux du sang, fais verser le mien! » Et souvent, frappé d'admiration à la vue de ce généreux dévouement pour des compatriotes inconnus, l'émir se levait, et tendant sa main au jeune apôtre de la clémence : « Allez, disait-il aux prisonniers; retournez libres sous vos drapeaux, et souvenez-vous que la prière de *Sidi-Ferdinand* a seule pu vous soustraire à la vengeance des Arabes. » Et ces infortunés, qui se croyaient à leur dernière heure, étaient reconduits sous escorte jusqu'en vue des avant-postes français. A leur retour, ils racontaient, tout émerveillés, la puissance d'un personnage nommé Sidi-Ferdinand, qui leur était apparu comme un ange libérateur, et qui semblait, disaient-ils, *mener* Abd-el-Kader *par le bout du nez*. On sut bientôt dans Alger et dans toute l'armée que la France était redevable à un de ses enfants du salut de bien des soldats. Les chefs purent supposer que c'était un déserteur qui voulait quelque jour rentrer en grâce. Les journaux d'Afrique en parlèrent comme d'une fable; mais le fait étant parvenu par hasard, à Paris, jusqu'à l'oreille du duc d'Orléans : « Messieurs, dit ce prince à l'officier qui le racontait devant lui, un tel homme, s'il existe, a mieux mérité de la patrie qu'un général chargé de cent victoires. »

A la fin d'octobre 1839, Abd-el-Kader, qui n'avait pas renoncé à son projet d'expédition sur Bougie, leva son camp, et se rapprocha de la chaîne de montagnes qui borde, à l'est d'Alger, la grande plaine de Métidjah. Ses émissaires parcouraient toutes les tribus kébaïles pour les rallier à sa cause, et le succès de ses intrigues pouvait rendre à la guerre sainte une nouvelle activité, et la rendre interminable, si notre adversaire en portait le foyer dans les régions presque inaccessibles du Djerjerah. Le maréchal Valée jugea nécessaire de nous assurer la possession d'une ligne de communication par terre, entre les provinces d'Alger et de Constantine, pour être à même de surveiller sans cesse les mouvements de l'émir, et d'intercepter le passage de ses partisans. Il ordonna, dans ce but, les préparatifs d'une expédition qui devait avoir pour objet la reconnaissance militaire du fameux défilé des Portes de Fer.

L'arrivée en Afrique de S. A. R. Mgr. le duc d'Orléans fit hâter cette entreprise, bien digne de séduire la brillante imagination du Prince Royal. En acceptant le commandement d'une division, il venait prouver encore une fois qu'après avoir pris part à de glorieux combats, il voulait aussi s'associer aux travaux utiles de l'armée, et que les maladies, si nombreuses cette année, ne l'éloignaient pas plus des rangs que les périls de la guerre. Après avoir visité notre conquête de Constantine, dont le gouvernement ne lui avait pas permis de partager les dangers, il se rendit, le 16 octobre, à Djimmilah, où se trouvaient réunies les troupes qui devaient marcher sous ses ordres. Le camp de Djimmilah se trouvait établi au milieu des plus belles antiquités romaines qui aient résisté en Afrique à l'action des siècles. Un temple, un théâtre, deux mosaïques très-étendues attestent la grandeur de la ville dont les débris jonchent le sol. Mais l'attention du Prince Royal fut surtout fixée par un arc de triomphe admirablement conservé, d'une structure élégante et hardie, et dont les riches proportions sont relevées par une grande beauté de sculpture. Ce monument, presque entier encore, s'élève tout doré de ses tons rougeâtres dont le temps a coloré ses assises. Quelques pierres détachées gisent au pied de ses larges pilastres, mais si bien conservées, que la main d'un architecte retrouverait facilement la place que chacune d'elles doit reprendre. Le prince, à la vue de ce splendide monument des vieux âges, exprima le vœu que ses pierres, numérotées, fussent transportées en France, et vinssent, sous la direction d'un habile artiste, reproduire sur une des places de la capitale ce symbole éclatant de la grandeur romaine en Afrique. Selon le vœu de Son Altesse Royale, qui, en fait d'œuvres d'art, était un juge du goût le plus exquis, une simple inscription, gravée au faîte du monument, l'Armée d'Afrique a la France, rappellerait à la pensée de tous le sang versé par nos soldats, leurs travaux, leurs souffrances pour conquérir ces vastes contrées à la civilisation moderne. L'aspect de ce glorieux arc de triomphe, les souvenirs qu'il réveillerait parmi nous des splendides fondations des Romains, feraient songer au pénible contraste que présentent nos établissements provisoires, où le soldat trouve à peine un abri, où les privations l'exténuent; et sans nul doute, la France voudrait aussi que rien ne manquât à ceux de ses enfants qu'elle envoie remplir la noble et pénible tâche de la conquête d'Afrique. Le gouvernement a donné pour la translation des ruines de Djimmilah, des instructions qui ne sont pas encore exécutées.

Le 25 octobre, à 8 heures du matin, l'armée des Portes de Fer, composée des divisions d'Orléans et Galbois, se mit en route sans connaître la direction de ses manœuvres. Il importait d'assurer par une marche rapide le succès de notre audacieux projet. Le Prince Royal, dont les soins actifs avaient tout prévu pour alléger sa division, arriva, le 27, à 6 heures du matin, dans une plaine mamelonnée que voilaient d'épais brouillards. Sur un avis parvenu au maréchal Valée, qu'Omar, lieutenant d'Abd-el-Kader, cherchait à gagner les Portes de Fer, la cavalerie fut détachée à sa poursuite, et ne put l'atteindre. On apprit bientôt que, n'osant se risquer dans les gorges du Biban, il avait gagné, à marches forcées, la limite du désert. L'armée fit halte sur un des plateaux du Djebel-Dahr-el-Hamar, où se termine la plaine, et où quelques sources jaillissent des plis de la montagne. De l'un de ces sommets, l'on commence à voir s'échelonner les chaînes imposantes et les vallées multipliées, au milieu desquelles nous devions aller chercher les Portes de Fer. Un vieux spahis, qui, dix ans auparavant, s'était rendu d'Alger à Constantine, et qui marchait en tête de la colonne, chercha même à faire distinguer deux mamelons lointains, entre lesquels, disait-il, était le passage tant désiré. Il fallait tâcher de gagner le plus de terrain possible. Le Prince Royal forma une avant-garde qu'il composa du 2ᵉ léger et de deux cent cinquante chasseurs ou spahis, avec deux obusiers; puis, laissant le reste de la division sous le commandement du colonel Guesviller, il poussa en avant.

L'imagination des troupes s'exaltait; le nom mystérieux des Portes de Fer était dans toutes les bouches. Plus de fatigues pour ces braves Français qui ont si vivement l'intelligence des grandes choses ; et les esprits les plus réfléchis, ceux qui jugent la témérité de l'entreprise, les obstacles qui la menacent, la faiblesse de la colonne destinée à l'accomplir, la saison pluvieuse qui peut la rendre impossible, et les dangers de la retraite, personne ne peut se soustraire à l'enthousiasme qui s'est emparé du corps d'armée : chacun cherche à trouver d'heureux présages dans les incidents les plus imprévus de cette campagne aventureuse.

Après avoir descendu le versant du Dahr-el-Hamar et franchi une petite plaine, la colonne du prince arriva dans une région d'un aspect nouveau. Au lieu des terrains âpres et mamelonnés qu'elle parcourait depuis longtemps, se déroulait une vallée plantureuse entre deux chaînes de montagnes couvertes de pins, de mélèzes, d'oliviers, de genévriers de plus de cinquante pieds de haut, qui rappelaient les sites pittoresques des Alpes et des Pyrénées. En avant, et sur le flanc de sa ligne de direction, s'étendaient quatre grands villages kebaïles dont les maisons de pierre, couvertes en tuiles, offraient l'aspect des riantes bastides de la fertile Provence. Dans chaque pli du terrain, des bouquets d'oliviers, de citronniers, d'orangers, annonçaient une culture perfectionnée. Sur les plateaux inférieurs paissaient d'immenses troupeaux, et pas un coup de fusil ne vint signaler la moindre inquiétude de la part des nombreux habitants de cette riche vallée. L'armée atteignit enfin le lit de la rivière des Beni-bou-Ketheun qu'il faut suivre pour arriver aux Portes de Fer. Les difficultés de ce passage sont inouïes; le chemin, dont la largeur n'est que de quelques pieds, est contourné par des ravins profonds. L'avant-garde arriva à six heures du soir sur un plateau nommé Sidi-Hasdan, qui commande le cours de la rivière. Il était impossible d'aller plus loin, et toutes les dispositions furent prises pour y camper. A dix heures seulement l'arrière-garde s'y trouva rendue, après d'extrêmes fatigues. Un trajet de plus de vingt lieues se trouvait ainsi franchi en deux marches, et l'expédition touchait presque aux Portes de Fer. Des feux brillants de mélèzes s'élançaient de tous les points des bivouacs, et les chants des soldats se mêlaient à leur pétillement. Jamais les armées turques n'avaient osé s'arrêter sur cette route périlleuse. On eut d'abord à souffrir du manque d'eau, car la rivière des Beni-bou-Ketheun coule sur des marnes bleues qui produisent une grande quantité de sulfate de magnésie, dont la dissolution prête à ses flots une saveur amère. Mais cette privation fut bientôt compensée par l'empressement des Arabes du voisinage, accourus en foule au camp français, chargés de lait, de raisins, d'oranges, qu'on leur paya généreusement. Deux de leurs chefs, qui prenaient le titre de *gardiens des Portes de Fer*, s'offrirent d'eux-mêmes pour guider le Prince Royal au but de son voyage.

Le lendemain, 28 octobre, une pluie battante avait retardé jusqu'à dix heures du matin la marche de la colonne française. Elle cheminait depuis une heure, tantôt dans le lit du torrent, tantôt sur l'une ou l'autre de ses rives, ayant en tête les deux chefs arabes, lorsque la vallée, encore assez large jusque-là, se rétrécit tout à coup, en plongeant dans une coupure flanquée d'immenses murailles de granit, dont les crêtes, pressées les unes contre les autres, découpaient sur le ciel des silhouettes fantastiques. Il fallut gravir un sentier presque à pic sur la rive gauche du torrent; et, après un circuit de montées et de descentes pénibles, où les sapeurs durent travailler avec effort pour ouvrir un passage aux mulets, la colonne se trouva encaissée au milieu de cette gigantesque formation de roches escarpées, qu'elle avait admirées devant elle quelques heures auparavant. Ces masses calcaires, de huit à neuf cents pieds de hauteur, se succédaient, séparées par des intervalles de quarante à cent pieds qu'avaient occupés des parties friables détruites par le temps, et allaient s'appuyer à des sommets qu'elles brisent en ressauts infranchissables. Une dernière descente, qui semblait fuir dans un gouffre, conduisit le prince au milieu du site le plus sauvage; et après avoir marché, pendant près de dix minutes, à travers des rochers amoncelés comme les ruines d'un monde, l'avant-garde arriva dans une espèce d'entonnoir, où il eût été facile de la fusiller à bout portant, du haut de ces espèces de remparts, sans qu'il fût possible de riposter.—Là se trouve la première porte des Biban, tranchée large de huit pieds, pratiquée perpendiculairement dans une de ces grandes murailles, rouges dans le haut et grises dans le bas. Des ruelles latérales, formées par la destruction des parties marneuses, se succèdent jusqu'à la seconde porte, où un mulet chargé peut à peine passer. La troisième est à quinze pas plus loin, en tournant à droite. La quatrième, plus large que les précédentes, s'ouvre à cinquante pas de la troisième ; puis le défilé, toujours profond, s'élargit un peu, et ne se prolonge guère au delà de trois cents pas.

C'est en se précipitant du haut en bas de ces masses calcaires que les eaux torrentielles ont creusé, à la longue, ces déchirements étroits auxquels leur étrange aspect, dont aucune description ne saurait rendre le grandiose, a si justement mérité le nom de *Portes de Fer*. Au sortir de ce sombre défilé où le Prince Royal avait voulu s'engager le premier, un radieux soleil éclaira tout à coup une belle vallée. Le duc d'Orléans avait ordonné à l'avant-garde d'occuper immédiatement les crêtes qui dominent la sortie du défilé. Cette manœuvre, en protégeant le passage de la division et du convoi, mettait en mesure de déjouer une attaque ; mais quatre coups de fusil, tirés au loin par des maraudeurs arabes, et qui n'atteignirent personne, vinrent seuls protester contre le succès merveilleux qui couronnait l'expédition. La division employa trois heures au passage des Portes ; puis une nouvelle halte eut lieu dans la vallée, sous un ciel de feu. Les baïonnettes françaises couvraient les hauteurs voisines ; un orage, éclatant au loin sur la droite, mêlait ses grondements lugubres aux joyeuses fanfares de la musique militaire ; officiers et soldats se livraient à leur enthousiasme. Ces Thermopyles africaines, où cent hommes arrêteraient une armée, et qu'avaient protégées, contre les conquérants de tous les âges, les superstitieuses croyances des indigènes qui n'en approchaient eux-mêmes qu'avec frayeur : une poignée de braves les avait franchies ! Elle avait fait sa première halte au fond de ces puits de granit réputés sans issue, et dans lesquels trois heures de forte pluie, disaient les guides arabes, pouvaient amonceler trente pieds d'eau! Quand le drapeau de cette troupe héroïque reparut flottant sur les crêtes opposées, des nuages plombés se roulaient dans les cieux, et les échos de la foudre ressemblèrent à la plainte des génies de ce désert, troublés dans leur antique repos. Mais l'œuvre était accomplie, le charme était brisé, et chaque soldat, fier de son jeune général, venait jeter aux pieds du prince un rameau détaché des palmiers séculaires des Biban.

Pendant cette halte, quelques cavaliers, qui s'étaient avancés en éclaireurs, pour sonder un petit bois d'oliviers éloigné de quelques cents pas, en virent sortir un individu couvert d'un bernous en haillons, et qui se mit à courir de leur côté, en leur tendant les bras avec des cris de joie. Arrêté sur-le-champ par les soldats surpris de trouver en pareil lieu un Arabe parlant français, il fut conduit au centre de la division, près d'un petit monticule où le prince était debout au milieu de son état-major. En apprenant de ses gardiens qu'il allait paraître devant le duc d'Orléans, le prisonnier tomba à genoux en s'écriant : — Merci, mon Dieu ! merci ! tous mes maux sont finis ! Ou est-il ? Ah ! montrez-le-moi de loin, pour que je le salue de mes vœux, car je sens mes dernières forces près de m'abandonner !.....

— Allons, marche ! lui dirent les soldats en le poussant à coups de plat de sabre. On saura tout à l'heure le nom de ton régiment ; ainsi ne fais pas le malin, car il pourra t'en cuire d'avoir pris congé sans feuille de route, pour t'engager chez les Bédouins.

Mais, comme on l'entraînait avec violence, un voltigeur du 2ᵉ léger, attiré par ce spectacle, le reconnut et se jeta dans ses bras. — Que faites-vous? dit-il à ses camarades; vous n'avez donc jamais entendu parler de *Sidi-Ferdinand,* à qui tant de soldats sont redevables d'avoir encore leur tête à poste fixe? A bas les sabres! c'est en triomphe qu'il faut rapporter à Alger le sauveur de nos frères d'armes!...

Comme il achevait ces mots, sans qu'on eût pu arracher le prisonnier de ses bras, l'escorte arriva devant le prince. Un aide de camp sortit du groupe de l'état-major pour savoir ce qui se passait.

— Mon colonel, s'écria de nouveau le voltigeur, c'est l'armée des Biban qui a l'honneur de présenter— à Ferdinand, le bien-aimé des braves — le fameux *Sidi-Ferdinand,* dont nous parlons tous depuis six mois, et qui devait être au moins le premier marabout d'Abd-el-Kader, puisque c'est à ses prières que plus de soixante troupiers d'élite, sans me compter, doivent successivement l'agrément de répondre à l'appel!

Jean-Ferdinand, car c'était bien lui, pleurait de bonheur. La foule des curieux se pressait en demi-cercle autour de lui; les plus avides de le voir avaient grimpé sur les épaules de leurs chefs de file.

A la voix du voltigeur, le Prince Royal s'était approché. Tout ce qui portait le sceau d'une belle action faisait vibrer son cœur. Toute son âme semblait passer dans ses regards.

— Jeune homme, dit son Altesse Royale à Ferdinand, est-ce bien vous qui méritez l'honorable témoignage que je viens d'entendre?

— Pardon, excuse, monseigneur! interrompit le soldat du 2⁰ léger, en portant la main à son képi. J'en réponds corps pour corps, et j'irais, si vous l'ordonniez, en chercher le certificat au fin fond du désert.

— C'est bien, mon brave, reprit le prince en souriant. Je sais de quoi tu es capable; mais fais-moi le plaisir d'attendre que je t'interroge.

— Mon général, ce n'était pas pour vous offenser, mais suffit : on comprend le mot d'ordre. François Paquot, voltigeur du 2ᵉ, est toujours *mobilisé* pour aller en avant; — du moment que son prince le met d'arrière-garde, il y restera de pied ferme.

— Votre conduite, continua le duc d'Orléans en se tournant de nouveau vers notre ami, ne sera pas sans récompense. Mais répondez avec franchise. Appartenez-vous à l'armée? seriez-vous déserteur? Parlez sans crainte, je vous fais grâce.

Encouragé par cette expression de bonté qui conciliait tous les cœurs au duc d'Orléans, Jean-Ferdinand raconta en peu de mots toute l'histoire de son passé, jusqu'à sa fuite du camp d'Abd-el-Kader.

A deux journées de marche des Portes de Fer, des espions étaient venus informer l'émir du voisinage de la colonne française. Ferdinand avait caché sa joie et ses espérances; et la nuit suivante, pendant que les Arabes se livraient au repos, il avait profité de l'espèce de liberté dont on le laissait jouir, pour franchir les avant-postes. Connaissant un peu la langue du pays, il avait répondu aux sentinelles que l'émir l'envoyait en mission secrète auprès de Ben-Salem. Cette ruse favorisait sa fuite, et lui assurait quelques heures d'avance pour échapper aux poursuites. Pendant toute la nuit, il avait marché avec rapidité, tantôt suivant les chemins battus, tantôt s'en écartant pour éviter de fâcheuses rencontres. Au point du jour, il entend derrière lui la course de plusieurs chevaux lancés à toute bride. Bientôt le bruit se rapproche, et, sur un sentier tortueux, entrecoupé de broussailles, le malheureux fugitif distingue les blancs bernous d'une troupe de cavaliers arabes. Nul doute que ces émissaires ne soient sur ses traces! Ferdinand presse sa course pour chercher un abri qui le cache à leurs yeux. Mais, hélas! à peine a-t-il fait quelques pas, qu'au delà du fourré s'ouvre une petite plaine entièrement nue. Des cris farouches, poussés derrière lui, l'avertissent en même temps qu'il est découvert. La mort l'environne, le presse de toute part; mais cet instinct de conservation que Dieu a mis en nous, et qui opère quelquefois des prodiges à l'heure d'un péril inévitable, vient au secours du héros de cette aventure. A sa droite, quelques platanes d'une végétation vigoureuse penchent leur épaisse ramure sur un ravin solitaire, au fond duquel se précipite en nappe d'écume l'eau d'une bruyante cascade. Sans calculer les chances de sa chute, il s'élance d'un bond rapide à travers les feuillages, et plonge d'une hauteur de vingt pieds dans le lit du torrent. Dieu seul qui veille sur lui a permis qu'il ne fût point brisé; il lutte de toutes ses forces contre la violence du courant, et parvient à se cramponner à des racines pendantes qui le soutiennent entre l'abîme creusé sous ses pieds et la nappe blanchissante qui tombe devant lui, comme un rideau, en l'inondant de douches glacées. C'est dans cette affreuse position qu'il attend sa destinée. Les cavaliers arabes l'ont vu disparaître ; ils se dispersent sur les bords du torrent et y déchargent leurs longs fusils ; puis, après une recherche minutieuse parmi les buissons d'alentour, convaincus de l'inutilité d'une plus longue recherche, ils pensent que le fugitif a péri dans sa chute, et que les flots fougueux ont entraîné son cadavre. Ils remontent à cheval et retournent lentement sur leurs pas. Mais Ferdinand craint encore qu'ils ne se soient embusqués, à tout hasard, sur la seule route par où sa fuite soit possible, et qu'il lui faudra regagner. Trois mortelles heures s'écoulent dans les tortures de la crainte ; il ose enfin se risquer hors de son humide asile, observe avec précaution, prête l'oreille aux moindres frémissements des broussailles, et se glisse comme un serpent entre la mousse et les hautes herbes qui tapissent les flancs des ravins. Le voilà sur la crête ; il reprend sa course avec une ardeur que soutiennent l'amour de la vie et l'espoir de voir couronner tant d'efforts, tant de persévérance, par la rencontre des Français. Quelques olives sauvages, des glands de chêne forment son unique nourriture ; ses pieds, ses mains, son visage, sont déchirés par les ronces, et l'unique vêtement qui cachait sa misère traîne autour de lui par lambeaux. C'est ainsi qu'après une marche de trente lieues, à travers des forêts, des rochers, des précipices, il était arrivé, sans le savoir, dans la vallée où débouchent, du côté d'Alger, les défilés des Biban. L'écho lointain des trompettes françaises avait été pour lui l'annonce du salut et de la délivrance.....

— Votre Altesse Royale sait le reste, dit-il en achevant son récit que le prince avait écouté avec une attention bienveillante. Je suis trop heureux du beau jour que

Dieu m'accorde, pour en ternir l'éclat par un mensonge ; et le capitaine Josselin, qui m'a élevé et qui m'attend à Lambezellec, peut attester, sur l'honneur sans tache du pavillon de sa frégate, que si j'eusse été soldat, nul ne m'eût vu trahir mon drapeau ! Dieu a voulu que je connusse la souffrance et l'esclavage ; je bénis ses décrets, puisqu'ils furent un moyen de salut pour des infortunés qui ne me doivent rien. Ma récompense est ici, Monseigneur, puisque avant de revoir Alger je serai témoin d'une victoire. Ben-Salem est aux environs, Abd-el-Kader manœuvre pour vous surprendre ; mais la fortune de la France brille partout où vous êtes !

— Noble jeune homme, s'écria le prince, l'armée d'Afrique reconnaissante vous doit un souvenir ; et c'est moi qui acquitte sa dette. Recevez de mes mains ce signe de l'honneur ; que l'étoile des braves soit le prix du sang précieux que vous avez conservé à la patrie. Le soldat du dévouement vaut à mes yeux celui qui gagne une bataille !

De vives acclamations couvrirent, à ces mots, la voix du duc d'Orléans, pendant qu'il attachait sa croix sur les haillons de Jean-Ferdinand.

— Mon Dieu, balbutiait notre ami, c'est trop de bonheur ! Le capitaine Josselin m'avait dit, en me donnant votre nom : Qui sait si ce fils de France ne te rencontrera pas un jour sur le chemin de ses destinées, et si sa main royale ne pressera pas celle du pauvre orphelin !...

— Orphelin ! vous ne l'êtes plus ! dans mes bras, sur mon cœur ! Tous les braves sont mes frères d'affection ; et notre glorieuse patrie n'est qu'une grande famille, où il y a place pour tous !

Jean-Ferdinand fléchit le genou, en arrosant de ses larmes la main que le prince attendri ne retirait pas. Objet des soins les plus empressés, il reçut des vêtements, et on le fit monter sur un cheval; mais il ne voulut pas se séparer du vieux bernous sur lequel brillait sa croix. — « C'est mon manteau d'honneur, disait-il; et quand je mourrai je veux qu'il soit mon linceul ! »

A quatre heures du soir, la division d'Orléans se remit en marche. Elle descendit, le lendemain, vers la fertile plaine de Hamza et franchit, le jour suivant, le défilé de Dahr-el-Abagal, sans rencontrer d'ennemis. Mais à sa sortie de ces gorges profondes, des cavaliers arabes ne tardèrent pas à se montrer sur les derrières et sur les crêtes voisines. Des coups de fusil commencèrent à partir de ces divers groupes; on reconnaissait les bernous écarlates des cavaliers de Ben-Salem, et il devenait évident que l'expédition des Portes de Fer ne se terminerait pas sans combat. A un signal donné par le prince, une nuée de tirailleurs s'étendit au-devant de l'ennemi; l'infanterie marcha de front pour les soutenir, et la cavalerie s'élança pour tourner la position des Arabes par la droite et par la gauche. Cette manœuvre, exécutée avec autant de précision que de rapidité, culbuta les rassemblements épars sur les crêtes. Le duc d'Orléans dirigeait lui-même les tirailleurs au milieu d'une grêle de balles qui pleuvait de toute part. Quelques décharges d'obusier achevèrent la déroute des assaillants. Mais si leur audace était ralentie, ils devaient se rallier une seconde fois pour disputer au vainqueur les passages périlleux du mont Hammal. Le prince conduisait l'avant-garde, lorsqu'il apprit que la fusillade recommençait à la queue de la colonne. Il s'y porte au galop, en traversant des sentiers affreux, prend avec lui deux compagnies du 17ᵉ léger, fait sonner la charge, et fond sur l'ennemi. Jean-Ferdinand, qui le suivait de près, reçut un coup de feu qui brisa sa croix par la moitié : — Monseigneur, elle en vaut deux !..... s'écria-t-il en sautant à bas de cheval pour en recueillir les fragments au milieu de la mêlée.

Cette fois encore, les Arabes, promptement dégoûtés de la *soupe au fer* qu'on venait de leur *tremper*, comme disaient les soldats, plongèrent pêle-mêle dans les ravins, pour échapper à la mitraille et aux baïonnettes. La division reprit sa route, et ne fut plus inquiétée. Le même soir, elle bivouaquait sous le canon du Fondouk, et le lendemain, 2 novembre, elle faisait sa dernière halte à la Maison-Carrée, où le prince lui adressa de touchants adieux. — Messieurs, dit-il aux officiers en finissant son allocution, dans les pays que nous avons traversés ensemble, je ne me suis pas cru absent de la France, car la patrie est pour moi partout où il y a un camp français. Je ne me suis pas cru éloigné de ma famille, car j'en ai trouvé une au milieu de vous, et parmi les soldats, dont j'ai admiré la persévérance dans les fatigues, la résignation dans les souffrances, le courage dans le combat. Si de nouvelles circonstances me ramenaient en Afrique, je n'y trouverais peut-être que de nouveaux régiments, auxquels vous avez montré l'exemple ; mais partout où le service de la France vous appellera, vous me verrez accourir avec vous ; et là où sera votre drapeau, là sera toujours ma pensée !

Une marche triomphale termina cette journée. Le Prince Royal rentra dans Alger au milieu d'une foule innombrable d'Européens et d'indigènes, qui faisaient retentir les airs d'unanimes acclamations. Il faut avoir approché le duc d'Orléans, pour comprendre l'enthousiasme qu'excitait dans l'armée chaque parole sortie de ce noble cœur. Les braves, qui les recueillaient pouvaient-ils prévoir qu'ils porteraient bientôt le deuil du jeune héros en qui s'alliaient tant de vertus populaires à de si hautes espérances !.....

Quelques jours plus tard, Jean-Ferdinand quittait l'Afrique. Il emportait un glorieux souvenir ; il allait chercher le bonheur.

Comblé des bienfaits de son auguste protecteur, il était assez riche pour voyager en poste, et payait doubles guides pour arriver plus vite en Bretagne. Mais quand la voiture fut près d'entrer dans Brest, son cœur battait si fort, qu'il ne put se résoudre à descendre dans un hôtel, avant de s'acheminer vers la petite maison de Lambezellec, où son père adoptif l'attendait depuis une année. Il mit pied à terre, et gagna, entre les émotions d'une crainte vague et les frémissements de l'espérance, la petite route de traverse qui conduisait au village. L'absence de toutes nouvelles, car il n'avait point retrouvé de lettres à Alger, lui causait de cruelles inquiétudes.

Bientôt il aperçut la maison du capitaine, sa *frégate de pierre*, immobile dans une éclaircie de grands arbres.

Il double le pas, il arrive, il frappe. On ouvre.

Mais une servante inconnue paraît au seuil du logis, et aux questions du voyageur une seule réponse est faite :
— *Je ne sais pas !*

— Quoi ! vous ne savez pas que le capitaine Josselin demeure ici depuis des années ?

— S'il y demeurait, il n'y est plus. Les maîtres que je sers ont eu ici d'autres domestiques avant moi, et je ne connais personne du nom de Josselin.

Et comme Ferdinand voulait insister, la servante lui jeta un dernier : « Je ne sais pas; » lui tourna le dos, et ferma la porte.

Notre pauvre ami, resté seul, sentit son cœur douloureusement blessé. Il se laissa tomber sur un banc de pierre, et passa plus d'une heure, abimé dans les plus sombres réflexions. Au moment de toucher à la seule félicité qu'il eût jamais rêvée, le malheur se plaçait encore entre lui et l'avenir; et quel malheur! Il n'osait y croire! le doute l'accablait; la réalité l'eût tué.

Jusqu'à la chute du jour, personne de la maison n'entra ou ne sortit. La nuit semait ses premières ombres; la solitude était morne et glacée. Jean-Ferdinand se leva en chancelant, le regard obscurci par les larmes, le front brûlant de fièvre, et sans avoir le courage ou la pensée de chercher aux environs quelques renseignements, il retourna lentement sur ses pas, et alla se loger dans une petite auberge du faubourg, où il passa toute la nuit dans les larmes. — Si le capitaine n'est pas mort, se disait-il, il m'a donc oublié; car s'il avait seulement espéré mon retour, il ne serait point parti sans laisser pour moi l'indication du lieu de sa retraite !

Le lendemain, de bonne heure, il se rendit, tout tremblant, chez le banquier qui payait les revenus de M. Josselin.

A sa grande surprise, M. Plélan, c'était le nom de ce digne homme, le reçut à bras ouverts et avec un visage joyeux.

21

— Ah! s'écria Ferdinand, quelle nouvelle allez-vous m'annoncer ?

— Tout va pour le mieux, quant à présent, répondit le banquier. Vous ne vous attendiez pas à trouver du changement ; mais rassurez-vous, et soyez le bienvenu. Les journaux d'Alger nous avaient appris dans le temps une partie de vos malheurs, et le digne capitaine Josselin en a été, pour sa part, profondément affecté. Ce vieil ami, accablé de souffrances par suite de ses anciennes blessures, a réalisé sa petite fortune, et s'est décidé, sur les instances des médecins, à aller s'établir à la Martinique. Le climat chaud des Antilles lui sera plus favorable que les brumes de la Bretagne. Mais, en partant, il ne vous a pas oublié, et dans l'espoir que vous pourriez revenir quelque jour, il a laissé entre mes mains une somme de trente mille francs, qu'il destine à vous créer un établissement, en quelque lieu qu'il vous plaise de vous fixer.

A ces paroles, Jean-Ferdinand restait anéanti ; le chagrin lui ôtait la parole.

— Calmez-vous, mon bon ami, reprit affectueusement le banquier ; l'absence du capitaine ne sera pas éternelle. Ce que vous avez de mieux à faire aujourd'hui pour justifier les bonnes dispositions de votre protecteur, c'est de chercher à utiliser votre savoir, et j'ai déjà pensé à vous en préparer les moyens. Vous arrivez même fort à propos, car l'occasion se présente d'accepter un emploi aussi avantageux qu'honorable. Quand vous serez complétement installé, et que vous aurez rendu des services, vous pourrez obtenir un congé et faire un voyage de deux ou trois mois, pour aller visiter ce digne M. Josselin. Mais, pour le moment, nos colonies sont encombrées de gens de toute profession qui vont y chercher fortune, et vous ne trouveriez pas à vous caser convenablement. Ce cher capitaine pensera peut-être à vous ménager, un jour ou l'autre, quelques chances d'établissement. Mais, jusque-là, son intention formelle, je dois vous en prévenir, est que vous restiez en France, et que vous vouliez bien suivre les conseils que je vous donnerai en son nom.

— Je resterai, murmura Jean-Ferdinand d'une voix étouffée par les sanglots.

— Fort bien. J'aime à vous voir toujours docile, même de loin, aux volontés de votre père adoptif. Maintenant, voici ce que je vous propose. M. de Lézerec, riche manufacturier des environs de Morlaix, est un de mes amis particuliers et de mes plus anciens clients. Il m'a chargé dernièrement de lui trouver un intendant, pour mettre en valeur un nouveau terrain qu'il vient d'acheter, et sur lequel il a le projet de faire construire des usines. Vous seriez très-capable de surveiller, d'après ses plans, la direction des travaux de toute espèce nécessaires à sa grande entreprise. Je vous engage, de la part de M. Josselin, à profiter de cette place qui me semble vous convenir à tous égards. Nous allons, de ce pas, rendre visite à votre futur patron, qui se trouve justement à Brest pour quelques jours.

Jean-Ferdinand se laissa conduire. M. de Lézerec l'accueillit avec bienveillance : — Les recommandations de MM. Josselin et Plélan sont, lui dit-il, les meilleurs garanties que vous puissiez m'offrir. Je vous donne, dès ce moment, toute ma confiance. Vous serez chargé du maniement des fonds que je consacre à mon exploitation, dont voici les plans et les devis arrêtés entre moi et mes architectes. Tous les six mois, vous rendrez vos comptes à M. Plélan, mon banquier ; et je vous attribue, dès aujourd'hui, un traitement de mille écus par an, qui augmentera en proportion de votre activité et de vos services.

Jean-Ferdinand voulut objecter son inexpérience. Sa modestie fit plaisir, mais ne fut pas écoutée : — Avec votre intelligence, qui n'est pas ordinaire, avec de l'ordre et du travail, on vient à bout de tout, lui répliqua en souriant le manufacturier.

Le contrat fut dressé le même jour ; les obligations et les droits du nouvel intendant y furent stipulés avec soin.

— Tout marchera sous votre conduite, tout le monde vous sera soumis sans contrôle, ajouta M. de Lézerec. Je n'ai qu'une dernière recommandation à vous faire : c'est d'avoir les plus grands soins et les plus grands égards pour la veuve respectable d'un ancien caissier qui s'est dévoué jusqu'à sa mort aux intérêts de ma maison. Je lui ai fait une petite pension, réversible sur la tête de sa fille, et je l'ai installée dans mon domaine de Douarnez. Vous habiterez donc sous le même toit avec madame Bertin. Elle sera pour vous comme une mère, et je désire que vous la traitiez ainsi.

Jean-Ferdinand promit tout avec l'effusion d'une sincère gratitude, et partit le surlendemain pour sa destination.

La petite maison de Douarnez était simple, mais commode. Elle s'élevait, au milieu d'un verger, sur une colline dont la pente adoucie descendait au hameau voisin, séparé par une petite rivière. Madame Bertin était à la tête d'un ménage modeste, où tout respirait l'aisance. La chambre de Jean-Ferdinand avait été préparée par ses soins ; rien n'y manquait : bibliothèque garnie de bons livres, meubles confortables, et terrasse ornée de fleurs d'hiver, que soignait, soir et matin, sa fille Cécile, gracieuse et candide enfant de seize ans.

Madame Bertin était une femme vive et sérieuse tout à la fois, de quarante et quelques années, d'un abord sympathique et bienveillant. Son visage pâle et son regard mélancolique annonçaient qu'elle avait souffert, mais qu'elle était résignée. Jean-Ferdinand se trouva bientôt, auprès d'elle, aussi heureux, aussi à l'aise que s'il la connaissait depuis longtemps. Elle lui fit, à son arrivée, les honneurs du logis, lui montra la maison et ses dépendances, et l'initia aux travaux qui devaient l'occuper.

— Cette femme est admirablement bonne, se dit Jean-Ferdinand ; je ne comprends pas l'insistance de M. de Lézerec à me recommander d'avoir pour elle toutes les prévenances que lui assure déjà mon affection naissante.

Il témoignait à madame Bertin un respect filial. Ses devoirs nombreux ne lui permettaient guère, chaque jour, de la voir qu'aux heures des repas. Mais il passait auprès d'elle et de Cécile de charmantes soirées intimes.

Il ne tarda pas à écrire à M. Plélan pour lui adresser les remercîments les plus vifs. — Je ne souhaite pas pour toute ma vie, lui disait-il, un sort plus agréable ; et si j'avais le bonheur de revoir auprès de moi mon père adoptif, tous mes vœux seraient à jamais comblés ! Les gens de ces campagnes sont bien sauvages ; mais j'espère les adoucir par le travail, et en faire peu à peu de bons voisins. M. de Lézerec ne blâmera point, sans doute, les efforts que je tenterai dans ce but.

Cependant les travaux du domaine de Douarnez avançaient avec une rapidité qui faisait honneur au zèle et à la capacité du jeune intendant. Madame Bertin, s'associant de grand cœur à tout le bien qu'il voulait faire, avait ouvert une école gratuite pour les petites filles du hameau voisin, et Jean-Ferdinand passait les soirées d'été à instruire les jeunes garçons. Dans ses autres moments de loisir, il se livrait à des études sérieuses ; mais rien ne parvenait à diminuer le sentiment qui l'entraînait sans cesse vers la jeune personne qui lui offrait un si touchant modèle de toutes les grâces et de toutes les vertus de famille.

Un matin, dès l'aurore, arriva de Brest un message pressé, de la part de M. Plélan.

Jean-Ferdinand ouvrit la lettre avec empressement, et pâlit. Puis, il courut s'enfermer dans sa chambre, et ne parut pas au déjeuner de famille.

Madame Bertin, fort inquiète, vint s'informer s'il était malade.

— Madame, lui dit Jean-Ferdinand d'une voix altérée, je pars dans deux heures ! Je serai bientôt remplacé ici. Je désire que vous vouliez bien me garder un affectueux souvenir. Pardonnez-moi de ne pouvoir m'expliquer davantage.....

— Quoi ! vous nous quittez !... Et pour toujours !.....

Jean-Ferdinand n'eut pas la force de répondre.

La bonne dame, stupéfaite de cette catastrophe si inattendue, s'éloigna toute en larmes.

M. Plélan venait d'envoyer en communication à Jean-Ferdinand une lettre, venue, disait-il, de la Martinique, dans son paquet de correspondance. Cette lettre annonçait que le capitaine Josselin avait été ruiné par la faillite soudaine d'une maison de commerce qui faisait valoir ses fonds. Réduit par cette perte à la plus grande gêne, il voulait revenir en France, et priait son ami de lui faire passer l'argent nécessaire pour ce voyage. Il le chargeait aussi de l'informer du sort de l'enfant qu'il avait élevé, et de lui faire savoir, en quelque lieu qu'il fût, qu'il n'avait, à son tour, d'autre refuge que dans son dévouement.

D'après cette lettre, M. Plélan demandait à Jean de lui faire connaître immédiatement ses intentions, et s'il l'autorisait à envoyer à M. Josselin, sur les trente mille francs dont il avait l'acte de donation, la somme nécessaire au retour du capitaine.

— Vous pouvez, au reste, mon cher monsieur, ajoutait le banquier, rester sans inquiétude sur le sort du capitaine Josselin. Sans rien toucher au petit pécule qu'il vous avait laissé, et dont vous pouvez avoir besoin, je suis assez riche pour rendre à mon vieil ami le service qu'il réclame. Notre brave capitaine s'entendait mieux à battre les Anglais qu'à faire des spéculations. Vous avez d'ailleurs des engagements à remplir envers M. de Lézerec, qui ne vous permettent guère de vous déranger, et votre patron peut seul, dans tous les cas, vous délier de vos obligations. Il suffirait donc, si vous le jugez convenable, de m'envoyer un mandat de la somme que je pourrais expédier, de votre part, à M. Josselin.

Le même soir, Jean-Ferdinand se trouvait dans le cabinet de M. Plélan.

— Monsieur, lui dit-il, je suis le débiteur du capitaine Josselin; car il m'a fait ce que je suis. Je vais moi-même aller le chercher. J'irais au bout du monde, s'il le fallait.

— Mon cher monsieur, lui dit le banquier, j'ai voulu

vous éprouver, et je m'en félicite ; vous êtes un brave et loyal jeune homme! mais il ne faut rien faire sans réflexions. Je vous parle ici comme vous parlerait le capitaine. Il est inutile que vous tentiez un voyage de dix-huit cents lieues ; en recevant l'argent que nous allons lui adresser, notre vieil ami s'embarquera, et nous le reverrons bientôt. Il sera charmé de vos bons sentiments, que je lui exprimerai dans ma lettre d'envoi, et vous n'aurez pas perdu votre position.

— Non, monsieur, non! je ne suivrai pas ce conseil. Ma présence sera plus utile à mon père adoptif que tout l'argent de l'univers. Il a besoin d'un bras pour s'appuyer, d'un cœur qui le console, qui le protége et qui ne l'abandonne pas, si sa santé exigeait encore qu'il restât sous le ciel des Iles! N'en parlons plus : mon parti est pris! je trouverai du travail à la Martinique pour soutenir M. Josselin, et c'est maintenant que je vais être tout à fait son fils. Je ne veux céder à personne ce droit sacré. Ne craignez pas que je manque à mes devoirs envers M. de Lézerec. Il comprendra les exigences de ma situation, et d'ailleurs tous mes comptes sont en règle jour par jour ; je puis vous les rendre sur-le-champ, et vous voudrez bien lui faire agréer ma démission forcée. Si vous êtes l'ami véritable du capitaine Josselin, si vous avez pour moi quelque estime, vous ne direz plus un mot pour me dissuader.

— Ah! noble jeune homme, venez dans mes bras! s'écria le banquier. Les rois de la terre envieraient un pareil enfant! Demain, nous irons chez M. de Lézerec chercher la quittance de vos comptes, et vous partirez sur *le Météore*, qui met à la voile dans deux jours.

Jean passa toute la nuit qui suivit cet entretien à écrire à madame Bertin pour la consoler de son absence, pour lui faire espérer un prompt retour. Il versa dans cette lettre tous les trésors de sa belle âme; puis il s'endormit, accablé de lassitude, et fit des rêves de bonheur.

Par une singulière fatalité, M. de Lézerec se trouvait éloigné de Brest pour quelques jours.

Jean-Ferdinand voulait partir à tout prix.

— C'est impossible, lui dit gravement M. Plélan. La vie sociale ne se compose pas uniquement de l'échange des plus saintes affections; elle a aussi des devoirs impérieux dont l'homme d'honneur ne peut s'affranchir. M. de Lézerec ne peut vous rendre votre liberté qu'après avoir accepté, de vous-même, le compte définitif de la gestion qu'il vous a confiée. *Le Météore* emportera les fonds que nous destinons au capitaine; mais vous partirez au premier jour; et ma lettre d'envoi annoncera votre prochaine arrivée à la Martinique.

Le jeune homme fut contraint de se rendre à ces sages raisons.

Trois jours s'écoulèrent encore, au bout desquels M. de Lézerec revint à la ville. Il écrivit à M. Plélan qu'il l'attendait à dîner pour le lendemain, avec son intendant, et qu'il regrettait que des affaires urgentes ne lui permissent pas de les recevoir plus tôt.

Jean-Ferdinand dévorait son impatience; on peut juger s'il fut exact au rendez-vous.

— J'étais, lui dit gravement le manufacturier, on ne peut plus satisfait de votre conduite et de vos travaux. Les lettres de madame Bertin m'ont appris tout le bien que vous faisiez au hamau de Douarnez, et les vifs regrets que vous y laissez. Je ne puis qu'admirer le noble et généreux sacrifice que vous êtes prêt à faire de votre position pour voler au secours de votre père adoptif, de notre digne ami. Dieu, qui lit au fond des cœurs, vous tiendra compte de ce dévouement ; mais, il est temps que je vous l'apprenne, ce lointain voyage n'est plus utile.....

— Que dites-vous, monsieur! s'écria Jean Ferdinand, qui crut deviner dans les dernières paroles de M. de Lézerec l'annonce d'un affreux malheur. — Que dites-vous?... M. Josselin serait-il..... Ah!... C'est impossible, n'est-ce pas?... J'ai déjà tant souffert!..... Dieu ne voudrait point m'accabler!.....

— Calmez-vous, calmez-vous, brave jeune homme, reprit affectueusement le manufacturier. Je n'ai, et j'en suis bien heureux, que d'excellentes nouvelles à vous communiquer. Sachez d'abord que vous êtes, dès ce moment, maître absolu du domaine de Douarnez, qui ne m'a appartenu que peu de temps. Le capitaine Josselin lui-même m'en a acheté la propriété, qu'il vous destinait au retour de vos voyages. M. Plélan, que voilà, devait être l'exécuteur discret des volontés du capitaine, notre ami commun. Vous avez subi quelques épreuves, et je vous félicite de leur succès. Tout est fini ; il n'y aura plus pour vous que du bonheur. Je suis bien aise d'y avoir contribué en vous attachant à la respectable famille Bertin. Je vais vous remettre l'acte de donation, rien n'y manque.

Jean-Ferdinand ne savait s'il rêvait ; il était tombé dans une stupeur voisine de l'anéantissement. L'image du capitaine malheureux se dressait toujours devant lui. Sa tête et son cœur lui semblaient près d'éclater.

Cette crise ne fut pas longue. Une flamme vive colora subitement son visage ; il se leva, et pressant avec une énergie fiévreuse les deux mains de M. de Lézerec : — Hâtons-nous donc! s'écria-t-il, et béni soit Dieu, qui va rendre, par mes mains, une fortune à l'homme trop généreux qui se dépouillait pour m'enrichir! Le domaine de Douarnez, avec les constructions déjà faites, vaut, dès ce moment, plus de cent mille francs ; en peu d'années, il aura doublé de valeur. Voulez-vous bien, monsieur Plélan, faire expédier quatre-vingt mille francs à M. Josselin, et lui annoncer que je vais me rendre auprès de lui?

— Doucement, s'il vous plaît; comme vous y allez! dit en riant M. de Lézerec. Il faudrait, tout au moins, avant de faire danser les écus comme de simples chiffres, étudier l'acte de donation. Je vais aller le chercher.

M. de Lézerec passa dans son cabinet, et revint aussitôt avec le dossier. Puis, après l'avoir mis entre les mains de Jean-Ferdinand, il entraîna le banquier, et le jeune homme resta seul.

— Que se passe-t-il donc ici? se demandait Ferdinand. Et, puisque mon projet de départ leur paraît à tous deux si honorable, pourquoi cette obstination à m'en détourner?.....

En faisant cette réflexion, il déroulait les papiers timbrés que M. de Lézerec venait de lui remettre.

Quand, après une rapide lecture, il en vint aux signatures, il baisa avec respect le nom du capitaine Josselin. Ces caractères muets lui rappelaient tant de souvenirs!

La main qui les avait tracés s'était appuyée sur cette page.....

En les fixant avec plus d'attention, la date du contrat frappa ses yeux... Il sentit dans tout son être comme une secousse électrique...

Cette date était du jour même !!!

— Ah! s'écria Jean-Ferdinand en froissant le papier, cette signature est donc fausse ! et je suis donc ici le jouet d'une odieuse comédie !...

Au cri de fureur qui lui avait échappé, M. de Lézerec rentra dans la chambre avec le banquier.

Leur figure rayonnait de joie.

— Savez-vous, messieurs, leur dit Ferdinand d'une voix tonnante, savez-vous que vous commettez une indigne action? Et quel infernal intérêt, je veux le savoir aussi, pouviez-vous donc avoir pour retarder mon départ, et dénouer cette scène par un outrage au nom de celui que vous appelez votre ami?

Le manufacturier et le banquier l'écoutaient avec une sérénité qui redoublait son exaltation.

— Vous ne répondez pas, continua Ferdinand en faisant un pas vers eux, accompagné d'un geste menaçant. Vous narguez l'enfant trouvé, n'est-ce pas? Mais vous ne craignez donc pas qu'il venge sur vous le nom du capitaine Josselin dont vous vous êtes joué?...

— Doucement, doucement, s'il vous plaît, se hâta de dire M. de Lézerec, qui sentit le danger de prolonger cette scène. Nous sommes, en vérité, de fort honnêtes gens, et la jeunesse, comme vous allez le reconnaître vous-même, est parfois bien... bien inconsidérée...

— Comment donc?...

— Oui, c'est encore une leçon d'expérience qui ne vous sera pas inutile, ajouta M. Plélan.

— Mais ce nom?... mais cette signature?...

— Eh bien, reprit M. de Lézerec, ce nom doit vous être bien connu...

— Et cette date?...

— La date? la date prouve que le cher capitaine n'est pas de retour...

Ah! vous l'avouez donc enfin! le capitaine n'est pas de retour...

— Non, sans doute, puisqu'il n'est jamais parti! s'écria une voix éclatante, sortie du cabinet voisin, dont la porte s'ouvrit à grand bruit.

Le capitaine Josselin parut : — Jean-Ferdinand tomba à ses pieds, sans connaissance.

On s'empressa de lui prodiguer les soins les plus actifs. Quand il revint à lui, son désespoir était extrême d'avoir outragé les deux vieux amis de son père adoptif. — Grâce, grâce! murmurait-il d'une voix étouffée; je suis bien coupable, mais je ne pouvais comprendre... ni deviner!... Ah! vous m'avez fait bien du mal!...

— Nous avons avons agi comme de vrais enfants! disaient M. de Lézerec et le banquier. Ce pauvre garçon! c'est bien plutôt à lui de nous pardonner. La comédie que nous venons de jouer n'était bonne qu'au théâtre.

— Reviens à toi, mon fils, mon bien-aimé Ferdinand! s'écriait le capitaine en pleurant de joie. Tu remplaces toute ma famille! Ma femme et mes enfants, qui ne sont plus, te bénissent du haut des cieux! Il y a assez de place pour vous tous dans mon cœur!...

Ce fut un jour de bonheur ineffable, comme il y en a

si peu sur la terre. Le brave capitaine semblait rajeuni de vingt ans. Son enfant d'adoption passait tour à tour de ses bras dans ceux du respectable manufacturier et du digne ami Plélan.

— Dînons! dînons, pour compléter la fête, reprit M. Josselin. Au dessert, nous démêlerons à ce garçon les petites ruses de guerre dont je me suis servi pour terminer vigoureusement son éducation; et il nous racontera, en retour, ses aventures de Robinson en Algérie!

Lorsqu'on en vint aux explications, M. Josselin reprit la parole. — Il y a du vrai, mon enfant, dit-il à Ferdinand, dans ce qu'on t'a appris du dépérissement de ma santé. Après ton second départ, l'isolement me tuait. Je vendis ma maisonnette de Lambezellec pour venir habiter la ville et voir plus souvent quelques amis. Mais j'avais compté sans la maladie, qui me visita un jour sous la forme de fièvre bilieuse. Entouré de soins mercenaires, je ne tenais plus guère à la vie, et j'attendais tant bien que mal le repos éternel, quand certains parents éloignés, et auxquels je ne pensais plus, instruits fort à point de mon état, s'avisèrent tout à coup de faire le siége de ma retraite, pour veiller sur mon testament. Au milieu de mes souffrances, j'attendais ton retour que tu m'avais annoncé, lorsqu'en parcourant un journal, je lus le récit de ton enlèvement par les Arabes, aux environs de Constantine. Cette nouvelle, qui aurait dû m'achever, opéra un véritable miracle. Un vieux marin de ma trempe ne prend pas la route du ciel avant d'avoir rallié son équipage; un capitaine de la marine française n'abandonne, en cas de sinistre, son bord que le dernier. Je ne pouvais pas quitter la vie avant d'avoir perdu tout espoir de te

retrouver mort ou vif! J'ai voulu vivre, j'ai vécu, j'ai
guéri ; je t'attendais toujours, et Dieu me devait bien ton
retour, car j'ai adressé au ciel plus de prières ferventes
que mes canons d'autrefois n'ont tiré de boulets, et ce
n'est pas peu dire! Quand mes parents me revirent debout sur le tillac de la santé, ces bonnes gens s'éclipsèrent, en promettant de revenir : et ma foi, je les attends encore! — Quand je me sentis rétabli, je me mis
à suivre un régime de distractions, qui me réussit parfaitement. Mon cœur me disait qu'un brave garçon, que
j'avais élevé avec tant de soins et d'amour, ne périrait
pas dans un désert; et je mis mon dernier bonheur à
t'assurer à tout hasard, en cas de retour, une belle indépendance, en achetant pour toi le domaine de Douarnez,
véritable nid de misère dont je voulais que tu fisses un
jour un paradis. Lorsque j'appris par les gazettes, quelques mois plus tard, le beau dénoûment de ta vie aventureuse, je voulus voir encore si l'orgueil n'aurait pas
terni tout à coup tes belles qualités, et si tu reviendrais
digne à mes yeux de cette étoile de l'honneur, que tu as
si glorieusement méritée, et que le Prince Royal avait daigné attacher sur ta poitrine. L'ami Lézerec voulut bien
me prêter son concours pour organiser une épreuve définitive, la plus rude de toutes pour toi et pour moi; car
si tu avais succombé, je serais mort de chagrin! Le banquier Plélan s'était chargé d'être au courant de la direction que tu prendrais à ton arrivée en France, et de conduire mystérieusement l'exécution de mon dernier plan.
Tu sais le reste. Il était important que tu me crusses
très-éloigné, pour amener le dénoûment que je voulais
tenter, et qui a dépassé mes plus chères espérances. Tu

nous pardonneras bien les petits chagrins que nous t'avons causés pour mieux assurer ton bonheur!

Quelques jours après cet événement, le capitaine Josselin signa solennellement l'acte d'adoption de son futur légataire universel. Madame Bertin lui écrivit pour le féliciter, et Cécile termina cette lettre, sous les yeux de sa mère, qui l'autorisait à répondre à la noble affection de Jean-Ferdinand, dont la première prière avait supplié le capitaine de consentir à ce qu'elle partageât son bonheur.

—Combien je vous remercie, lui disait-elle, de m'aimer encore, à présent surtout que votre sort est si fort au-dessus du mien! Que je vous sais gré de penser toujours à une pauvre enfant comme moi, et d'écrire à ma mère que, sans elle et sans moi, votre félicité ne serait pas complète! Je ne puis encore m'accoutumer à l'idée si douce de ne plus nous séparer, de ne plus former, avec votre père, qu'une seule famille! Venez, mais apportez avec vous beaucoup d'indulgence pour mes imperfections. Alors, peut-être, je pourrai vous aimer comme vous méritez de l'être, et je serai heureuse de votre affection.

. . . .

Je n'essayerai pas de vous peindre les joies délicieuses qui saluèrent cette réunion tant désirée. Le capitaine Josselin se fixa pour toujours à Douarnez, au sein de sa nouvelle famille.

Le bonheur devint le prix de l'innocence et de la vertu, couronnées par la piété filiale.

— J'ai pris ma retraite de marin, s'écriait souvent le capitaine; mais je me sens de force à recommencer la carrière au service de mes petits-enfants. Je leur apprendrai la manœuvre du canon et des cordages, sur la rivière de Douarnez…

— Oui, cher père, disait Cécile en l'embrassant avec un doux sourire; mais avant, il faudra les bercer dans votre vieux pavillon!

ÉPILOGUE.

Depuis cette époque de sa vie, Jean-Ferdinand ne pouvait rester indifférent aux nouvelles d'Algérie. La mémoire des temps et des lieux où l'on a souffert s'efface moins vite que celle des jours heureux. Il pouvait, en lisant les bulletins de nos combats, dire souvent, comme le pigeon voyageur du bon La Fontaine : « J'étais là, telle chose m'avint. »

Les progrès ou la chute d'Abd-el-Kader étaient le thème favori de ses conversations ; mais il ne parlait de l'émir arabe qu'avec cette loyale estime qu'un cœur brave ne refuse jamais à un ennemi fameux. Il ne pouvait oublier qu'Abd-el-Kader l'avait traité généreusement et couvert de sa protection. Comme Français, il désirait, pour le bien de sa patrie, voir finir, par une victoire décisive, les fléaux d'une guerre sanglante ; mais il mêlait à cette pensée le vœu secret d'une alliance de paix qui produirait encore plus de fruits, en rendant le génie du plus éclairé des Musulmans d'Afrique tributaire de nos lumières, et agent convaincu de nos grandes vues civilisatrices.

De nouvelles expéditions ne tardèrent pas à s'organiser ; car nous ne pouvions, sans périls pour nos intérêts, laisser au pouvoir de l'ennemi les passages de l'Atlas qui communiquent de la Métidjah avec l'intérieur du territoire algérien. Le gouvernement résolut l'occupation définitive de Médéah (20). On savait qu'Abd-el-Kader, informé par de fidèles espions de tous les mouvements de l'armée française, ralliait en masse sous sa bannière tous les cavaliers des tribus errantes et tous les fantassins de la montagne, pour venir, à la tête de forces redoutables, nous disputer le défilé de Mouzaïah, qui avait déjà été le théâtre de luttes acharnées. Le duc d'Aumale était appelé à inaugurer sa carrière militaire par cette campagne importante, et le Prince Royal voulut le guider lui-même au rendez-vous de la gloire. Ce fut le 27 avril 1840 que le futur vainqueur de la Semalah (21) cueillit son premier laurier, en chargeant à la tête d'un escadron des masses d'Arabes qui défendaient les gorges de l'Afroun.

Après plusieurs affaires partielles, dans lesquelles l'avantage nous fut vigoureusement disputé, la colonne française arriva, le 11 mai, au camp de l'Haouch-Mouzaïah, au pied de l'Atlas. Le maréchal Valée prit aussitôt ses dispositions pour que le passage des montagnes pût s'opérer le lendemain. Le Prince Royal réclama l'honneur d'enlever la formidable position du col de Mouzaïah. A 4 heures du matin, dès que le général de Rumigny eut couronné le mamelon qui domine l'entrée de la route, S. A. R. Mgr le duc d'Orléans se mit en marche. Les Arabes ne tentèrent aucune résistance jusqu'au plateau situé à la naissance du plus rude escarpement ; mais on apercevait distinctement, sur les hauteurs, tous les mouvements des troupes d'Abd-el-Kader. De tous les points de l'horizon, ses bataillons réguliers, organisés sur le modèle des nôtres, et de nombreuses troupes de montagnards kebaïles arrivaient dans les retranchements de pierre sèche construits depuis longtemps par ordre de l'émir ; et, malgré la distance à laquelle nous nous trouvions, il était facile de reconnaître qu'ils se préparaient à une lutte acharnée. A midi et demi, le Prince Royal fit faire tête de colonne à gauche au général Duvivier, qui commandait une brigade de sa division. Les soldats s'élevèrent vers le piton de Mouzaïah par un terrain d'un accès extrêmement difficile, et sur lequel ils ne pouvaient souvent cheminer qu'en s'accrochant des pieds et des mains aux broussailles. Ce fut un solennel moment que celui où ces braves, dont un si grand nombre ne devaient pas revenir, s'éloignèrent de nous pour accomplir une des actions de guerre les plus brillantes de nos annales d'Afrique. Dès que cette brigade commença à gravir les pentes du piton, elle fut accueillie par une vive fusillade qui la prenait de front et en flanc.

Les Kebaïles étaient embusqués derrière les roches presque à pic sur lesquelles il fallait monter; ils avaient profité, avec une remarquable intelligence, pour cacher leurs tirailleurs, des ravins infranchissables que présente le sol, et ils avaient construit trois retranchements successifs dont les parapets étaient garnis de défenseurs. Le général Duvivier fit rapidement avancer vers la crête à gauche du piton, sans s'inquiéter du feu des retranchements, qui furent débordés et enlevés par ses flanqueurs, pendant que la colonne, profitant du passage d'un nuage qui empêchait l'ennemi de l'apercevoir, fit une halte de quelques instants. Elle continua ensuite son mouvement, et, en sortant du nuage, elle essuya, à demi-portée, le feu de trois autres retranchements se dominant entre eux, et dont le dernier, protégé par un réduit, se reliait au sommet du pic où se trouvait un bataillon régulier de l'émir. Le 2e léger, électrisé par l'exemple du colonel Changarnier, se précipita sur ces obstacles foudroyants et les enleva en un clin d'œil. Les Arabes qui occupaient le pic voulurent tenter un retour offensif; mais, abordés eux-mêmes avec furie, ils furent précipités dans les ravins, et le drapeau du 2e léger flotta glorieusement sur la plus haute cime de l'Atlas.

Pendant ce combat, le Prince Royal avançait avec les deux autres colonnes de sa division. A trois heures après midi, on atteignit une crête boisée qui prenait naissance à droite du piton, et que dut gravir la deuxième colonne. Cette escalade, exécutée par le colonel de Lamoricière, fut un instant compromise au pied d'une redoute dominée par un plateau de roches à pic d'où partait un feu terrible. On eut un moment d'anxiété, mais qui cessa bien vite par l'arrivée du 2ᵉ léger sur les derrières de l'ennemi. Les zouaves s'élancèrent dans la redoute, où tout fut massacré, et quelques minutes après, les deux colonnes firent leur jonction au point où l'arête qu'avait suivie M. de Lamoricière se détache de la chaîne. Les troupes des divers corps se lancèrent à la poursuite des fuyards, en se dirigeant vers le col, au milieu d'accidents de terrain presque infranchissables. Dès que la deuxième colonne eut rempli sa mission, le Prince Royal marcha vers le col à la tête des 23ᵉ et 48ᵉ de ligne. L'ennemi tenta de l'arrêter en démasquant à l'ouest une batterie qui fouettait d'écharpe la direction de la route. Le maréchal Valée fit avancer aussitôt une contre-batterie qui éteignit le feu des Arabes. S. A. R. Mgr. le duc d'Orléans lança aussitôt un bataillon en tirailleurs, et se porta avec les deux autres droit au col, qu'il atteignit au moment même où la colonne de gauche, qui avait marché à sa hauteur, couronnait les crêtes. Dans cette périlleuse ascension, monseigneur le duc d'Aumale, qui s'était déjà signalé plusieurs fois par sa brillante intrépidité, voyant que le colonel Gueswiller avait peine à suivre cette marche rapide, se jeta à bas de son cheval, força le colonel de le prendre, courut se mettre à la tête des grenadiers, et arriva un des premiers sur le col. Le Prince Royal fit alors poursuivre l'ennemi par les trois colonnes réunies. Les réguliers d'Abd-el-Kader se replièrent en désordre du côté de Milianah, et les Kebaïles disparurent à travers les anfractuosités des montagnes.

Cette prise du col fut un beau spectacle! Quelques officiers pleuraient de joie; tous félicitaient les deux princes dont cet événement devait léguer les noms à l'histoire.

L'écho de l'Atlas répétait les cris des vainqueurs, et l'immortel drapeau de la France flottait avec orgueil sur ce pic tout à l'heure si menaçant, dans ces redoutes meurtrières où tant de sang avait coulé! L'infanterie de la division d'Orléans avait perdu deux cent cinquante hommes; le général de Rumigny était blessé; le général Marbot, aide de camp du Prince Royal, venait de l'être à côté de son Altesse Royale; le brave Changarnier avait reçu sept balles dans ses vêtements.

Malgré leur défaite, les Arabes n'étaient pas découragés; et, quand l'armée eut consacré quatre jours à fortifier le col et à rendre le chemin praticable à l'artillerie, elle trouva l'ennemi rallié dans de grands bois d'oliviers que franchit la route de Médéah, au pied du versant méridional de l'Atlas. Il fallut l'en débusquer dans la journée du 16; on le vit encore, le 17, prendre position, à une petite distance de Médéah, dont il ne disputa pourtant pas l'entrée, et que nous trouvâmes complétement évacuée. Une garnison de deux mille quatre cents hommes y fut laissée, et le reste du corps expéditionnaire commença, le 20, son mouvement de retraite. Les Arabes s'étaient ralliés sur la route de Milianah, prévoyant que l'armée française continuerait ses manœuvres de ce côté; mais la possibilité de notre retour vers la base d'opérations ne leur avait sans doute pas échappé, car on les retrouva, comme par enchantement, sur notre passage. L'infanterie française ne comptait plus que trois mille baïonnettes. Cinq bataillons formaient l'avant-garde sous le commandement du Prince Royal; l'arrière-garde en avait quatre. Arrivée au bois des Oliviers, l'avant-garde couronne rapidement toutes les hauteurs en avant des passages difficiles par où le convoi doit défiler et se masser, et laisse un bataillon pour protéger, au besoin, la queue de la colonne. Bientôt le convoi se trouve engagé dans les défilés des Mines de Cuivre, où le passage n'est libre que pour un homme ou un cheval de front. A ce moment, l'arrière-garde, qui avait été inquiétée, dès le matin, par un fort parti de cavalerie, est de nouveau attaquée par trois bataillons de réguliers et deux mille cavaliers qui, arrivés sur le terrain au galop, mettent pied à terre, se jettent en avant de l'infanterie et commencent un combat furieux contre les nôtres. Jamais on n'avait vu les Arabes déployer un tel acharnement, ni vendre si chèrement leur vie. Ils défendent, reprennent, perdent de nouveau, occupent une seconde fois, à la baïonnette, toutes les positions attaquées par nous, et que nous n'emportons à la fin qu'en les couvrant de cadavres. L'acharnement de ce combat fut tel, qu'une fois à terre, les blessés français et arabes se lançaient encore des pierres. Le 17ᵉ léger et le 48ᵉ déploient une valeur admirable. Le deuxième bataillon des zouaves, envoyé au secours de l'arrière-garde, se jette sur les flancs des réguliers qui menacent le convoi, et leur fait un mal affreux. Le Prince Royal ordonne alors à ses quatre bataillons de se prolonger en arrière, le long des crêtes qu'il avait fait garnir, et le plus possible dans la direction de l'arrière-garde, sans trop affaiblir toutefois les positions qu'ils occupent en avant et autour du convoi qu'il faut sauver à tout prix. Enfin, par un suprême effort des braves engagés dans ce combat, un champ de bataille, jonché de cadavres et baigné du sang le plus précieux, reste décidément aux Français. Mais il fallait compter ses pertes;

depuis l'ouverture de la campagne, l'armée n'en avait pas subi de plus douloureuses; cent quarante hommes tués et deux cent douze blessés, presque tous mortellement, payaient notre victoire! Ce fut la dernière lutte de cette expédition mémorable, dans laquelle le duc d'Orléans prodigua partout sa personne avec un dévouement qui frappait d'admiration les témoins de ce généreux courage.

Quelques jours après, il quittait l'Algérie... pour n'y plus revenir!.....

Digne émule des brillantes qualités de son frère, le duc d'Aumale y a continué ses nobles exemples. Son nom s'unit avec éclat aux principaux faits d'armes des années suivantes. Il avait débuté au combat de l'Afroun ; et les campagnes prochaines lui gardaient aussi des triomphes.

En 1843, Abd-el-Kader, vaincu en plusieurs rencontres, ralliait au bord du désert ses partisans dispersés. Cet insaisissable adversaire, dont le génie sait se créer de nouvelles ressources après chaque défaite, campait, au mois de mai, sur la lisière d'une immense plaine, à plus de cinquante lieues au sud-Ouest d'Alger. Sa *Semalah*, sa famille, ses trésors le suivaient, et cinq mille Arabes se pressaient encore autour de ses drapeaux. Le duc d'Aumale se trouvait à Boghar (22), à une lieue de Médéah, et les renseignements, fournis par le chef d'une tribu soumise à notre autorité, lui apprennent que l'émir est à peu de distance, aux environs d'un bourg nommé Goudjilah, mais sans qu'on puisse fixer exactement sa position. Le prince mesure aussitôt, d'un coup d'œil, l'importance d'une manœuvre rapide. Il rassemble une colonne de treize cents hommes avec six cents chevaux, et, conduit par des guides fidèles, il arrive, le 14 mai, à la faveur d'une marche de nuit, devant Goudjilah. Les habitants, cernés de toute part avant d'avoir eu le temps de fuir, déclarent en tremblant qu'Abd-el-Kader s'est porté à quatorze lieues plus loin vers le sud. Le prince se remet en route à marches forcées ; quelques Arabes, surpris dans les bois par nos éclaireurs, lui donnent de nouveaux indices : l'émir a levé son camp dans la soirée de la veille, et se dirige à travers les sables de Taguin, vers les montagnes du Djebel-Amour (23), dont les vallons, couverts de blés déjà mûrs, doivent ravitailler sa petite armée. Il fallait opter entre la retraite ou un dernier effort. Le prince avait la confiance des soldats ; leur énergie lui était connue : il n'hésite pas un moment à franchir une nouvelle distance de vingt lieues, à travers des plaines ardentes, sans eau, sans verdure, sans abri. Divisant en deux sa petite colonne, il laisse le convoi sous la garde de l'infanterie. Cette portion de ces forces le suivra d'aussi près que possible, avec ordre de le rejoindre à la source de Taguin, lieu du rendez-vous général où la mèneront des guides sûrs. Lui-même, avec sa cavalerie et un détachement de zouaves et d'artillerie, se porte en avant pour accélérer la poursuite. Quelques traînards de la semalah, ramassés par son avant-garde, l'égarent par de faux renseignements, et lui font faire une pointe à franc étrier vers le sud. Après quatre heures de course inutile, le prince, craignant de ruiner les chevaux, revient sur ses pas pour gagner la source où il doit retrouver son convoi. On n'espérait plus rencontrer l'ennemi, lorsqu'un des guides, détaché pour aller reconnaître l'emplacement du ruiseau de Taguin, revint au galop prévenir Son Altesse Royale que la semala tout entière déploie trois cents tentes sur la source. Le prince n'avait avec lui que cinq cents cavaliers; les zouaves et l'artillerie étaient à plus de deux heures de marche. Il n'y avait pas à balancer; quelques minutes suffisaient aux Arabes pour mettre leurs équipages, leurs femmes, leurs troupeaux hors d'atteinte, et pour nous opposer un front de cinq mille adversaires. La victoire allait devenir improbable, et les chances les plus critiques pouvaient assaillir une retraite aussi dangereuse que la lutte. Aussi, malgré les instances des guides, qui, frappés du petit nombre des Français et des forces de l'ennemi, suppliaient le prince d'attendre au moins les zouaves, Son Altesse Royale donne aux chasseurs et spahis le signal d'une attaque à fond.

Cette poignée de cavalerie se déploie aussitôt en fourrageurs, et se précipite sur le camp de la semalah avec cette impétuosité qui est le caractère distinctif de notre courage national, et qui double les garanties du succès. A gauche, les spahis abordent le quartier où flottent les bannières de l'émir, et culbutent son infanterie régulière, qui se défend avec la furie du désespoir. Sur la droite, les chasseurs d'Afrique traversent toutes les tentes au milieu d'une vive fusillade, renversent tout ce qu'ils rencontrent, et vont arrêter la tête des fuyards, que de braves et nombreux cavaliers cherchent vainement à dégager. Dans cette manœuvre, qui produisit l'effet de la foudre, mille épisodes incroyables d'une lutte corps à corps, et qui dura plus d'une heure, pourraient être racontés. On ne tua que les combattants, dont trois cents restèrent sur le terrain; tout le reste fut pris! Le prince, aussi calme qu'intrépide, était au centre du mouvement, à la tête d'un seul escadron, dont il détachait des groupes successifs pour porter du renfort sur les points qu'il voyait résister. Sa générosité modéra l'entraînement des soldats, et sauva bien des victimes. Elle devait être immortalisée par notre peintre national. Horace Vernet a su choisir, dans cette belle journée, l'instant sublime où le duc d'Aumale suspend les coups de la victoire, et prend sous sa royale protection les femmes de la semalah qui implorent sa clémence pour les vaincus désarmés. Magnifique leçon d'humanité, dont le Prince Royal avait donné les premiers exemples, et qui rappelle ceux de l'antique chevalerie française!

Quand les populations prisonnières comptèrent nos escadrons, elles ne pouvaient croire à leur défaite. Vers quatre heures du soir, l'infanterie arriva, fatiguée, mais en bon ordre. Le lendemain, la colonne fit séjour pour rassembler les troupeaux et mettre le feu à tout le butin qu'il était impossible d'emporter. Le 18, elle se remit en route; sa marche fut lente et difficile; les étapes n'étaient marquées que par des sources que séparaient des journées de marche sous un ciel ardent! Et il fallait, avec treize cents hommes, escorter trois mille prisonniers, un énorme convoi, le trésor de l'émir, ses tentes, ses drapeaux, ses canons, et se ménager encore une réserve en cas d'attaque!

Le lendemain, le général de Lamoricière, qui manœuvrait sur les bords du Chéliff, apprit par quelques fuyards le désastre de la semalah et l'approche d'Abd-el-Kader avec les débris de ses partisans. Il se porta au devant de lui avec sa cavalerie; mais les vaincus, découragés, n'essayèrent pas même de se défendre, et se rendirent à discrétion. Quelques serviteurs dévoués firent feu sur ces lâches, et entraînèrent dans leur fuite l'émir désespéré, qui ne dut son salut qu'à la vitesse de son cheval.

Depuis cette époque, la puissance des Arabes est détruite; et les derniers efforts de leur résistance ne se manifestent plus que par les petits épisodes d'une guerre de surprise, qui n'amènent que de loin en loin quelque engagement sérieux. Mais le génie d'Abd-el-Kader survit encore à sa fortune. Fier de sa généalogie, qu'il fait remonter jusqu'à l'origine de l'Islam, il réclame incessamment, comme un droit de parenté, la protection publique ou secrète de l'empereur de Maroc, qui prétend lui-même descendre d'Ali, gendre du prophète Mohammed. Le souverain de cette vaste contrée, qui touche aux frontières occidentales de l'Algérie, a voulu plus d'une fois revendiquer l'exercice d'anciennes prétentions sur une partie du territoire que nous avons conquis. Chef religieux des Musulmans d'Afrique, il rêve la réunion de tous les Arabes sous son autorité; et Abd-el-Kader exploite habilement cette ambition au profit de ses propres destinées. Le moment n'est peut-être pas éloigné où les armées françaises traverseront les ruines fumantes de Tanger et de Mogador (24) pour aller abattre, dans les remparts de Fez (25), le dernier adversaire de la civilisation européenne.

Il sera beau de voir un jour la France, maîtresse des derniers refuges de la barbarie sur la Méditerranée, donner ce glorieux patrimoine à ceux de ses enfants qu'ont déshérités les hasards de la naissance et de la fortune. Et parmi tant de trophées debout dans ses annales, son plus beau titre à l'admiration du siècle futur sera d'avoir relevé, à côté d'elle, dans l'histoire du monde, ce peuple arabe, presque contemporain des siècles primitifs; cette race que tant de souvenirs ont illustrée, et qui peut refleurir pour une ère nouvelle, sous la grande ombre de nos drapeaux.

Six années ont passé sur le bonheur paisible qui règne à Douarnez. Un charmant enfant est venu augmenter le cercle de cette famille que toute la contrée vénère et bénit. Le capitaine Josselin ne compte plus ses années; il attend avec impatience que son petit-fils soit assez fort pour grimper à un mât de perroquet.

Jean-Ferdinand seul est parfois sombre et pensif. Ne me demandez pas pourquoi, chers petits lecteurs; vos cœurs l'ont déjà deviné!...

La dernière fois que je l'ai vu, c'était par une matinée de juillet 1845, dans un pavillon qu'il a fait élever au fond de son jardin. L'unique ornement de cette retraite est un buste de marbre blanc, posé sur une console; et, plus bas, on lit une simple date:

13 JUILLET 1842.

Tous les ans, à cette date, la famille se réunit dans le pavillon.

C'est un jour de recueillement, et de prière.

FIN.

NOTES.

(1) P. 62. — Ces termes de marine expriment les oscillations du navire en pleine mer. Son balancement dans le sens de sa largeur, c'est-à-dire d'un bord sur l'autre, se nomme *roulis*. Le *tangage* est le mouvement de bascule saccadé qu'il éprouve, dans le sens de sa longueur, lorsqu'il court obliquement à la lame, que tantôt son *étrave* (pointe de l'avant) s'élève sur la crête des vagues, puis redescend rapidement dans le creux qui le suit, pour ne s'arrêter que par une brusque secousse. Le *roulis* modéré n'est pas toujours très-pénible pour les marins novices ; mais les moindres *tangages* causent des vertiges, précurseurs de ces violentes convulsions d'estomac que nous appelons *mal de mer*.

(2) P. 65. — L'*avant* et l'*arrière* sont les noms modernes substitués à ceux de *proue* et de *poupe*, usités sur les anciens navires, au seizième siècle. Ces deux parties des bâtiments de guerre étaient garnies de fortifications en bois appelées *château d'avant* ou *d'arrière*, et flanquées de petites tourelles, pour abriter les combattants. Le château d'arrière est aujourd'hui remplacé par la *dunette*, espèce de cage qui renferme le logement du commandant. C'est du haut de la dunette que le chef d'une flotte observe ses mouvements, juge à l'aspect du ciel les prochains changements de l'atmosphère, et fait entendre ou transmet ses commandements.

(3) P. 66. — On appelle *tribord* le côté droit du pont d'un navire, en allant de l'arrière à l'avant ; et *bâbord* le côté opposé.

(4) P. 67. — Le *loch* se compose simplement d'un objet flottant auquel est attachée une *ligne* ou corde mince. On jette le flotteur à la mer ; on a soin de le laisser immobile en facilitant l'écoulement de la ligne, et la quantité qui en a été *filée* dans un temps donné indique la vitesse du bâtiment. C'est comme si un cavalier attachait à un arbre le bout d'une ficelle dont il conserverait la pelote ; en partant au galop et la laissant se dévider, il mesurerait par la quantité de ficelle déroulée dans tant de *secondes*, l'espace qu'il parcourrait en *une heure* au même train. Quelque soin que l'on prenne, jamais le flotteur n'est aussi rigoureusement fixe qu'un arbre ; on parvient cependant à lui donner une stabilité très-grande par sa forme. Ce corps flottant, le *bateau de loch*, est un morceau de planche taillé en forme de triangle ; un de ses bords est chargé de plomb pour qu'il se tienne droit dans l'eau ; trois bouts de ligne partant de ses angles viennent se réunir en un seul, la *ligne de loch*, et formant ainsi la *patte d'oie*, tiennent le *bateau* dans un plan perpendiculaire à la ligne de loch, à laquelle il oppose ainsi une forte résistance, car personne n'ignore la difficulté qu'il y a à mouvoir une planche dans l'eau, perpendiculairement à ses faces planes. Quand on veut ramener à bord le bateau de loch, une forte secousse fait échapper, de l'espèce de bobine placée sur la ligne, la cheville de bois qui tient à deux des bouts de corde placés aux angles du bateau ; la patte d'oie est ainsi défaite ;

le bateau de loch, tenu par un seul angle, se pose à plat sur l'eau, et n'offre plus de résistance; on le ramène aisément à bord. — Le temps de l'expérience sur la vitesse du navire est ordinairement de 30 secondes, 120e partie d'une heure; on la mesure au moyen d'un sablier. La *ligne de loch* est divisée en *nœuds*, longueur de 47 pieds, 120e partie d'un *mille*. Autant l'on *file* de *nœuds* pendant la 120e partie d'une heure, autant le navire parcourt de *milles* marins dans une heure. Le *mille* est le tiers de la *lieue*. On compte 20 lieues pour chaque *degré* de la terre, et la circonférence de la terre est de 360 degrés pareils. La quarante millionième partie de cette circonférence est le *mètre*, base du système des mesures adoptées en France. N'est-ce pas une idée noble et grande que d'avoir cherché dans la plus exacte dimension de la nature terrestre l'invariable étalon de nos mesures et de nos poids? C'est encore une des gloires de notre patrie.

(5) P. 68. — Maskara (en arabe *El-Maskar*), l'une des villes principales de la province d'Oran, dans l'ouest de l'Algérie, s'élève sur l'emplacement d'une ancienne colonie romaine nommée Victoria. Elle est bâtie sur deux mamelons que sépare un ravin où l'eau coule en tout temps. Longtemps capitale de l'émir Abd-el-Kader, elle fut prise et incendiée en 1835, par le maréchal Clauzel. Abd-el-Kader s'y rétablit, et en fut chassé de nouveau, le 30 mai 1841, date de notre occupation définitive.

(6) P. 68. — Le *Sig* est une rivière de la province d'Oran, qui prend sa source au sud-ouest dans les montagnes des *Beni-Ameur-Gharaba*, et qui se jette dans la Méditerranée, à l'est du port d'Arzew.

(7) P. 69. — L'Habra prend son nom de la riche plaine qu'il arrose avant de joindre ses eaux à celles du Sig, dont il est un affluent.

(8) P. 70. — Né à Palerme, le 3 septembre 1810, Ferdinand-Philippe-Louis-Charles-Henri, duc de Chartres, fils aîné du roi des Français, eut pour berceau la Sicile. Conduit à Paris après la seconde restauration, il entra, le 23 octobre 1819, au collége de Henri IV, où il reçut une éducation nationale, sous la direction de savants professeurs, et entouré de condisciples dont il fut le modèle, dont il était resté l'ami, et qui pleurent toujours sa perte prématurée.

Nommé colonel du 1er régiment de hussards, le 13 août 1825, et pair de France l'année suivante, il visita en 1829, l'Angleterre et l'Écosse. De retour en France, il prit le commandement de son régiment, qu'il ramena de Lunéville à Joigny. A la nouvelle des événements de 1830, il accourut à Paris, où son entrée fut une ovation; et par l'avénement de son père au trône de France, il succéda au titre de duc d'Orléans, auquel celui de Prince Royal ajoutait l'hérédité monarchique. A partir de ce moment, l'histoire de toute sa vie est écrite sur les drapeaux de l'armée, dans la mémoire des savants qu'il aimait et des artistes dont il fut le Mécène.

(9) P. 71. — Le *plaid* est une sorte de manteau que portent les montagnards écossais.

(10) P. 75. — Voyez la description du système montagneux de l'Algérie, p. 164.

Les Romains avaient donné au Djerjerah le nom de *Mons ferratus*, montagne de *fer*, parce que la chaîne du Petit Atlas, dont il est le plus haut pic, abonde en riches filons de ce minerai.

(11) P. 78. — L'origine d'Alger fait depuis longtemps l'objet des discussions des archéologues. Quelques savants modernes prétendent que c'est l'ancien *Icosium*, ainsi nommé du nombre de ses fondateurs. Léon l'Africain, géographe arabe, l'appelait *Mesganah*; l'historien espagnol Marmol Caravajal lui donnait le nom de *Mes-*

ganah, en mémoire de la tribu des Beni-Mosgane qui l'aurait bâtie; enfin les Turcs le nomment *El-Djezaïr*, cité de l'île, parce que le môle oriental de son port était séparé du continent par un îlot qu'au seizième siècle Kheïr-Eddin Barberousse fit réunir à la terre ferme par une digue d'un merveilleux travail.

(12) P. 78. — Toutes les villes du nord de l'Afrique sont munies d'un château fortifié qui porte le nom commun de *Kasbah*.

(13) P. 78. — *Bab-el-Oued* signifie *porte de la rivière*; *Bab-Azoun*, porte d'*Azoun*. D'Arvieux, dans ses mémoires, tome V, rapporte, comme une tradition, qu'Alger aurait été assiégé, au Moyen Age par un chef maure, nommé Azoun, et que la porte devant laquelle ses efforts échouèrent aurait gardé son nom. N'oublions pas qu'en 1541, lors de l'expédition de Charles-Quint contre Alger, un chevalier français de l'ordre de Malte, nommé Savignac, à la suite d'une lutte acharnée contre les Turcs qui furent contraints de se rejeter en désordre derrière leurs murailles, vint, en signe de défi, planter son poignard dans la porte Bab-Azoun.

(14) P. 81. — Le mot *Dey* ou *Day*, en langue turque, signifie *patron*.

Au commencement de la conquête du littoral barbaresque par les Turcs, les sultans de Constantinople choisissaient eux-mêmes parmi leurs courtisans, les *Pachas*, ou lieutenants, qui allaient gouverner en leur nom les régences africaines; et les troupes turques, sentant le besoin de s'appuyer sur l'intelligence d'un chef, vouaient à ceux qui leur venaient du sérail une aveugle obéissance. Mais après la bataille de Lépante, en 1571, la milice des janissaires apprit à mépriser un empire affaibli, et trop occupé de sa propre défense pour envoyer au loin des armées et des flottes au secours de ses lieutenants. Dès cette époque, les pachas ottomans trouvèrent dans l'agha, ou chef des janissaires, un rival naturel et dangereux. Ce fonctionnaire, investi du pouvoir pendant l'intérim qui s'écoulait entre la mort d'un pacha et l'arrivée de son successeur, ne remettait à celui-ci qu'à regret l'exercice du commandement; et la milice elle-même, travaillée par ses intrigues, ne voyait pas sans mécontentement survenir, à chaque nouveau règne, un chef impérieux qu'elle ne connaissait pas, et qui ne dirigeait ses expéditions que pour en accaparer tous les fruits. Lorsque la marine ottomane, décimée par les ligues des puissances chrétiennes, perdit peu à peu la domination de la mer; lorsque, réduits à leurs seules ressources, les Barbaresques renoncèrent à l'esprit de conquête pour borner leur rôle politique au simple métier de pirates, le titre de pacha d'Alger cessa d'être envié. Les sultans eux-mêmes, soit ignorance, soit dédain, n'accordèrent plus aux régences africaines qu'une valeur presque nominale; et les fonctions du pachalik ne furent plus que des titres qu'ils donnèrent à leurs favoris, ou qu'ils vendirent à des ambitieux. Mais les milices algériennes n'avaient senti diminuer ni leur orgueil ni leurs forces. Dès qu'elles virent des individus sans caractère, sans mérite et souvent sans courage, prétendre au droit de régner sur elles, elles s'en vengèrent par le mépris d'abord, et bientôt par la révolte. L'agha, chef militaire, ne craignit pas de lutter contre le chef politique, et s'empara peu à peu de l'exercice réel du pouvoir exécutif.

C'est vers l'an 1594 que les janissaires de Tunis firent le premier pas vers leur indépendance par l'élection d'un chef tiré de leurs rangs, et qu'ils placèrent à côté du pacha sous le titre de *Dey*. L'exemple donné par cette régence fut suivi par la milice algérienne. Mais ce n'est qu'en 1710 qu'Ali-Baba, monté au pouvoir à la suite d'une insurrection, prit l'énergique mesure d'expulser le dernier pacha venu de Constantinople, et de joindre ce titre à celui de dey. Le sultan n'avait alors ni les moyens ni le temps de réduire par la force des armes l'insolence des Barbaresques. Il savait dans quel discrédit ses pachas étaient tombés depuis plus d'un siècle, et ne crut pouvoir mieux rallier les Turcs d'Afrique à son obéissance qu'en paraissant sanctionner un état de choses auquel il ne pouvait mettre obstacle. Ali-Dey reçut donc l'investiture des pachas ; mais ce surcroît de dignité n'imposa point aux turbulents janissaires le respect des chefs qu'ils se donnaient eux-mêmes. Chaque élection s'accomplissait ordinairement au milieu de scènes effroyables et d'un tumulte anarchique. Il était rare que le prédécesseur du nouveau dey n'eût pas péri par le fer, la corde ou le poison. Celui qui avait l'audace de rechercher ou d'accepter ce dangereux pouvoir périssait souvent, immolé par ses rivaux, avant d'avoir pu faire acte de souveraineté. Il arriva même une fois que six deys furent égorgés dans la même journée, et que le septième ne dut son salut qu'à la foudroyante énergie qui lui fit abattre les têtes de ceux mêmes qui lui avaient frayé au trône une route sanglante.

Habitués à de fréquentes révoltes, les janissaires mettaient toujours le sabre ou le lacet au service de leurs caprices ; et le souverain, quel qu'il fût, était difficilement à l'abri de leurs violences. Nous avons eu, en 1830, une dernière preuve de ce fait. Après l'explosion du fort de l'Empereur, dernier boulevard d'Alger, les chefs des janissaires, réunis en conseil, avaient fait sortir de la ville, à l'insu du dey Hussein, un parlementaire chargé d'offrir sa tête au général de Bourmont, en échange de la promesse que les Français se retireraient, et que le gouvernement turc serait maintenu par un traité. M. de Bourmont repoussa avec indignation cette proposition de meurtre, et répondit qu'en prenant la ville il ferait passer tous les Turcs au fil de l'épée, si Hussein avait à se plaindre de la moindre insulte de leur part. La retraite de notre armée serait devenue, dans tous les cas, le signal de la mort de ce prince algérien, qui, depuis douze ans, n'avait été occupé qu'à maintenir la milice et à déjouer ses complots. Échappé peu de temps après son élection, en 1818, à une tentative d'assassinat, il avait quitté son palais de ville pour se retrancher dans la citadelle, dont les canons étaient sans cesse braqués sur la seule rue que pouvaient suivre les révoltés pour arriver jusqu'à lui.

Voyez l'organisation du gouvernement turc à Alger, page 226.

(15) P. 81. — Le mot *Divan* signifie *conseil*, assemblée politique. La cour du Divan se nommait ainsi parce qu'elle était, sous le gouvernement turc, le lieu où se réunissaient les ministres du dey et les principaux officiers de la milice, pour délibérer sur les affaires publiques.

Voyez, plus loin, le tableau du gouvernement turc (pages 226 à 232).

(16) P. 84. — Le mot *Harem* désigne en Afrique les appartements des femmes, soit dans le palais du chef de l'Etat, soit chez les simples particuliers. La même partie du logis se nomme *Séraï* (sérail), à Constantinople et en Orient.

(17) P. 84. — Le *Yathagan* est un large sabre recourbé en dedans, et qui tranche à la manière d'une faux. Les Kebaïles de l'Algérie qui ont à peu près le monopole de la fabrication des armes, possèdent, pour la trempe de l'acier, un procédé dont nous n'avons pas encore pu leur surprendre le secret. La lame d'un yathagan est si dure qu'elle peut entamer, sans s'ébrécher, une barre de fer ordinaire. Les riches portent cette arme dans un splendide fourreau de velours, garni d'argent ciselé, et quelquefois orné de pierreries. Les pauvres et les gens de la montagne se contentent de deux lattes de bois serrées ensemble par des liens faits de boyaux.

Les Kebaïles fabriquent aussi une sorte de longue épée, droite et large, qu'ils nomment *Flissi*. Cette arme, dont le tranchant se creuse en dedans, est fort pesante, et se termine par une pointe acérée en forme de broche, et longue de quatre à cinq pouces.

(17 bis) P. 116. — Le promontoire de Sidi-Effroudj, ou Sidi-Ferruch, est illustré dans l'histoire par le souvenir du débarquement de l'armée française, dans la nuit du 13 au 14 juin 1830. — C'est une langue de sable hérissée d'épaisses broussailles, qui s'avance à une demi-lieue dans la mer, où elle plonge tout à coup ses falaises escarpées. Cette pointe est couronnée par un plateau qui porte le marabout de *Torre-Chica* (la petite tour). La mer creuse de chaque côté deux baies peu profondes, dont la plage unie offre un facile accès. L'armée prit terre par celle de l'ouest. A partir de ce point jusqu'à deux lieues, le sol n'est accidenté que par de faibles ondulations, couvertes de bruyères, et qui s'élèvent jusqu'au plateau de Staouëli, fameux par la victoire du 20 juin. (Voyez page 237.)

(18) P. 291. — Les *chaouchs* étaient des espèces d'huissiers attachés à la personne du souverain turc, de ses lieutenants, ou des juges. Ils ne portaient d'autre arme qu'une baguette, et l'individu qu'ils en touchaient ne pouvait, quel que fût son rang, ni fuir ni résister, lorsqu'ils le sommaient de les suivre, soit devant un magistrat, soit devant le chef du pays. — Les chaouchs placés près du dey, de l'agha, du mézouar et du kadi, remplissaient l'office de bourreau, pour l'exécution des condamnés à la bastonnade ou à la peine capitale.

(19) P. 292. — Le nom de *Roumi* se donne, chez les Arabes, aux chrétiens de tous pays. Ils nomment Jésus-Christ *Sidi-Aïssa*, et la vierge Marie *Lellah-Mariem*.

(20) P. 340. — Médéah, ancienne forteresse romaine, et depuis habitée par les différentes races qui se sont succédé en Afrique, est la clef de l'intérieur de l'Algérie, après avoir franchi, au sud d'Alger, la coupure de l'Atlas. Les Romains y avaient fait passer une route qui reliait leurs communications entre la Mauritanie tingitane (le Maroc actuel) et leur province d'*Afrique* proprement dite (aujourd'hui la régence de Tunis).

(21) P. 340. — Le mot arabe *Semalah*, difficile à traduire d'une manière précise, représente à peu près l'idée de *quartier-général*. C'est la réunion des tentes d'un chef puissant, le centre qui abrite sa famille, ses drapeaux de commandement, ses équipages, ses serviteurs et ses richesses. La semalah suit tous les mouvements de son chef, s'avance avec lui dans les terres cultivées quand la fortune des armes lui est favorable, et, en cas d'échec, s'enfonce rapidement vers les horizons du désert, sous la garde d'une troupe d'élite. Abd-el-Kader et ses khalifas avaient chacun leur semalah, dont la prise ou la destruction équivalait à la perte d'une bataille.

(22) P. 346. — Abd-el-Kader avait fondé, au commencement de 1841, trois places de ravitaillement pour ses troupes régulières : *Takdimt*, à deux journées de Maskara ; *Boghar*, à une journée de Médéah, et *Thaza*, à une journée de Milianah. Ces établissements lui servaient à la fois de magasins, d'arsenaux et de forteresses. La même année 1841 les vit détruire successivement par notre armée.

(23) P. 347. — Le Djebel-Amour est le dernier anneau, vers l'ouest, d'une grande chaîne de montagnes qui sépare le *Tell* (zône cultivée de l'Algérie) et le désert du Sahara. Il étend ses ramifications sur un espace de quinze lieues en longueur, et de huit à dix en largeur. Des rivières et des sources nombreuses en rendent la végétation si active, que la marche semble d'abord impraticable à travers ces forêts vierges ; puis on arrive à d'immenses éclaircies où campent les tribus. En cas de guerre, le Djebel-Amour offrirait à ses défenseurs de véritables Thermopyles.

(24) P. 350. — Tanger, ville et port du Maroc sur la Méditerranée, est le *Tingis*

des Romains. Sa position, sur le point le plus resserré du détroit de Gibraltar, en faisait un des plus redoutables abris des anciens pirates musulmans qui, de là, capturaient au passage les navires venant des deux mers.

Mogador était sur l'Océan l'entrepôt le plus actif du commerce marocain avec l'Europe.

Ces deux villes, flanquées de remparts armés de tours et d'une formidable artillerie, ont été, la première le 6, et la seconde le 15 août 1844, foudroyées par l'escadre française que commandait le prince de Joinville. Ce double désastre a mis fin aux hostilités que l'empereur de Maroc avait le projet de pousser en Algérie, et qu'il avait déjà commencées en faisant violer notre frontière par un corps d'armée.

(25) P. 350. — L'empire de Maroc a trois capitales, Maroc, Fez et Méquinez. Fez est la plus célèbre ; son origine date du huitième siècle ; au douzième elle était à l'apogée de sa splendeur. La conquête d'une partie de l'Espagne par le chériff Yakoub-el-Mansour lui ôta, pour un temps, son orgueil de capitale. La chute de la domination des Maures dans la Péninsule y ramena, plus tard, les débris de la grande civilisation arabe dont Grenade fut le dernier flambeau. Mais les révolutions et les guerres de dynasties qui désolèrent l'empire marocain ne tardèrent pas à faire retomber Fez dans une profonde barbarie. Des sept cents mosquées qu'énumèrent les historiens du Moyen Age, il n'en reste qu'une, et quelques masures décorées du nom de *zaouïa* ou chapelles.

On y compte à peine de nos jours trente mille âmes ; et, des grandes traditions de ce foyer de science, dont parlent avec admiration les annales du passé, il n'y reste plus que des souvenirs confus, errants parmi des ruines.

TABLE DES MATIERES.

CHAPITRE Ier. LE CAPITAINE JOSSELIN.

Au bord de l'Océan. — Brest et les marins bretons. — La petite maison du capitaine. — L'orpheline du champ de genêts. — L'heure de la retraite. — Le deuil et la résignation. — La fête de Lambézellec. — Une rencontre pendant l'orage. — Simple trait d'une belle âme. — Souvenirs du choléra. — Les deux patrons. — La prière du soir. 1

CHAP. II. LE TOUR DE FRANCE.

L'éducation de Jean-Ferdinand. — Première épreuve d'une nature généreuse. — La veuve du matelot. — Les conseils du père adoptif. — Jean-Ferdinand à Paris. — Le choix d'un état. — Le tour de France. — Une surprise. — Le réveil du voyageur. — Comment on devient capitaine de frégate. — Le travail des mains et la mémoire du cœur. — Ferdinand arrive à Lyon. — Détails historiques. — Points de vue pittoresques. — Les ouvriers endimanchés. — Le banquet de l'île Barbe. — Le sergent la Ramée, le voltigeur d'Anvers et les soldats du travail. — Apothéose d'une jeune gloire. — Une lettre de Lambézellec. — De Lyon à Marseille. — Le tombeau de Ponce-Pilate. — Le rocher de Mornas. — Les bicoques d'Orange. — La ville des papes. — L'Athènes du Midi, et le roi René. — La Cannebière de Marseille. — Un mirage au bord de l'eau. 19

CHAP. III. ALGER A VOL D'OISEAU.

Une année d'absence. — La traversée. — Le mal de mer. — Le Vaisseau-Fantôme. — Description de l'*Amélie*. — La manœuvre du loch. — Deux anecdotes militaires. — Vue d'Alger. — Jean-Ferdinand débarque et trouve un compatriote. — Visite à la Kasbah. — Les maisons mauresques. — Les églises chrétiennes et les mosquées musulmanes. — Les synagogues. — L'évêché. — Costume et genre de vie des Maures algériens. — Funérailles musulmanes. — Les écoles mauresques et juives. — Les Kouloughs. — Costume et mœurs des Arabes. — Les marabouts. — Légende de Sidi-Ferruch. — La

360 L'ALGÉRIE DE LA JEUNESSE.

châsse de Sidi-Abd-el-Rahman. — Mœurs des Kebaïles. — Les Biskris et les nègres. — Le vaisseau merveilleux du rabbin de Séville. — Costume et mœurs des juifs africains. — Le tombeau de la chrétienne. 59

CHAP. IV. UNE LEÇON D'HISTOIRE.

Coup d'œil historique sur l'Algérie, depuis l'antiquité jusqu'à la conquête française. — Les peuples primitifs du nord de l'Afrique. — Conquête et domination romaine. — Invasion des Vandales. — Victoires de Bélisaire. — Invasion des Arabes. — Retour sur le passé. — Origine et caractère des anciens Arabes. — Histoire du prophète Mohammed. — Fondation de la religion musulmane. — Émigration des Arabes en Occident, après la mort du prophète. — Conquête de l'Afrique septentrionale. — Invasion de l'Espagne et de la France. — Charles-Martel rejette les Arabes au delà des Pyrénées. — Domination mauresque en Espagne. — Splendeur et décadence de la civilisation arabe au moyen âge. — Expulsion des Maures d'Espagne. — Aspect physique de l'Algérie moderne. — Régions cultivées. — Montagnes. — Déserts. — Les populations du Sahara. — Conquête de l'Algérie par les pirates turcs. — Origine des Barberousse. — Histoire d'Haroudj, qui de simple portefaix à Constantinople devint souverain d'Alger. — Son frère Kheïr-Eddin, ancien potier dans l'île de Métélin, lui succède et continue ses conquêtes. — Il met le royaume d'Alger sous la protection de l'empire turc. — Le sultan Sélim le nomme grand amiral. — Expédition désastreuse de Charles-Quint contre Alger. — Rivalité de François Ier et de Charles-Quint. — Alliance de la France avec la Turquie. — La flotte ottomane, commandée par Kheïr-Eddin, se joint aux forces françaises. — Paix de Crespy. — Kheïr-Eddin retourne à Constantinople, où il meurt. — Son fils Hassan est nommé pacha d'Alger. — Célèbre bataille navale de Lépante. — Destruction de la marine ottomane. — Les Turcs d'Alger secouent l'autorité des pachas, et choisissent parmi eux un chef qu'ils nomment dey. — Premiers rapports commerciaux de la France avec l'état d'Alger. — Ravages des Algériens sur la Méditerranée. — Louis XIII envoie contre eux l'amiral de Manty. — Traités sans cesse renouvelés et sans cesse violés. — Misère des esclaves chrétiens chez les Barbaresques. — Anecdotes sur la captivité de Michel Cervantès. — Les bagnes d'Alger. — Anecdotes sur saint Vincent de Paul et l'astronome Arago. — Guerres de Louis XIV contre les Algériens. — Expédition du duc de Beaufort. — Nouvelles hostilités des pirates. — Le dey Baba-Hassan déclare la guerre à la France. — Alger est bombardée deux fois par Duquesne. — Expédition du chevalier de Tourville. — Expédition du maréchal d'Estrées. — Expédition des Danois. — Tributs que les états d'Europe, la France exceptée, payaient aux Algériens. — Expédition des Espagnols, et défaite d'O'Reilly. — Traité de paix entre Alger et la république française. — Les Algériens recommencent leurs agressions pendant la campagne d'Égypte. — Après le désastre de Trafalgar, ils vendent aux Anglais nos comptoirs de commerce, et chassent notre consul. — Napoléon, préoccupé d'autres intérêts, n'a pas le temps de punir cet outrage. — Expédition des États-Unis contre Alger. — Les puissances européennes conviennent d'abolir l'esclavage des chrétiens dans les États barbaresques. — L'Angleterre est chargée de cette négociation. — Expédition de lord Exmouth. — Tergiversations du gouvernement algérien. — Le consul anglais est insulté. — Bombardement d'Alger. — Le dey Omar périt dans une révolte. — Règne sanglant d'Ali-Kodjia, terminé par la peste. — Avénement de Hussein-Pacha, dernier dey d'Alger. — Son origine, son caractère. — Organisation politique et administrative des provinces algériennes. — Fonctionnaires des ordres militaire, religieux et civil. — Les janissaires. — Causes de la décadence du pouvoir turc. 139

CHAP. V. VICTOIRES ET CONQUÊTES DES FRANÇAIS DEPUIS 1830 JUSQU'A LA PRISE DE CONSTANTINE (1837).

Causes financières de la dernière rupture entre la France et l'état d'Alger. — Scène du coup d'éventail. — Blocus des côtes algériennes. — Le contre-amiral de la Bretonnière, venu à Alger sous pavillon parlementaire, essuye en se retirant le feu des forts. — Expédition de 1830. — Débarquement des Français à Sidi-Ferruch. — Victoire de Staouëli. — Explosion du fort de l'Empereur. — Prise d'Alger. — Avénement de S. M. Louis-Philippe Iᵉʳ, roi des Français. — Situation politique de l'Algérie après la chute de la puissance turque. — Marche de la conquête française. — Passage du mont Atlas par le général Clauzel. — Combat de Mouzaïah. — Première occupation de Médéah. — Sa garnison, trop faible et entourée d'ennemis, reçoit l'ordre de se retirer. — Agression des Marocains sur la frontière de l'ouest. — Second passage de l'Atlas, par le général Berthézène. — Retraite de l'armée; sanglant combat dans les montagnes. — Occupation d'Oran. — Bône, qui s'était soumise d'elle-même, se révolte et massacre la garnison française. — Assiégée par le bey de Constantine, elle implore l'appui de la France. — Le duc de Rovigo y envoie le capitaine d'Armandy, avec la promesse d'un secours prochain. — Cette ville, réduite à l'extrémité, ouvre ses portes aux troupes de Constantine, qui la mettent au pillage. — Le capitaine d'Armandy se réfugie à bord d'une felouque française. — L'arrivée de la goëlette *la Béarnaise* lui inspire un trait d'audace. — Il débarque à la tête d'un détachement de marins, s'introduit dans la citadelle, s'en empare, repousse un assaut et contraint l'ennemi de se retirer. — Des renforts venus d'Alger prennent possession de la ville. — Apparition d'Abd-el-Kader dans l'ouest de l'Algérie. — Son origine, son éducation, ses voyages en Orient. — Il est proclamé prince ou *émir*, par les habitants de Maskara. — Il fait le siège d'Oran. — Il est repoussé. — Prise de Bougie par le général Trézel. — Premier traité de paix avec Abd-el-Kader. — Rupture du traité. — Combat de la Macta. — Prise de Maskara, par le maréchal Clauzel. — Prise de Tlemcen. — Combat de la Tafna. — Combat de l'Oued-Sefsaf. — Première expédition de Constantine. — Description de cette ville. — Les pluies, la rigueur du froid, et la perte d'une partie des vivres, paralysent les opérations du siège. — Glorieuse retraite de l'armée. — Beau trait du commandant Changarnier. — Seconde expédition de Constantine. — Mort du comte de Damrémont, gouverneur général. — Assaut et prise de la place par le général Valée. 233

CHAP. VI. LE CHEMIN DU BONHEUR.

Le capitaine Josselin rappelle auprès de lui Jean-Ferdinand. — Notre héros part de Constantine avec un détachement qui escorte des soldats congédiés. — Les Arabes attaquent cette petite troupe dans le défilé de Ras-el-Akba. — Belle conduite de Jean-Ferdinand. — Il est blessé et fait prisonnier. — Le chef de la tribu le prend sous sa protection. — Menacée par un corps de cavalerie française, la tribu quitte son camp et s'enfuit dans les montagnes. — Jean-Ferdinand, lié sur un cheval, est conduit au camp de Ben-Salem, lieutenant d'Abd-el-Kader. — Accueil qu'il reçoit de ce chef arabe. — Il rencontre un interprète de l'armée d'Afrique, prisonnier comme lui. — Les consolations d'un ami. — Patience et courage. — Jean-Ferdinand s'improvise médecin, et guérit de la fièvre un Arabe. — Ben-Salem le fait conduire sous escorte au camp d'Abd-el-Kader. — Portrait de l'émir. — Nouvelle situation de Jean-Ferdinand. — Il sauve la vie à un grand nombre de prisonniers français. — Sa renommée s'étend jusqu'à Alger. — Abd-el-Kader médite la conquête de Bougie, et porte ses forces dans les montagnes qui bordent la plaine de Métidja, à l'est d'Alger. — Informé de ses projets, le maréchal Valée décide l'expédition des Portes de Fer. — Les ruines de Djemmilah. — Le bivouac de Sidi-Hasdan. — Description et passage des Portes-de-Fer. — Un Arabe qui parle français! — Sidi-Ferdinand. — Comment notre héros avait fui du camp d'Abd-el-Kader. — Trois heures sous une cascade. — L'étoile des braves. — Combat de Dahr-el-Abagal. — La Maison-Carrée. — Retour à Alger. — Jean-Ferdinand quitte l'Afrique. — La frégate de pierre du capitaine Josselin. — Inquiétude et désolation. — Les volontés du père adoptif. — La petite maison de Douarnez. — Mᵐᵉ Bertin et Cécile. — Un message de Brest. — Le départ pour la Martinique. — Dernières épreuves d'un noble cœur. — Le dévouement et la piété filiale couronnés par le bonheur. 281

ÉPILOGUE. — Derniers événements mémorables en Algérie. — Campagnes de l'Atlas. — Prise de la Semalah d'Abd-el-Kader. — Destruction de la puissance de l'émir. — Glorieux avenir des conquêtes françaises en Afrique. — Tableau de famille. . 339

FIN DE LA TABLE DES MATIERES.

PLACEMENT DES GRAVURES.

Nos I. De l'argent, monsieur, *en regard du grand titre.*
   II. Mon bon monsieur, dit-elle.................... 25
   III. Biskry.. 77
   IV. Maure d'Alger................................. 95
   V. Enfant juif..................................... 106
   VI. Chef arabe.................................... 115
   VII. Mauresque d'Alger dans le Harem................ 141
   VIII. Arabe de la plaine............................. 175
   IX. Femme mauresque, costume de ville.............. 207
   X. Kadi, juge..................................... 229
   XI. Hussein Pacha (dernier dey d'Alger)............ 241
   XII. Kebaïle....................................... 251
   XIII. Chef de réguliers d'Abd-el-Kader............... 271
   XIV. Abd-el-Kader.................................. 301